U0543721

卓越教师 教学主张丛书

厦门市卓越教师培育项目成果
西南大学教育学"双一流"学科建设实践成果

总主编 陈 珍 朱德全

融创生物
——中学生物教育新理念

石进德 著

西南大学出版社
国家一级出版社 全国百佳图书出版单位

· 重庆 ·

图书在版编目(CIP)数据

融创生物：中学生物教育新理念 / 石进德著.
重庆：西南大学出版社，2024.8. -- (卓越教师教学主
张丛书). -- ISBN 978-7-5697-2658-9
Ⅰ.G633.912
中国国家版本馆CIP数据核字第2024A4F850号

融 创 生 物 —— 中 学 生 物 教 育 新 理 念
RONGCHUANG SHENGWU——ZHONGXUE SHENGWU JIAOYU XINLINIAN

石进德　著

责任编辑:杜珍辉
责任校对:钟小族
封面设计:闰江文化
版式设计:散点设计
排　　版:张　祥
出版发行:西南大学出版社(原西南师范大学出版社)
　　　　　地址:重庆市北碚区天生路2号
　　　　　邮编:400715
　　　　　市场营销部电话:023-68868624
印　　刷:重庆亘鑫印务有限公司
成品尺寸:170 mm×240 mm
印　　张:17
字　　数:305千字
版　　次:2024年8月　第1版
印　　次:2024年8月　第1次印刷
书　　号:ISBN 978-7-5697-2658-9
定　　价:49.00元

编委会

总主编

陈 珍　朱德全

副总主编

洪 军　刘伟玲　庄小荣　潘世锋　罗生全　周文全

执行主编

范涌峰　魏登尖

编委（以姓氏笔画为序）

王天平　王正青　牛卫红　艾 兴　叶小波　朱德全
庄小荣　刘伟玲　陈 珍　陈 婷　范涌峰　罗生全
周文全　郑 鑫　赵 斌　侯玉娜　洪 军　唐华玲
　　　　　　　　韩仁友　潘世锋　魏登尖

总序

习近平总书记在2024年全国教育大会上指出,要实施教育家精神铸魂强师行动,加强师德师风建设,提高教师培养培训质量,培养造就新时代高水平教师队伍。《中共中央 国务院关于弘扬教育家精神加强新时代高素质专业化教师队伍建设的意见》指出,要加强中小学学科领军教师培训,培育一批引领基础教育学科教学改革的骨干。强化中小学名师名校长培养。

厦门市历来重视名师队伍的培育培养工作,根据教师专业成长规律,经二十年探索,逐步形成了"骨干教师—学科带头人—专家型教师—卓越教师"的金字塔式名师阶梯成长体系。自2021年起,厦门市教育局与西南大学开展战略合作,共同推进厦门教育高质量发展和教师队伍建设。"厦门市首期卓越教师培育项目"是由厦门市教育局与西南大学教育学部联合倾力打造的精品培训项目,也是厦门市迄今为止最高层次的教师培训项目。该项目旨在打造一支具有教育情怀、高尚师德,富有创新精神,具有鲜明教育教学思想和教学主张,在教育教学和教育科研上发挥领军作用的高层次教育人才队伍。项目以产出导向为理念,坚持任务驱动,通过个人自学、高端访学、课题研究、讲学辐射、挂钩帮扶、发表论文、出版专著、提炼教育思想、推广教学主张等方式优化培育过程。

三年琢磨,美玉渐成。通过三年的探索,围绕成为"有实践的思想者"这一核心目标,每一位卓越教师培育对象形成了特色鲜明、理念前沿的教学主张,并以教学主张为中心形成了一本专著,从而汇集成目前呈现在大家面前的"卓越教师教学主张丛书"。本丛书,既是"厦门市首期卓越教师培育项目"三年实施成果的沉淀,是每一位卓越教师培育对象思想的结晶,也是西南大学教育学"双一流"学科建设的实践成果。

仔细阅读本丛书,可以欣喜地看到,卓越教师培育对象们不仅能敏锐地捕捉到教育教学领域的难点、热点问题,揭示其中的本质规律,还能结合本地教学实际智慧地提出解决方案。总体来说,本丛书有以下三个方面的特点。

一是有较浓厚的学术气息。29位培育对象中有获得国家、省级基础教育教学成果奖的教师,有正高级教师,有省特级教师,但他们还在不断突破,追寻对教育教学本质的理解,追寻从实践到思想的蝶变,追寻高水平的专业表达。他们从实践中提炼出主张,再用主张引领实践,他们在书稿中融入了理论的阐释,学会了建构模型,并借助模型简洁地表述自己的教育教学思想,读起来不生涩也不单调。

二是有较强的系列探索味道。《义务教育课程方案(2022年版)》提出,应做好学段间的教育教学衔接。29位培育对象中,既有教育科研专职人员和学校的管理者,也有班主任、一线教师等,研究成果覆盖了小学、初中和高中的大部分学科,最终形成了29本培育对象教学主张的专著和1本全景式呈现卓越教师培育的经验和初步成效的论著。因此,本丛书既有基于教育者几十年教学实践的思想提炼,又有深入课堂的案例剖析,可以"用眼睛来读",作为教师专业发展的自读文选;也可以"用行动去做",作为教学范例直接进入课堂实践,在行动研究中孵化、创生;也适合专门研究者或管理人员参阅,从中窥探从小学到高中的教育教学重点与发展脉络。

三是有鲜明的课程育人特色。本丛书的撰写以学科课程为载体，以学科课程核心素养为目标，积极探索新时代背景下的育人方式变革，寻求育人最佳路径，以德施教，立德树人。因此，单看每本专著，已能感受到其中鲜明的课程育人特色，综合丛书来看，这一特色更加明显。

期盼厦门市首批卓越教师培育对象大力弘扬践行教育家精神，追求卓越的步伐永不停留，不断完善、应用和推广自己的教学主张和教学成果，为厦门教育做出更多更大的贡献。也期盼本丛书能为广大中小学教师深化教学改革提供参考，为教育学"双一流"学科服务教育实践提供借鉴。

是为序。

陈 珍

（中共厦门市委教育工委书记、厦门市教育局局长）

朱德全

（西南大学教育学部部长、西南大学教育学一流
学科建设"首席责任专家"、国家重大人才工程
特聘教授、国务院学位委员会学科评议组成员）

序言

在当今科技迅猛发展的时代背景之下,教育,对于建设社会主义现代化强国起着至关重要的基础性和战略性作用。生物学教育在培育学生的实践能力、创新能力以及学科核心素养等方面,扮演着重要角色。然而,传统的生物学教育往往过度侧重于知识的单向灌输,却忽视了学生所学知识与真实世界之间的紧密联系,缺乏主动挖掘学习素材以赋予知识学习活动社会性、文化性和实践性的意识,同时还忽略了学生的主体性以及科学思维的培养。

为了有效解决上述教学过程中存在的不足,融合创新教育(融创教育)逐渐崭露头角,成为生物学教育改革的新方向。融创教育可以处理生物学教学中个人与社会、认知与实践等方面的内在联系,丰富生物学教学资源,创新教学方式方法,深入探索核心素养和创新能力的生成机制。

跨学科实践作为教育模式,能够凸显学习方式的实践性和学习内容的跨学科性等目的。融创教育,强调跨学科的学习和实践,旨在通过将生物学与其他学科如数学、科学、工程和技术等有机结合,采用项目式学习和实践探究等方式,引导学生主动参与学习,从而解决实际问题。这种教育模式不仅能够激发学生的学习兴趣,而且能培养他们的解决问题的能力和团队合作精神。

《融创生物——中学生物教育新理念》这本书为我们提供了一个全新的视角,它系统地探讨了融创教育在中学生物学教学中的应用和实践。全书共分为七个章节,分别从模式融合、学段融通、主题融贯、技术融入、评价融汇等多个维度,全面阐述了融创教育在中学生物学教育中的具体应用和实践方法。

模式融合章节中详细介绍了生物学跨学科实践教学、生物项目式教学和生物STEM教育等创新教育模式,以及它们在中学生物教学中的实际应用。这些策略不仅体现了学科知识的融合,还强调学生主动参与实践的重要性,有助于培养学生的创新能力和解决问题的能力。

人的成长有一定的生命周期和发展规律,周期长且过程复杂,需要梳理学段定位,贯通学段目标,激发成长合力。如中学阶段是科学思维和关键能力发展的重要时期,是创新精神形成的关键期。在学段融通章节中,作者探讨了中学生物教育课程的衔接和整合,提出了基于融创教育理念的课程设计和实施策略,以实现初高中生物学知识的有机衔接和递进发展。

跨学科实践并不是将不同学科的内容加以简单拼接,而是把"跨"视为学科融合的理念,探索循证,建立主题,以保证学科融合的合理性。在主题融贯章节中,作者通过案例分析,展示了融创教育在中学生物学教学中的应用,倡导学生在主题学习过程中积极参与问题分析、方案设计和实践应用等环节,强调了生物学知识与实际生活和社会问题的紧密结合,发展学生科学思维和创新能力。

科学技术和人工智能发展为教育提供了重要支持。在技术融入章节中,作者探讨了如何利用现代信息技术和数字化工具,如虚拟实验室、在线学习平台等,将信息技术与生物学教学深度融合,提高教学质量和效率。

评价不仅是教学的终点,更是教学的起点。学生作品可以反映学生的学习情况,展现学生综合运用多学科知识、思维和方法创新性解决问题的成果,可作为跨学科实践的评价依据。在评价融汇章节,作者提出了中学生物融创教育的评价体系,包括认知能力评价、非认知能力评价和融创教育评价等,以及不同评价主体(如学生、教师、家长等)的协同参与,旨在全面、客观地评估学生的学习成果和能力发展,这一评价体系为教师的教学改进提供了依据。

《融创生物——中学生物教育新理念》关注培养学生的关键能力,如批判性思维、创新能力和团队合作能力。书中提出的教学策略和评价体系都是为了实现这一目标,旨在激发学生的学习兴趣,激发他们的学习动机,使他们成为积极主动的学习者。

培育科学精神和培养创新能力是生物学教师的历史使命。生物学教材蕴含丰富的探究实践素材和科学家故事,通过融创教育的实践和探索,我们有信心培养出更多具有创新能力、实践能力和学科核心素养的新一代生物学习者。

本书不仅理论丰富,案例翔实,而且具有较强的可操作性和指导意义,对于学生和从事中学生物教学的教师来说,是一本难得的参考书。希望这本书能为中学生物教育的发展提供有益的借鉴和启示,推动我国生物学教育事业的发展。

吴成军

(人民教育出版社生物编辑室资深编辑、编审。人教版初中和高中生物学教材的核心作者、责任编辑和分册主编。)

自序

探索创新,融合共赢

——写在《融创生物——中学生物教育新理念》出版之前

尊敬的读者:

在您翻开这本《融创生物——中学生物教育新理念》之际,我作为作者,深感荣幸能有机会与您分享这本书的诞生过程及编写初衷。

自任教来,一直致力于科教宣传、科教实验和创新实践,经历了混沌与彷徨,终于寻到一个支点——融创教育在生物学科上的渗透,以至于豁然开朗。通过项目式教学方式,做到"静下心、上真课、真研究、讲真话",提出"融创生物"主张并渐入佳境,从"耐得住寂寞、静下心来坚守、坚持自己选择、鲜花必将绽放"逐步升华至"寂寞不会长久、真爱确保永恒、坚守源于创新、优秀走向卓越",到今终于将近年的思考与实践做一小结,付诸编印,以期科技教育与生物教育的融合创新能够更上一层。

创新离我们远吗?创新就在我们身边!

只要有创新意识,每个人都具有创新能力。

让我们从实践入手,共同谱写中学生物教育新的篇章。

生物学作为自然科学中的一门基础学科,不仅涉及生命的奥秘,还直接影响着我们的生产生活和未来发展。面对日新月异的科技发展和不断变化的社会需求,如何在中学生物教育中融入创新理念,培养具有综合素质的创新人才,是我们必须思考的问题。

本书的宗旨就是探索中学生物融创教育的内涵、理论基础、教学模式、课程衔接、框架构建、赋能方法以及多元激励评价,以此推动中学生物教育的创新发展。

首先,在第一章中,我们将深入探讨中学生物融创教育的核心要素、观点以及其演变历程,以揭示生物融创教育的本质和灵魂。

第二章将带您领略建构主义、做中学和深度学习等理论基础在中学生物教育中的应用,这些理论不仅为生物融创教育提供了方法论,也为教育实践注入了新的活力。

第三章至第七章则聚焦于教学模式、课程衔接、框架构建、赋能方法及多元激励评价的创新实践。我们介绍了生物跨学科教学、项目式教学、STEM教学等模式,以及进行思维融通、概念融通、一体融通的课程设计,旨在打破传统教育壁垒,促进学科间的融合与共赢。

此外,本书还特别关注技术在教育中的融入,如智能化、数字化和虚拟化的教学手段,这些技术的应用无疑为中学生物教育插上了科技的翅膀,赋予了教学新的可能性。

在章节内容的阐述中,有些概念是交叉相通的,但它们又各自有不同的侧重点和应用领域,因此在本书的叙述中将它们区分开分析和说明。比如,在第五章第三节"基于环境、生态、环保的中学生物教育"中,"环境、生态、环保"这三个概念密切相关,共同构成了中学生物教育的重要组成部分,通过环境、生态和环保教育的个别论述与有机结合,可以更全面地培养学生的环境技能、生态意识和环保行动能力,帮助他们形成正确的生命观念,提高他们解决环境问题的能力,从而更好地保护环境,促进可持续发展。又如,在第六章"技术融入:中学生物教育方法创新"中,传统的"虚拟化、数字化、智能化"这些概念在教育中常常被提及,但它们的侧重点和应用方式各不相同,将"虚拟化、数字化、智能化"区分开,可以针对不同的教育需求和场景,选择合适的技术和方法,实现更高效、更个性化的教育目标。

在撰写本书的过程中,我始终秉持着探索和创新的精神,精心挑选了自行设计且在市级以上竞赛中获奖的优秀生物项目活动案例,层层递进,利用案例剖析融创生物问题,力求为读者呈现一幅中学生物融创教育的全景图。希望这本书,能够激发更多教育工作者的创新思维,推动中学生物教育的改革与发展,培养更多具备创新精神和实践能力的中学生。

谨以此序,献给所有热爱生物、热爱创新教育的朋友们。

愿知识之光照亮我们的未来。

前言

在科技快速发展的当下,教育领域也应及时跟上时代发展的步伐,进行相应的革新。特别是生物学教育,它不仅是基础学科的重要组成部分,而且在培养学生的创新能力、实践能力和科学素养方面扮演着至关重要的角色。然而,传统的生物学教育模式往往过于侧重知识的单向传授,而忽视了学生的主体性和科学思维的培养。为了应对这一挑战,融合创新教育(融创教育)逐渐成为生物学教育改革的新方向。

融创教育,强调跨学科的学习和实践,旨在通过将生物学与其他学科如数学、化学、工程和技术等有机结合,采用项目式学习和实践探究等方式,引导学生主动参与学习,从而解决实际问题。这种教育模式不仅能够激发学生的学习兴趣和动力,而且能培养他们的团队合作精神和解决问题的能力。

《融创生物——中学生物教育新理念》这本书提供了一个全新的视角,它系统地探讨了融创教育在中学生物教学中的应用和实践。全书共分为七个章节,分别从模式融合、学段融通、主题融贯、技术融入、评价融汇等多个维度,全面阐述了融创教育在中学生物学教育中的具体应用和实践方法。

在模式融合章节中,书中详细介绍了生物跨学科教学、生物项目式教学和生物STEM教学等创新教育模式,以及它们在中学生物教学中的实际应用和优势。这些策略不仅体现了学科知识的融合,还强调了学生主动参与和实践的重要性,有助于培养学生的创新思维和解决问题的能力。

学段融通章节中探讨了中学生物教育课程的衔接和整合,提出了基于融创教育理念的课程设计和实施策略,以实现初高中生物学知识的有机衔接和递进发展。

在主题融贯章节中,通过案例分析,展示了融创教育在中学生物教学中的应用,强调了生物学知识与实际生活和社会问题的紧密结合。

在技术融入章节中,探讨了如何将现代信息技术和数字化工具,如虚拟实验室、在线学习平台等,与生物学教学深度融合,以提高教学质量和效率。

评价不是教学的终点,而是教学的起点。在评价融汇章节中,提出了中学生物融创教育的评价体系,包括认知能力评价、非认知能力评价和融创教育评价等,以及不同评价主体(如学生、教师、家长等)的协同参与,旨在全面、客观地评估学生的学习成果和能力发展,这一评价体系可为教师的教学改进提供依据。

《融创生物——中学生物教育新理念》不仅关注学生的学术成就,还注重培养学生的核心素养,如批判性思维、创新能力和团队合作能力。书中提出的教学策略和评价体系都是为了实现这一目标,以激发学生的学习兴趣,增强他们的学习动机,使他们成为积极主动的学习者。此外,本书强调教师在融创教育过程中的关键作用。教师不仅是知识的传递者,更是学生学习过程中的引导者和合作伙伴。本书不仅理论丰富,案例翔实,而且具有较强的可操作性和指导意义,对于中学生物教师和学生来说,是一本难得的参考书。

通过融创教育的实践和探索,我们能够培养出更多具有创新能力、实践能力和科学素养的新一代生物学习者。希望这本书能为中学生物教育的发展提供有益的借鉴和启示,推动我国生物学教育事业的发展。

目录

绪言

第一章 中学生物融创教育的内涵

第一节　中学生物融创教育的核心要素 …………………… 012
第二节　中学生物融创教育的核心观点 …………………… 019
第三节　中学生物融创教育的演变历程 …………………… 023

第二章 中学生物融创教育的理论基础

第一节　建构主义与融创教育 ……………………………… 038
第二节　做中学与融创教育 ………………………………… 043
第三节　深度学习与融创教育 ……………………………… 057

第三章 模式融合：中学生物教育模式创新

第一节　中学生物跨学科教学 ……………………………… 068

　　　　　第二节　中学生物项目式学习 …………………………… 076
　　　　　第三节　中学生物STEM教育 …………………………… 095

第四章　学段融通：中学生物教育体系创新
　　　　　第一节　中学生物学段思维融通教学 …………………… 110
　　　　　第二节　中学生物学段概念融通教学 …………………… 117
　　　　　第三节　中学生物学段一体融通教学 …………………… 122

第五章　主题融贯：中学生物教育内容创新
　　　　　第一节　基于生命、生活、生长的中学生物教育 ……… 139
　　　　　第二节　基于自然、社会、人文的中学生物教育 ……… 151
　　　　　第三节　基于环境、生态、环保的中学生物教育 ……… 165

第六章　技术融入：中学生物教育方法创新
　　　　　第一节　基于智能化的中学生物革新课堂 ……………… 188
　　　　　第二节　基于数字化的中学生物智慧课堂 ……………… 202
　　　　　第三节　基于虚拟化的中学生物实验课堂 ……………… 210

第七章　评价融汇：中学生物教学评价创新
　　　　　第一节　中学生物融汇评价的指标体系 ………………… 223
　　　　　第二节　中学生物融汇评价的参与者 …………………… 238
　　　　　第三节　中学生物融汇评价的方法手段 ………………… 240

参考文献 ……………………………………………………………… 247

绪言

一　党的二十大引领基础教育全面高质量发展

党的二十大提出:"教育是国之大计、党之大计。培养什么人、怎样培养人、为谁培养人是教育的根本问题。育人的根本在于立德。全面贯彻党的教育方针,落实立德树人根本任务,培养德智体美劳全面发展的社会主义建设者和接班人。坚持以人民为中心发展教育,加快建设高质量教育体系,发展素质教育,促进教育公平。"新时代基础教育要坚持立德树人的根本任务,坚持以社会主义核心价值观为主导,培养德智体美劳全面发展的社会主义建设者和接班人;推进素质教育,注重培养学生的综合素质,包括科学文化素质、思想道德素质、审美素质、劳动教育素质等;促进教育公平,加大教育资源的均衡配置,缩小城乡、区域、学校之间的教育差距,确保每个学生都能获得公平的教育机会;强化创新能力培养,注重培养学生的创新精神和创新能力,引导他们具备自主学习、探索问题、解决问题的能力;推进教育现代化,利用现代信息技术、教育技术手段,推动教育教学模式的创新,提高教育教学质量和效益;坚持以人为本的教育理念,尊重学生的主体地位,关注他们的身心健康,注重培养学生的人文关怀与社会责任感。

2019年3月18日中共中央总书记、国家主席、中央军委主席习近平在北京主持召开学校思想政治理论课教师座谈会并发表重要讲话,他强调:办好思想政治理论课,最根本的是要全面贯彻党的教育方针,解决好培养什么人、怎样培养人、为谁培养人这个根本问题。新时代贯彻党的教育方针,要坚持马克思主义指导地位,贯彻新时代中国特色社会主义思想,坚持社会主义办学方向,落实立德树人的根本任务,坚持教育为人民服务、为中国共产党治国理政服务、为巩固和发展中国特色社会主义制度服务、为改革开放和社会主义现代化建设服务,扎根中国大地办教育,同生产劳动和社会实践相结合,加快推进教育现代化、建设教育强国、办好人民满意的教育,努力培养担当民族复兴大任的时代新人,培养德智体美劳全面发展的社会主义建设者和接班人。

新时代党的教育方针最鲜明的特点是把"坚持马克思主义指导地位,贯彻新时代中国特色社会主义思想,坚持社会主义办学方向"写进了方针;把教育"四个服务"写进了方针;把"扎根中国大地办教育"写进了方针;把"劳"写进党的教育方针,提出了德智体美劳"五育"并举的人才培养新要求,为我国教育发展指明了方向。新时代党的教育方针在我国教育史上具有里程碑意义,对于我国教育事业发展具有重要的历史意义和时代意义。

新时代全面贯彻党的教育方针，必须深刻准确把握丰富内涵和根本要求。第一，在指导思想上，必须坚持马克思主义指导地位，贯彻习近平新时代中国特色社会主义思想。第二，在办学方向上，必须坚持社会主义办学方向，落实立德树人根本任务。第三，在根本宗旨上，必须坚持教育为人民服务、为中国共产党治国理政服务、为巩固和发展中国特色社会主义制度服务、为改革开放和社会主义现代化建设服务，扎根中国大地办教育。坚持"四个服务"是社会主义教育的根本宗旨。全面贯彻党的教育方针，要准确把握新时代以人民为中心发展教育的理念。为人民服务是党在不同历史阶段教育方针中一以贯之的基本思想。教育为人民服务，是社会主义教育的本质要求，要不断满足人民群众日益增长的教育需求，办好人民满意的教育。教育为中国共产党治国理政服务、为巩固和发展中国特色社会主义制度服务，是社会主义教育的中心任务，教育方针要准确把握和服务于新时代党的中心任务。教育为改革开放和社会主义现代化建设服务，是社会主义教育的重要任务，教育应当自觉地服从并服务于现代化建设，发挥提高学生的思想道德素质和科学文化素质的基本功能，全面适应现代化建设对各类人才培养的需要，全面提高办学的质量和效益。第四，在人才培养途径上，必须明确人才培养的基本途径，坚持教育"同生产劳动和社会实践相结合"。这是现代社会经济和教育发展的必然趋势。第五，在教育工作目标上，必须加快推进教育现代化、建设教育强国、办好人民满意的教育。这是教育的战略任务。第六，在教育培养目标上，必须明确把"努力培养担当民族复兴大任的时代新人，培养德智体美劳全面发展的社会主义建设者和接班人"作为根本目标，培养一代又一代拥护中国共产党领导和社会主义制度、立志为中国特色社会主义事业奋斗终身的有用人才。2018年5月，习近平总书记在北京大学与师生座谈时强调："培养社会主义建设者和接班人，是我们党的教育方针，是我国各级各类学校的共同使命。"

新时代贯彻落实教育方针，推动我国教育事业健康发展，必须体现和把握以下思想特征和发展趋势。一要把握时代性。教育方针的制定应鲜明地反映时代精神，体现时代特征，与时俱进。新中国成立以来，我国教育方针适应时代要求实现了三次大发展。首先是实现了从半殖民地半封建的旧教育向新民主主义和社会主义教育的转变。其次是逐步明确了"四个服务"的根本宗旨。最后是实现了中国特色社会主义教育方针的新发展，核心是围绕"培养什么人、怎样培养人、为谁培养人"这一最具有战略决定性意义的根本问题，规定了教育的性质、目标、任务和实现路径。二要尊重教育规律。教育方针的制定必须把握教育自身的特性,遵循教育规律,体现社会发展和人的发展的现实需要。新中国成立以来,我国教育方针尊重教育规律,充分体现人的全面发展思想,首先是在教育服务方向上,更加注重教育为现代化建设服务和为人民服务的有机统一;其次是在人才培养目标上,更加注重人的全面发展;最后是在人才培养途径上,更加注重教育与生产劳动和社会实践相结合。三要体现素质教育的要求。全面推进素质教育已成为新时代全面贯彻教育方针的时代要求,成为保证全面而准确地贯彻党的教育方针的重大举措。四要坚持以人为本。新时代教育方针的制定必须坚持立德树人、德育为先,办好人民满意的教育。把教育的重点转向人本身,在教育过程中把人的全面发展放在中心地位。

党的二十大报告指出,必须"深入实施科教兴国战略、人才强国战略、创新驱动发展战略","要坚持教育优先发展、科技自立自强、人才引领驱动,加快建设教育强国、科技强国、人才强国,坚持为党育人、为国育才,全面提高人才自主培养质量,着力造就拔尖创新人才",首次从教育、科技、人才三个角度进行统一设计、部署。拔尖创新人才的培养关键在于教育,核心是科学教育。

二 新时代科学教育:培养科学素养与精神,塑造全面发展公民

新时代科学教育的本质是培养学生的科学素养和科学精神。科学教育不仅仅是传授知识,更重要的是通过培养学生的科学思维和科学方法论,培养他们的创新能力、批判思维和解决问题的能力。

首先,科学教育注重培养学生的科学素养。这包括学生了解科学的基本概念、原理和理论体系,能够运用科学的知识和方法进行学习、思考和解决问题。

其次,科学教育注重培养学生的科学精神。这涵盖了科学探究的态度和思维方式,强调观察、实验、推理和验证的过程,重视实证和证据的重要性,鼓励学生质疑和探索,并培养他们的批判思维和创新能力。

此外,新时代科学教育还要关注社会责任和可持续发展的概念。在科学教育中,学生需要了解科学的发展对社会和环境的影响,并思考如何在科学发展的过程中负责任地应对社会和环境的挑战。

为了促进学生全面发展,教育教学改革政策应着重以下方面:

(1)深化课程改革:加强科学教育的课程内容和教学方法的改革,注重学生的主动参与和实践探究,培养他们的动手能力和实际操作能力。

(2)推进STEM教育:将科学(S)、技术(T)、工程(E)和数学(M)整合起来,促进不同学科的融合和交叉,培养学生的综合能力和创新思维。

(3)强化实验教学:加大对实验教学的投入和重视,为学生提供更多实验探究的机会,培养他们的实验设计和数据分析能力。

(4)提升教师专业发展:加强教师培训和专业成长机制建设,提高教师的科学素养和教学能力,为科学教育提供高质量的师资力量。

(5)创新评价方式:改革科学教育的评价方式,注重对学生科学思维和创新能力的评价,并充分考虑学生的实际表现和问题解决能力。

综上所述,新时代科学教育的教学改革政策应注重培养学生的科学素养、科学精神、社会责任意识,以使其成为具备科学思维和创新能力的终身学习者和可持续发展、全面发展的公民。

三 探索特色育人方式:推动中学生物教育改革、促进综合素养全面发展

《义务教育生物学课程标准(2022年版)》要求学生通过课程的学习:"初步具有科学探究和跨学科实践能力,能够分析解决真实情境中的生物学问题。能够从生物学现象中发现和提出问题、收集和分析证据、得出结论。综合运用生物学和其他学科的知识、方法与实验操作技能,采用工程技术手段,通过设计、制作和改进,形成物化成果,将解决问题的想法或创意付诸实践,逐步形成团队合作意识、坚持不懈的探索精神、实践创新意识、审美意识和创意实现能力。"

《普通高中生物学课程标准(2017年版2020年修订)》要求"形成科学思维的习惯,能够运用已有的生物学知识、证据和逻辑对生物学议题进行思考或展开论证;掌握科学探究的思路和方法,形成合作精神,善于从实践的层面探讨或尝试解决现实生活问题"。

从义务教育课程标准到普通高中课程标准,都要求学生通过学习,能在新情境中发现问题的根源,追溯问题的本质,创新性地表达个人的思考,结合团队的智慧指引,逐步实现问题的解决,进一步构建拓展知识学习和素养框架。

在中学生物教育中,应积极贯彻落实党的教育方针和教育部的有关要求,确保高质量发展。具体而言,可以从以下几个方面着手。

首先,加强师资队伍建设,注重培养高素质的教师队伍,提高教师的学科知识水平和教育教学能力。引导教师关注学生的全面发展,注重培养学生的创新精神和科学素养。其次,注重创新教学方法,利用现代教育技术,设计引人入胜的教学活动,激发学生的学习兴趣和主动性。注重培养学生的实践能力,通过实验、观察和研究,让学生亲身体验生物知识,培养科学探究的能力。再次,优化教学资源配置,加强实验室设施建设,提供先进的实验设备和资源,为学生提供良好的实验环境。利用科技手段,提供多样化的学习资源和教学辅助工具,满足学生个性化的学习需求。最后,强化教育评价机制,建立科学、全面的学生评价体系,注重对学生思维能力、实践能力和创新能力的评价,不仅注重知识掌握的结果,更注重学生的能力培养和素质提升。

通过以上措施,中学生物教育能够更好地贯彻党的教育方针,实现高质量发展,培养德智体美劳全面发展的社会主义建设者和接班人。

第一章

中学生物
融创教育的内涵

融创教育指的是启思、融合、创新。启思是将融创教育理念渗透至学科教学中,启迪学生去创新思维,自主发现问题,在主动探究问题的学习过程中建构学科知识,不断提高教育教学质量;融合是指充分利用各项技术,进行数学、工程等的融合,通过项目活动实践和生物新情境问题的解决,逐步构建多方位、多角度的知识框架,形成独具特色的学科素养;创新即应用已有知识、物质等进行改进和创造,创新性解决新情境问题。

经济学家熊彼特在其名著《经济发展理论》中首次系统地提出了创新理论。融合创新通过对"创新"要素进行有机组合、创造性融合,使各要素进行互补、匹配,提升创新系统的整体功能,进而形成独特的、不可超越的、不可复制的核心竞争力和创新力。熊彼特"融合创新"理论告诉我们,课堂正由封闭走向开放、由零散步入整合,需要对课堂各要素进行有效的整合,使各要素呈现相互补充、相互协作的关系,这样才能形成良好的教学生态,进而促使课堂效益最大化。①

---

① 王建强.融创课堂的理念建构与路径探寻[J].教育科学论坛,2021(17):26.

第一节 中学生物融创教育的核心要素

中学生物融创教育是一种旨在激发学生创新思维和培养实践能力的教育方法。该教育方法主要包括三个核心要素：启思、融合和创新（见图1-1）。

启思是通过提出引导性问题、情境引入和实践活动、提供多元学习资源和引导材料以及探究性学习和合作学习等方式激发学生的思考和启发他们的创新思维。融合则是通过将不同的教育对象、教育层次、教育资源和教育方式整合在一起，形成一个全面、多元、和谐的教育体系，以满足学生的个性化需求和促进学生的全面发展。创新则是在教育理念、方式、内容和技术等方面进行创新，以适应社会发展和学生需求的变化，提高教育质量和效果。

中学生物融创教育的创新体现在教学内容、方式、技术、体系和评价方式等方面，并通过学科融合、教学方法融合、技术融合、资源融合、学生特点融合和环境融合等方式实施融合教育。这种教育方法可以激发学生的创新思维、培养实践能力、提高综合素养，使他们能够更好地理解和应用生物学知识，以适应未来社会的发展和挑战。

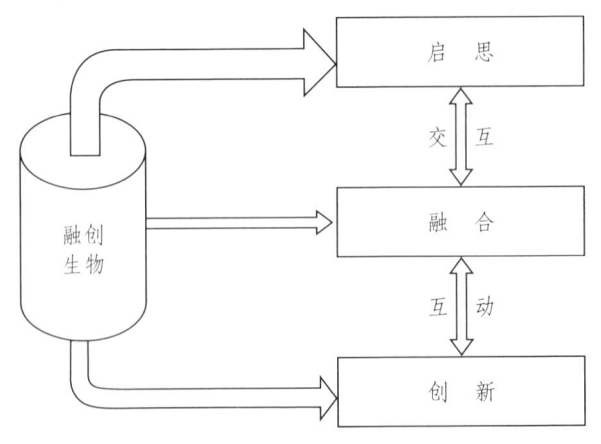

图1-1 中学生物融创教育的核心要素

一 中学生物融创教育的启思

"启"《辞海》解释之一是：开；打开。如：启封。《左传·昭公十九年》："启西门而出。"引申为萌生、出土。《荀子·天论》："繁启蕃长于春夏，蓄积收藏于秋冬。"亦引申为开导、启发。如：启蒙。《左传·襄公二十五年》："启敝邑之心。"杜预注："启，开也，开道(导)其心，故得胜。"又引申为开拓。《韩非子·有度》："齐桓公并国三十，启地三千里。""思"指"想，考虑，动脑筋""想念，挂念""想法"等。启思是指激发思考和启发思维的过程。

教育中的启思，是指引导学生主动思考、提出问题、探索解决途径的教学方法或策略。通过启思，教师可以激发学生的兴趣，引导他们主动思考，思考问题的来龙去脉、根本原因和解决方法。同时，启思也可以培养学生的创新思维和批判思维能力，使他们能够独立思考和分析问题，在实践中探索新的解决途径。启思注重学生的主体性和合作性。学生在启思的过程中，既是思考者也是参与者，他们通过讨论、合作和交流，彼此启发和促进思维的深化和发展。启思可以应用于各个学科和领域的教育。在教学中，教师可以通过提问、情境引入、实例分析、问题导向等方式，激发学生的思考和启发他们的思维。

中学生物融创教育的启思，是指在创新教育理念指导下，将理性思维渗透至学科教学中，以悟启思，启迪学生去创新思维，自主发现生物教育教学问题，在主动探究问题的学习过程中建构学科知识，以不断提高教育教学质量；以思启智，利用高阶思维启发知识的学习，使学生提升分析、比较、分类、评价及综合、概括和创造等高阶思维能力。中学生物融创教育的启思可以通过以下方式进行。一是提出引导性问题：教师可以通过提出引导性问题来启发学生的思考和探索。这些问题可以涉及生物知识的应用和实际问题，例如环境保护、生态平衡、基因工程等。学生通过思考这些问题，可以激发对生物学的兴趣和好奇心，同时也可以深入理解和应用相关知识。二是情境引入和实践活动：教师可以通过情境引入和实践活动来激发学生的思考和启发他们的创新思维。例如，通过设置生物实验、观察和调查任务，让学生亲身体验和发现生物现象，从中启发他们的思考和探索。三是提供多元学习资源和引导材料：教师可以提供多样化的学习资源和引导材料，如实验视频、科学论文、科普文章等，以激发学生的兴趣和思考。学生通过研读和分析这些材料，可以拓宽思维视野，获取更多的知识和信息，并在此基础上展开深入思考和探索。四是探究性学习和合作学习;鼓励学生进行探究性学习和合作学习,通过小组合作、自主研究等方式,培养学生的独立思考和合作能力。学生在探究和合作的过程中,通过讨论、互动和交流,相互启发和促进思维的深化和发展。

通过以上的方法,中学生物融创教育中的启思能够激发学生的兴趣,启发他们的思维,培养他们的创新思维和批判思维能力,提升他们的学习和应用能力。

二 中学生物融创教育的融合

"融"在《说文解字》的解释是:"融,炊气上出也。从鬲,虫省声",现代解释之一为"融合,调和";"合"在《说文解字》的解释是:"合口也。从人从口"。现代解释之一为:"闭、合拢"。融合,意即在愉悦恰当的和谐氛围下,创造性地将思考有机地理性聚合。

教育中的融合,是指将不同的教育理念、教育方式、教育资源和教育对象整合在一起,形成一个全面、多元、和谐的教育体系。融合教育的目的是满足不同学生的需求,促进学生的全面发展,提高教育质量。融合教育在文献中有不同的定义。大多数研究人员都同意融合教育是一个系统问题,而不仅仅是学生方面的问题。它要求系统适应和满足学生的个人学习需要,而不是要求学生改变以适应学校的运作方式。最重要的是,融合教育要求教育工作者将所有学生纳入一系列学校活动,而不论学生的学习能力、风格和民族背景是什么样的。根据联合国教育、科学及文化组织(教科文组织,2009年)对融合教育的定义,"只有在普通学校更具融合性的情况下才能建立一个融合教育体系——换句话说,如果这些学校能够更好地教育其所在社区的所有儿童,我们就能够建立起融合教育体系"。2017年修订的《残疾人教育条例》中规定融合教育是指将对残疾学生的教育最大程度地融入普通教育。一些融合教育主要是针对残疾儿童的教育,将特殊教育相关支持与服务融入普通教室、融入普通教育的课堂。融合教育包括以下几个方面。一是融合不同教育理念:融合教育将传统的教育理念与现代的教育理念相结合,注重培养学生的创新精神、批判思维、实践能力和社会责任感。二是融合不同教育方式:融合教育将课堂教学、实践活动、网络教育等多种教育方式相结合,为学生提供多样化的学习方式和选择,提高学生的学习兴趣和效果。三是融合不同教育资源：融合教育整合校内外教育资源，包括人力资源、物质资源、文化资源等，为学生提供丰富的学习环境和条件，促进学生的全面发展。四是融合不同教育对象：融合教育关注学生的个体差异，注重满足不同学生的需求，提供个性化的教育服务和支持，使每个学生都能得到充分的发展和成长。五是融合不同教育层次：融合教育强调各级各类教育的衔接和互补，促进不同层次教育之间的合作和交流，形成一个有机、协调、统一的教育体系。

中学生物融创教育的融合是指通过各项技术，进行数学、工程、科学等的融合，其融合需要有诱导的引发，其诱导的作用在于教师的启发和学生思维的碰撞，将启思与融合合为一，在启发和融合中出现新的作品和物质，最终满足融创的需求和实现融创的效果。通过生物项目实践和生物新情境问题的解决，逐步构建多方位、多角度的知识框架，形成独具特色的生物学科素养培养体系。中学生物融创教育的融合包括以下几个方面。一是学科融合：在生物学教育中融入其他学科的内容和方法，例如与化学、地理、物理等学科的交叉融合，促进学生的跨学科思维和综合能力的培养。二是教学方法融合：结合多种教学方法和策略，如讲授、实践、探究、合作学习等，使学生能够在多样化的教学环境中全面发展。三是技术融合：利用信息技术、多媒体教学、虚拟实验等技术手段，丰富生物教学的形式和内容，增强互动性和实践性，激发学生的兴趣和探索冲动。四是资源融合：整合校内外各类教育资源，包括人力资源、教材、实验器材、网络资源等，为学生提供广泛、优质的学习资源，丰富学生的视野和增加学习的机会。五是学生特点融合：充分考虑学生的个体差异，通过个性化的教学设计和辅导指导，满足学生的特殊需求，促进每个学生的全面发展。六是环境融合：创设积极、开放、合作的学习环境，通过课外活动、社团、实习等形式，提供多样化的学习机会，培养学生的创新思维、合作能力和领导力。

通过以上融合，中学生物融创教育能够更好地满足学生的学习需求，激发学生的创造力和创新能力，培养学生的综合素质和创新精神，促进学生在生物学领域的全面发展。

三　中学生物融创教育的创新

"创"是"始造之也",有开始做、初次做之义;"新"有刚出现的或刚经验到的之义,与旧、老相对,也有"新近、刚""新的人或事物"之义。

在国外,美国经济学家熊彼特(J.A.Schumpeter)于1912年最先在德文版《经济发展理论》一书中提出了"创新理论"(Innovation Theory),成为创新理论研究的鼻祖,但他主要是从经济角度,以企业为主要研究对象对技术、经济间的基本互动机制进行了考量。从经济学角度将创新定义为"新的生产函数的建立"。已有众多专著谈及创新的问题。现在,创新范畴的多种表述,从不同的角度各人有不同的理解。

创新是人类特有的认识能力和实践能力,是人类主观能动性的高级表现,是推动民族进步和社会发展的不竭动力。一个民族要想走在时代前列,就一刻也不能没有创新思维,一刻也不能停止各种创新。创新在经济、技术、社会学以及建筑学等领域的研究中举足轻重。

从本质上说,创新是创新思维蓝图的外化、物化、形式化。创新是以现有的思维模式提出有别于常规或常人思路的见解,利用现有的知识和物质,在特定的环境中,本着理想化需要或为满足社会需求,而改进或创造新的事物、方法、元素、路径、环境,并能形成一定有益效果的行为。

根据国家社会科学基金成果评估指标的规定,创新可概括为三个方面:理论创新、方法创新和新描述。其实创新的内容是丰富多彩的,创立新理论、创立新概念、提出新观点、探索新方法等,都应当属于创新的范畴。其中,所谓创立新理论,即指建立与前人不同的理论,它理所当然地也应该包括纠正和补充完善前人提出的理论;所谓创立新概念,即提出一些全新的理念或命题,作为研究和分析的范畴;所谓提出新观点,即就某一具体事实和问题提出与前人不同的见解;所谓探索新方法,即在自己的科研工作中,提出并采用了与前人不同的研究途径和方式。

教育中的创新,是指在教育理念、教育方式、教育内容、教育技术等方面进行创新,以适应社会发展和学生需求的变化,提高教育质量和效果。教育创新包括以下几个方面:

一是教育理念创新:教育理念是教育发展的灵魂,教育创新需要打破传统教育理念的束缚,树立新的教育观念,如以学生为中心,实现学生的全面发展,树立学生的创新精神,培养学生的实践能力和社会责任感等。二是教育方式创新:教育方式是教育实施的重要手段,教育创新需要改变传统单一的课堂教学方式,采用多样化的教学方式,如探究式、合作式、项目式等,以激发学生的学习兴趣和主动性。三是教育内容创新:教育内容是教育实施的核心,教育创新需要改变传统单一的教材内容,结合社会发展和学生需求,增加新的教学内容,如跨学科知识、实践应用知识等,以提高学生的综合素质和创新能力。四是教育技术创新:随着信息技术的发展,教育技术也在不断创新。教育创新需要利用现代信息技术和多媒体手段,如网络教学、虚拟实验、人工智能等,以提高教育的互动性和实践性。教育中的创新是为了适应社会发展和学生需求的变化,提高教育质量和效果,促进学生的全面发展。创新是教育事业发展的动力和源泉,也是教育事业不断前进和发展的必由之路。

中学生物融创教育的创新,是指应用已有知识和物质进行改进和创造,融知识于实践体验和思维拓展活动之中,通过调动创新思维技能来启发知识学习与掌握,以生物新情境问题的创新性解决,发挥创新力为目标。中学生物融创教育的创新可以体现在以下几个方面。一是教学内容创新:将传统的生物学知识与新兴的科学领域和前沿研究结合起来,引入新的教学内容,如基因编辑、生态保护、生物工程等,以激发学生对生物学的兴趣和求知欲。二是教学方式创新:采用多样化的教学方式和方法,如探究式学习、项目学习、实践活动等,鼓励学生主动参与、合作探究和解决问题,培养学生的创新思维和实践能力。三是技术应用创新:利用信息技术、多媒体教学和虚拟实验等现代技术手段,丰富生物学教育的形式和内容,提供真实且富有互动性的学习体验,激发学生的学习兴趣,提高其参与度。四是评价方式创新:传统的考试评价方式往往注重记忆和机械应用,而创新的评价方式应注重学生的理解能力、创造能力和问题解决能力等方面。采用多元化的评价方式,如开放性题目、实践报告、项目展示等,能更全面地评估学生的学习成果和能力发展情况。五是跨学科融合创新:将生物学与其他学科进行交叉融合,如与化学、地理、数学等学科进行联系,开展跨学科的探究活动和项目,培养学生的综合思维和跨学科解决问题的能力。

通过以上创新,中学生物融创教育可以激发学生的创新思维、培养其实践能力、提高其综合素养,使学生能够更好地理解和应用生物学的知识,从而更好地适应未来社会的发展和挑战。

"启思、融合、创新"要把握三个关键点。一是启迪思维于知识学习之中:知识本身是思维拓展的结果,为了实现学生更高效地学习,必须启迪学生的知识创新思维。二是调动创新思维进行知识融合学习:为了达到创新思维的教育目标,可运用高阶思维方法如分析、比较、分类、评价及综合、概括等对知识进行融合处理,必须更注重高阶思维技能的培养。三是以培养学生的创造力为最终目标:融创教育强调培养学生的高阶思维,把知识的融合学习和思维的融合发展结合起来,最终也是为了激发学生的创造性思维和能力。

第二节 中学生物融创教育的核心观点

中学生物融创教育的核心观点包括实践创新、"五融五创"、项目导学、生物STEM（科学、技术、工程和数学）教育四个方面，如图1-2所示。

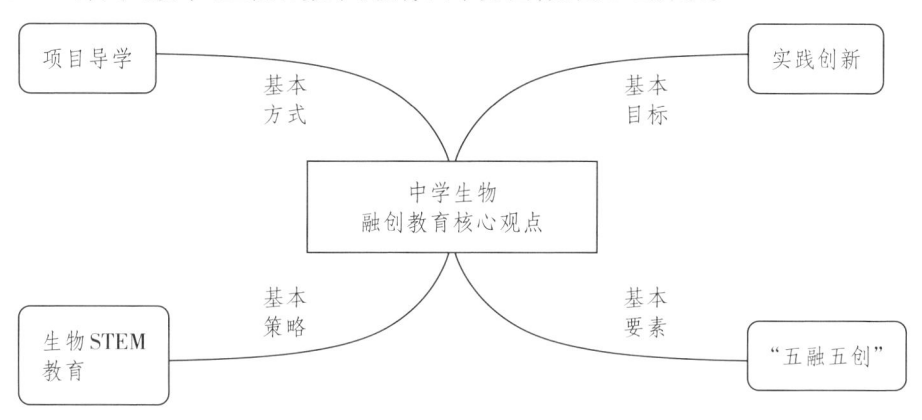

图1-2 中学生物融创教育的核心观点

一 实践创新——中学生物融创教育的基本目标

中学生物融创教育的基本目标是实践创新。即在生物教学中开展融创教育，培养学生的创新意识、创新思维和创新能力，使学生能够运用所学的生物知识和方法，解决现实生活和社会问题，为未来的科学研究和发展做出贡献。实践创新在中学生物融创教育中的具体实施可以包括以下几个方面，如表1-1所示：

表1-1　实践创新在中学生物融创教育中的具体实施

培养实践能力	开展创新项目	引入现实问题	提供创新平台
通过实验、观察、调查、野外考察等实践活动,让学生亲身参与探索、实践,培养他们的实践能力,锻炼他们积极主动地解决问题的能力。	鼓励学生在生物学领域完成独立或合作的创新项目,包括科学研究、发明设计、社区服务等。通过项目的实施,学生能够深入学习和了解生物学知识,运用科学方法解决问题,培养创新思维和实践能力。	将生物学的理论知识与现实生活和社会问题相结合,引导学生思考和解决与生物学相关的问题,如环境保护、食品安全、生物资源保护等。通过引入现实问题,激发学生的兴趣和探索欲望,培养他们的创新精神和解决问题的能力。	为学生提供创新的学习环境和平台,包括实验室、科技创新中心、创客空间等,让学生能够充分展示和发挥创新能力,实现创新成果的转化和应用。

通过实践创新,中学生物融创教育能够培养学生的创新意识和创新思维,提高他们的实践能力和创新能力,为他们今后的科学研究和生活发展奠定坚实的基础。

二、"五融五创"——中学生物融创教育的基本要素

"五融五创",即"模式、学段、主题、技术、评价"五个方面的融创,是中学生物融创教育的基本要素,即要实现中学生物教学的一体化建设。

模式融合:模式融合是指在中学生物教育中应用生物跨学科教学、生物项目式教学和生物STEM教育的教学模式,通过将生物学与其他学科有机整合,培养学生的综合学科能力、解决问题的能力、科学思维和创新能力。通过跨学科的学习任务和实验项目,引导学生探究不同学科之间的联系和关联,培养学生的实践能力,并通过实践性项目和任务,让学生在多个学科知识的运用中探索生物学问题,从而促进学科融合和教学模式的创新。

学段融通:学段融通即以学生个体发展和学科知识体系发展为基础,打破学段之间的壁垒,实现教育过程的连贯性和衔接性,使学生在不同学段中能够循序渐进地学习生物知识和发展科学能力。

主题融贯:主题融贯指将相关的生物主题贯穿于整个教学过程中,通过构建有机的课程结构,使学生能够深入理解和掌握生物学的核心概念和主题,加强学生对生物学的整体认识和综合应用能力。

技术融入：技术融入指将现代化技术手段与生物学教学结合，包括信息技术、实验技术、模拟技术等，通过技术的应用提升教学效果，激发学生的学习兴趣和创新能力。

评价融汇：评价融汇指将多种评价方法和手段综合运用，全面评价学生的知识、能力和素养，通过评价结果提供个性化的教育反馈和指导，推动学生的全面发展和提高教育质量。

中学生物教学的一体化建设需要通过模式融合、学段融通、主题融贯、技术融入和评价融汇等要素的综合运用，使学生能够在有机的教育环境中全面发展，充分发挥个体潜能，培养创新思维和实践能力，提高学生的学习效果和综合素质。

三　项目导学——中学生物融创教育的基本方式

项目导学是一种以实践为导向的教育方式，强调学生在实践中学习，通过解决实际问题来提高自己的能力和素质。中学生物教育项目导学是指围绕某个生物大概念，或核心概念，或生物知识，或实验过程，或教学环节，在一定的时间内，针对真实的情境问题，以新情境下的项目活动为引导，学生在详尽的计划指导下，通过自主与合作探究，综合运用已学和新学的知识及技术完成项目任务和学习目标的实践过程，是一种让学生理解生命现象和规律，由感性认识上升到理性认识的教学方式。

四　生物STEM教育——中学生物融创教育的基本策略

中学生物融创教育的基本策略是生物STEM教育，是指将生物学知识与科学、技术、工程、数学等领域相结合，开展跨学科的生物教育，培养学生的综合素养和创新实践能力。

生物STEM教育是一种整合生物学与多学科领域的教学策略，可使学生在学习生物学知识的同时，能够运用多学科的知识和方法解决问题，可培养他们的创新思维、实践能力和跨学科整合能力。

如，生物科学与工程技术的结合：将生物学知识与工程技术相结合，形成生物材料、生物工程、生物能源等方面的项目,使学生在项目研究的过程中了解工程技术在生物学中的应用和发展趋势。生物科学与数学学科的结合:将生物学与数学学科相结合,形成生物统计学、生物信息学等方面的项目,使学生在项目研究的过程中能够运用数学方法解决生物学问题。可组织跨学科探究活动,如生物技术与产业发展等方面主题的研讨和探究,可使学生在跨学科的环境中学习和发展。

通过生物STEM教育,中学生物融创教育能够提高学生的综合素质和创新实践能力,使他们更好地适应未来社会的发展和挑战。同时,生物STEM教育也有助于培养学生的跨学科整合能力和团队协作精神,为他们的未来发展奠定坚实的基础。

第三节 中学生物融创教育的演变历程

中学生物融创教育的演变历程包括问题分析模型建构阶段、STS发展阶段、理性初融阶段、走向STEM阶段、STEM到融合创新阶段、超越学科跨界融创阶段，具体见图1-3。

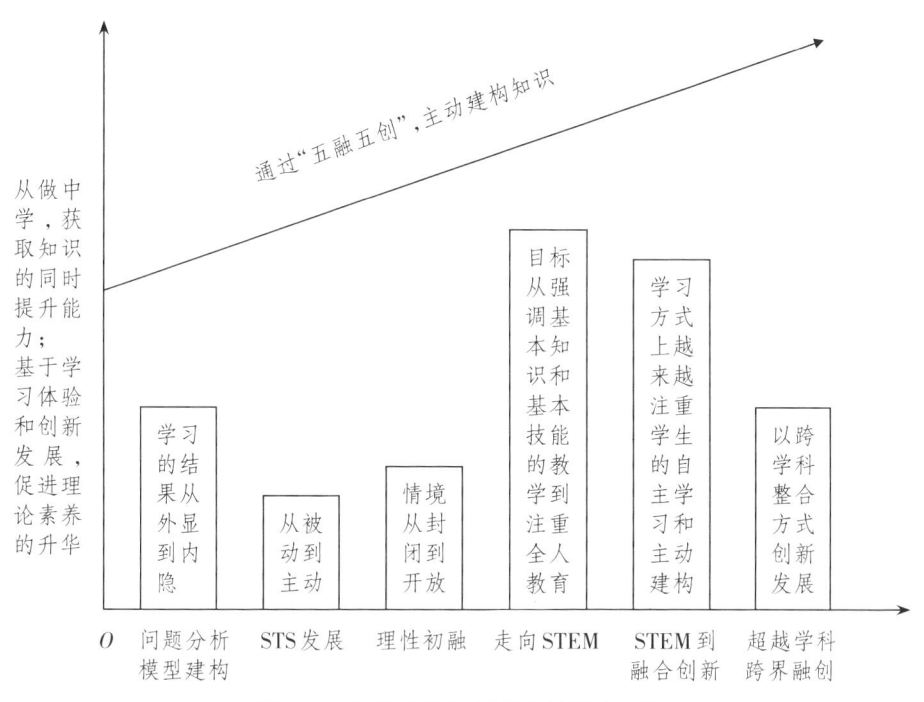

图1-3 中学生物融创教育的演变历程

一 问题分析模型建构阶段

问题分析模型的建构是解决问题的关键步骤。如青少年科技教育活动的问题分析模型的建构过程如下。

根据个人在教育教学中的传授式实践经验，聚焦中学生物教育单一的课堂灌输，课外采用验证性小实验，明确通过实践活动构建生物科创教育的模式与理论体系支撑，解决活动内容死板等突出问题。

随机抽样，收集相关的信息和数据，了解青少年科技教育活动现状。

对获得的问卷，结合访谈等方法进行数据统计分析和问题诊断，寻找学校科技教育活动存在的不足与出现问题的根本原因。

从分析中确定问题的关键因素和影响因素，找出问题的核心要素，如科技教育活动普及性、认知性、形式性、气氛性、资源性、区域性等，以更好地理解问题并寻找解决方案。

根据科技教育活动普及性、认知性、形式性、气氛性、资源性、区域性等问题的性质和影响因素，采用"六力分析模型"构建相应的问题分析模型。

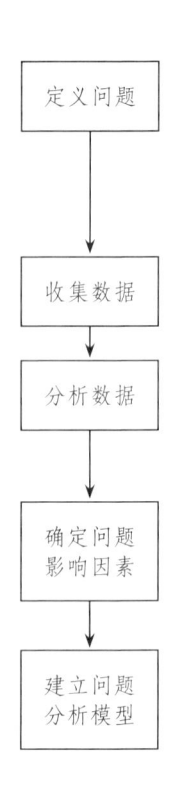

"六力分析模型"是英特尔前总裁安迪·格鲁夫，以波特的五力分析架构为出发点，重新探讨并定义产业竞争的六种影响力。尽管其主要应用于商业领域，但也可以用来评估科技教育活动的各个方面。将六力分析模型（见图1-4），应用于科技教育活动的普及性、认知性、形式性、气氛性、资源性和区域性方面（见表1-2），可以帮助我们全面了解科技教育活动的竞争状况和潜在挑战。

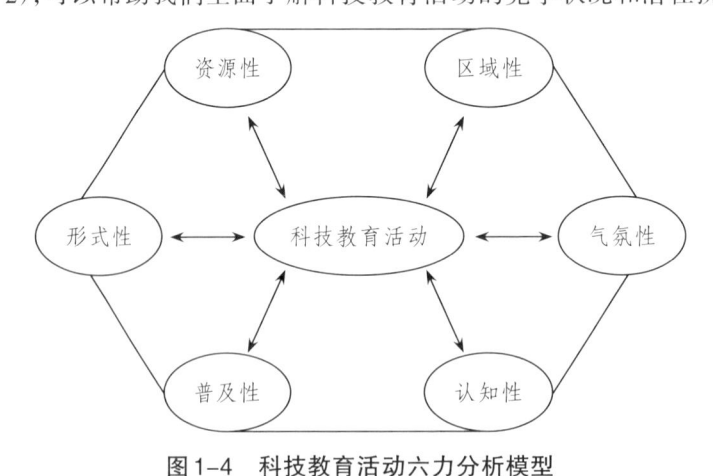

图1-4 科技教育活动六力分析模型

表1-2 科技教育活动六力分析方案

科技教育活动性质	分析方案
普及性	评估科技教育活动是否具有一定的吸引力和学生参与的潜力。考虑社区开展科技教育讲座等活动、学校举办科技教育系列活动状况,科技教育活动开展的各种需求等因素,以确定科技教育活动的普及性。此外,需要关注涌现的新的教育技术和新的社会问题,考虑新技术融合进基础教育科技教育的难易程度。
认知性	评估科技教育活动对学生群体的吸引力和影响力。考虑学校的教育目标定位合理性、教育指挥棒的定位、教育实践性教学的要求。考虑科学教育培养时对学生态度、意识、观点及实践创新能力等方面的要求,以及科技教育活动应提供的知识和技能,以确定师生群体对这些活动的认可度等。
形式性	评估科技教育活动内容的新颖性与趣味性,活动内容的科学性、学习方式的自主性与创新性,评估科技教育活动的替代方案,以确定科技教育活动的独特性和与竞争方案的差异性。
气氛性	评估科技教育活动所涉及的学校制度制约性、师资力量支撑性、科技教育活动场馆间的关联性、学生对科技活动的参与热情及参加兴趣,以确保科技教育活动获得必要的资源和支持。
资源性	评估科技教育活动的资源情况,包括科技教育基地、科技教育教师配备、学校资金投入、学校科技教育活动设施、技术等方面的资源。考虑科技教育活动所需的投资和运营成本,以确保科技教育活动的可持续性和资源的有效利用。
区域性	评估科技教育活动所处的区域环境和学校特点。考虑学校地理位置、不同区域学校实力与文化背景、教育政策的贯彻与落实等因素,以确定科技教育活动在区域环境内的优势和挑战。

通过对上述六个方面的分析,可以全面了解科技教育活动的状况,以帮助制定相应的发展策略和应对措施,提高科技教育活动的效果和竞争优势。

验证与验证模型:在建立问题分析模型后,针对科技教育活动的普及性、认知性、形式性、气氛性、资源性和区域性等多个方面,设计系列实验来验证相关模型的有效性和可行性(见表1-3)。

表1-3 问题分析模型的验证

项目	目标	实验设计
普及性评价实验	评估科技教育活动的普及性和参与度	选择一批学生进行科技教育活动的介绍和推广,记录参与度和兴趣表现,比较不同推广方式对活动普及性的影响。
认知性评价实验	评估科技教育活动对学生的认知水平的影响	将学生分为实验组和对照组,实验组参与科技教育活动,对照组接受常规教育,通过知识测试或问卷调查等方式比较两组学生的知识掌握和认知水平。
形式性评价实验	评估科技教育活动的形式和教学方法对学生的学习效果的影响	采用不同的活动形式,如小组合作、实验演示、角色扮演等,学生分成不同的活动小组,比较不同形式对学生的学习效果和兴趣的影响。通过问题解答、作品展示等方式来评估学生的学习成果。
气氛性评价实验	评估科技教育活动的氛围和参与体验对学生学习动力的影响	将学生分为两组,一组参与具有积极氛围和激励性的科技教育活动,另一组参与没有明确激励的教育活动。通过观察参与活动的学生的动机和学习表现来评估氛围对学生的影响。
资源性评价实验	评估科技教育活动所需资源对活动效果的影响	将学生分为两组,一组提供充足的资源支持学生参与科技教育活动,另一组资源有限。比较两组学生在学习成果、创意表现等方面的差异,评估资源对活动效果的影响。
区域性评价实验	评估科技教育活动在不同区域环境中的适应性和发展潜力	选取不同的区域进行科技教育活动,比较不同区域中活动的普及性、学生反应和竞争情况,评估活动在区域环境中的适应性和发展潜力。

通过实验的设计和实施可以收集数据和定量评估科技教育活动,包括普及性、认知性、形式性、气氛性、资源性和区域性方面的效果,并验证相应的模型和假设,进一步优化科技教育活动的设计和推广策略。针对青少年生物科学实践活动的问题,可以制定详细的方案框架,进行课堂引导、增强活动氛围,借助小

发明、小创意活动和挖掘活动资源等方式,助力学生参与生物科学实践活动,形成观念与能力建构的理论模型。科技教育活动决策的步骤如图1-5所示。

```
科技教育活动决策
    │
该科技教育活动是否具有普及    ①开始
的潜力?                     若否:评估活动的其他方面
    │
学生是否对该科技             ②普及性
教育活动感兴趣?              若否:考虑改进活动内容
    │
学生是否对该科技教育活动有    ③认知性
认知?                       若否:进行宣传和推广以提高活动的知名度
    │
该科技教育活动与其他替代方    ④形式性
案相比具有何种优势?          若优势不明显:重新评估活动的特色和独特性
    │
该科技教育活动的氛围         ⑤气氛性
是否积极鼓舞人心?            若否:改善活动的氛围和参与体验
    │
是否有足够的资源支持该科技    ⑥资源性
教育活动?                   若否:寻找合作伙伴和必要的资源支持
    │
在当前区域的科技教育活动是    ⑦区域性
否能持续发展?                若否:评估是否需要调整策略或寻找其他机会
    │
根据决策树上的路径和答案,
得出对该青少年科技教育活动——⑧结论
的综合评价和发展策略
```

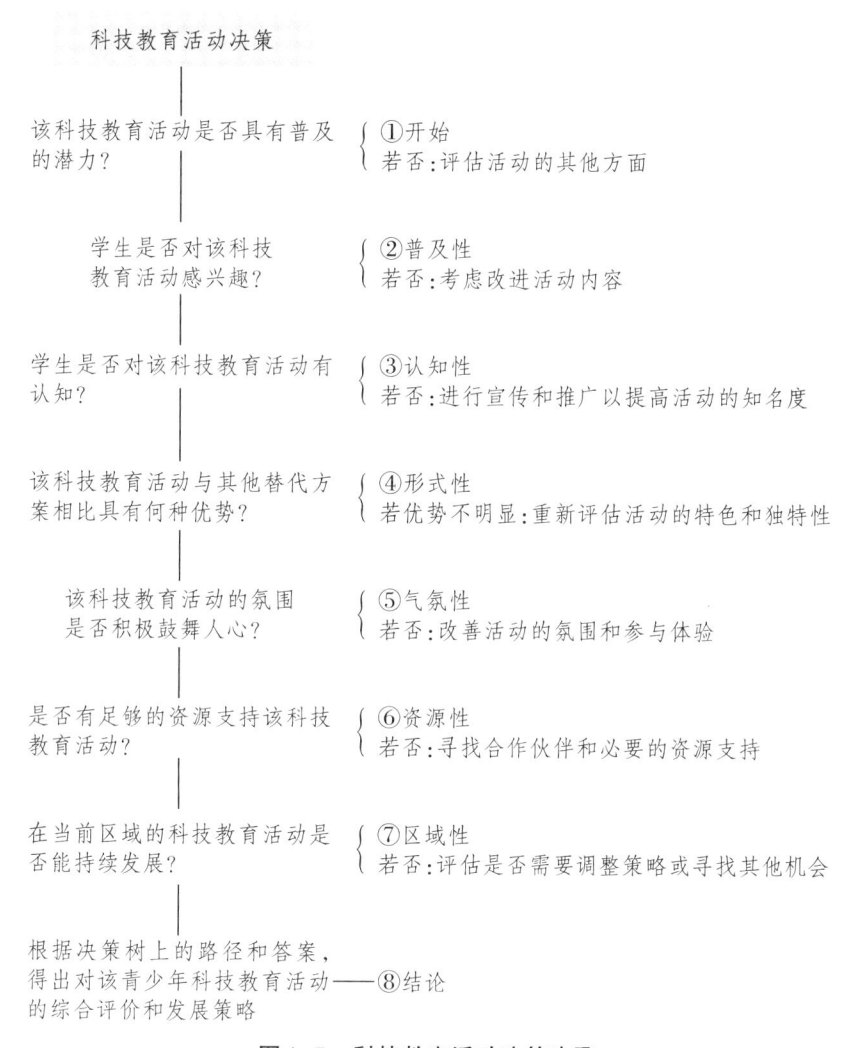

图1-5 科技教育活动决策步骤

针对青少年科技教育活动的普及性、认知性、形式性、气氛性、资源性和区域性,可进行大胆探索,充分挖掘资源,利用各种条件,积极开展活动,以提高科技教育教学质量,普及学科知识,并有效提升学生科学研究的意识,活动解决方案如表1-4所示。通过这些努力,可为青少年创造一个充满科学氛围的学习环境,同时确保教育活动在资源充足、覆盖广泛的区域内得以顺利进行。

表1-4 科技教育活动解决方案

环节	方案
提高普及性环节	制定系列的宣传计划,使用多种媒体渠道,如网络媒体、学校杂志、宣传海报、班级板报等,广泛宣传科技教育活动的内容、目标和价值;寻求与其他学校、机构等建立合作伙伴关系,共同推进科技教育活动,扩大活动的影响力和覆盖面;通过提供共享互通、协作合作的参与机会,吸引更多的学生参与科技教育活动,推动科技教育活动的普及。
提高认知性环节	逐步在学校课程中增加科技教育内容,尝试在学科课程中渗透科技教育知识;组织科技竞赛和展览,让学生有机会展示他们在科技领域的创新成果,增强学生对科技教育的认知和兴趣。
提高形式性环节	设计多种形式的科技教育活动,如进行实验室探究与验证实践、开展模型制作与发明创新等,以满足不同学生的学习需求和兴趣;引入项目式教学、探究式学习、合作学习等多种教学方法,提高学生的参与度和学习效果。
提高气氛性环节	在科技教育活动中逐步通过学生的内在需要与外部引领来激发学生的兴趣和主动性,通过鼓励、表扬和奖励等方式,营造积极的学习氛围;引导学生在项目活动合作中共同完成科技项目,营造合作、分享和互助的氛围。
提高资源性环节	寻求家长、校友的支持,与各种生物生态馆、科技教育活动基地、科技馆等建立合作关系,争取专家支持;也可充分利用互联网和在线资源,为学生提供在线学习、资料获取和沟通交流的平台,扩大资源的覆盖面。
提高区域性环节	根据不同学校的具体情况和师生的内在需求,制定有针对性的科技教育活动,考虑校本文化和教育管理需求的影响;建立跨校合作等模式,共同推动科技教育活动在区域间的发展。

通过以上解决方案的实施,使学生利用所学知识解决生活中的实际问题。始终贯彻教学为主,课外活动为辅的意识,提高学生的生物学知识水平,把联系农业生产实际,培养学生素质,为农村经济建设服务,贯穿在第二课堂活动中。兴趣是最好的老师,在开展生物第二课堂活动时,应注意结合课内基础知识,延伸课堂知识,使学生在活动中学到比课本知识更"活"、更"新"、更有趣的知识,扩大知识面,并使其通过亲身实践活动,发现问题并解决问题,使学生深深体会到如果没有扎实深厚的理论知识,就很难解决实际问题,进而认识到学习课本知识的重要性,增强求知的欲望。

二 STS发展阶段

问题选定后,组织开展相关活动,尝试逐步渗透科技教育内容,获取一定经验成果后,再拓展延伸至STS(科学、技术与社会)发展阶段。

青少年科技教育的STS发展阶段学科活动内容如表1-5所示。

表1-5 STS发展阶段学科活动内容

阶段	具体内容
STS初期阶段	科技教育活动在学科初步渗透基础上,开始围绕STS的两个基本要素,通过观察、实验和理论推导来研究自然现象,集中传授科学和技术知识,将其应用于实际问题解决的过程,注重培养学生的科学思维和实验技能。
跨科觉醒阶段	青少年通过科技教育活动能理解到科学与技术的相互依存和相互影响关系,及其在社会发展中的重要作用。青少年开始关注科学技术的社会和伦理问题,获得跨科的意识觉醒,初步提出进行科学技术评价和决策的需求,培养科学伦理和社会责任意识。
融合参与阶段	在本阶段,强调学生参与科技实践和创新活动,鼓励学生参与科技项目创建、研究和探索,并关注科技活动项目的创新性,及其对社会和环境的影响,以培养学生的创新能力、问题解决能力和团队协作精神。
持续发展阶段	环境是人类生存和发展的物质和自然条件的总和,科技的发展对环境产生了深远的影响,人类是科技发展和社会变革的决策者和实施者。本阶段注重分析人类与环境的关系,科技教育活动更多关注人本主义和社会责任感,从可持续性的角度教授科学知识和应用技术,并引导学生思考环境、社会和经济等方面的挑战和解决方案。

在STS发展阶段,可尝试设计方案,形成教育新模式,阐释科学、技术和社会的关系,强调获取和拓展知识,教师应成为学生的辅助者和合作者,针对社会问题、解决方案等进行思考,进行生物研究性学习和开发校本课程,培养学生对待社会的科学态度。在青少年科技教育的STS发展阶段,应实践和探索更全面的科技教育,通过将科学知识、技术知识和社会知识相互融合,培养学生的综合素质和创新力,使他们能够面对未来社会的挑战并为社会可持续发展作出贡献。

三 理性初融阶段

在理性初融阶段,将科技教育的实践成果和思考,逐步应用到学科教学中,让学生对理性思维和科学方法有初步的了解和应用,在学科教学中培养学生的逻辑思维、分析能力和问题解决技巧。在学科教学中,初步融入科学教育的技术和社会知识,并尝试通过以下方式实现。理性初融阶段具体学科活动内容如表1-6。

表1-6 理性初融阶段学科活动内容

方式	具体内容
理念初转	在学科渗透活动中使学生认识到科学和技术与社会之间存在着紧密联系,理念上实现由传统的单一学科独立性分隔学习到综合性的跨学科教育观念的初步转变。尝试合理应用学科教学中的科学方法和科学工具,推动对跨学科融合教学方式和学习环境改革的初步探索。
实践整合	设计简单的科学实验,将社会、伦理、文化等社会科学因素融入学科教学中。引导学生亲自参与实验、观察、记录、统计、分析,在探究和解决实际问题的过程中应用科学和技术知识,通过实验,学会科学方法应用和数据分析方面的技巧,培养理性思维的能力。
跨科活动	采用问题解决方式,为学生提供机会进行跨学科学习,以项目式学习、实践活动和实验研究等方式,引导学生将不同学科的知识和技能相互整合,通过让学生分析问题、提出假设和验证结果的过程,鼓励学生进行合作、探索和创新,培养他们的理性思维和解决问题的能力。
学理论证	组织学生进行小组讨论或辩论,让他们从不同的角度思考问题,学会用事实和逻辑进行论证,掌握多维度、多样化的评价方式,评估学生对科学、技术、工程和数学的理解和应用能力,以及对社会和伦理问题的思考和解决能力,培养学生的批判性思维和表达能力。
科学融合	教育者可以引导学生使用科学工具和应用科学方法,初步通过学科间的整合,恰当地、准确地观察和分析数据,解决真实情境中的实际问题,更好地理解科学、技术、社会的关系,培养他们的理性思维和解决问题的能力。

本阶段强调技能提升与拓展,主要是围绕科学、技术和社会关系进一步拓展,开展生物科教,逐步提升理论研究水平,力求破解学科创新教育的难题,寻找青少年科创普及性活动的抓手,开设多样化的科创活动,进行科创教育校本课程开发,进一步提升科创教育活动水平,进行展示交流和示范引领,逐渐形成学校和个人的科创教育风格。

四 走向STEM阶段

STS阶段的科技教育活动让学生理解科技与社会的关系,注重科技发展与社会发展的关系,进而进行跨学科思考和应用性学习,培养其实际问题解决能力。

STS的研究成果和理论可为STEM教育提供理论支持和相关案例分析,同时STEM的教学方法和实践可以将STS概念引入课堂,帮助学生理解科技与社会的关系。将STS与STEM结合可以更好地促进学生的科学素养和综合能力的发展,使他们更好地理解科技与社会之间的关系,解决实际问题。

从STS阶段逐渐走向STEM阶段,应注重综合性的跨学科教育,主要有以下几个方面(见表1-7)。

表1-7 走向STEM阶段学科活动内容

方向	具体内容
实践导向	学科教学中注重学生的实践和应用能力培养,通过项目学习、实验设计和工程实践等形式,让学生亲身参与科技创新和实践活动。学生通过实际的体验和实践,掌握科学实践过程,培养解决问题的能力。
跨学科融合	学科科创活动中通过融合科学、技术、工程和数学等学科,打破传统学科的壁垒,鼓励学生进行综合性思考和问题解决。跨学科融合着重于学科之间的交叉和组合,注重学生在解决项目实际问题中应用多个学科的知识和技能。
创新思维培养	学科科创活动鼓励学生培养创新思维和创造力,提倡学生进行探索性、开放性的学习和思考。鼓励学生提出问题、展开研究和实践,并通过合作和交流促进创新的发展。
综合性教育	学科科创活动强调科学、技术、工程和数学的综合性教育,不再单独教授这些学科,而是将它们相互关联起来,通过探究式学习来培养学生的综合素质和能力。
互动和合作	学科科创活动注重学生之间和学生与教师之间的互动和合作。通过团队合作、交流讨论和项目合作等方式,培养学生的团队合作精神、沟通能力和解决问题的能力。

本阶段侧重解决思维模式陈旧,科创活动系统性和工程化不足等问题,由STS教育走向STEM,构建STEM教育学习模型、STEM实验教学模型、生物STEM创客模型、生物STEM深度思维模型,旨在培养具有综合素质、实践能力和创新

思维的科技人才,加强学生的知识和技能储备,使其适应快速变化的现代社会需求。通过技术深度融合,开发生物STEM探究性学习课程和生物STEM研究性学习课程。

五 STEM到融合创新阶段

青少年科技教育逐渐由STEM走到融合创新,注重综合性的跨学科体系的构建。STEM到融合创新阶段学科活动具体内容见表1-8。

表1-8　STEM到融合创新阶段学科活动内容

项目	具体内容
跨学科整合	在STEM教育的基础上,进一步将不同学科的知识和技能进行整合,其不仅仅是科学、技术、工程和数学的整合,还包括与其他学科如艺术、人文、社会科学等的整合,强调学科之间的结构和系统性,促进学生综合思维和创新能力的发展,旨在形成一个有机的学科体系。
创新思维与方法	引导学生学会提出新的问题,围绕学科课程与STEM教育的整合与提升,寻找解决方案,进行实践和持续改进。本阶段注重发展学生的观察力、想象力,引领创新思考,提炼与构建生物STEM项目跨学科融合学习的范式,培养学生的批判思维和创新能力及团队合作能力。
拓展实践与应用	在STEM教育融合创新阶段,实践和应用是重要的组成部分。学生通过设计和制作原型,开展调查和实验实践,应用技术工具和资源等,将已学的知识和技能应用到实际问题中去,能够更好地理解和掌握知识,培养解决实际问题的能力。
增强社会影响力	对STEM项目进行检验与升华,提供更多的实践和探索空间,指导学生学会思考他们的创新如何对社会产生积极的影响,如何与其他人分享和交流他们的创新成果,提炼与构建生物STEM项目学习的范式,在省内外其他学校推广和应用,关注解决社会问题和增进社会福祉,培养学生全面发展和适应未来社会的能力。

在此阶段,可以打造"三维五融"融创生物教育模式,如图1-6。

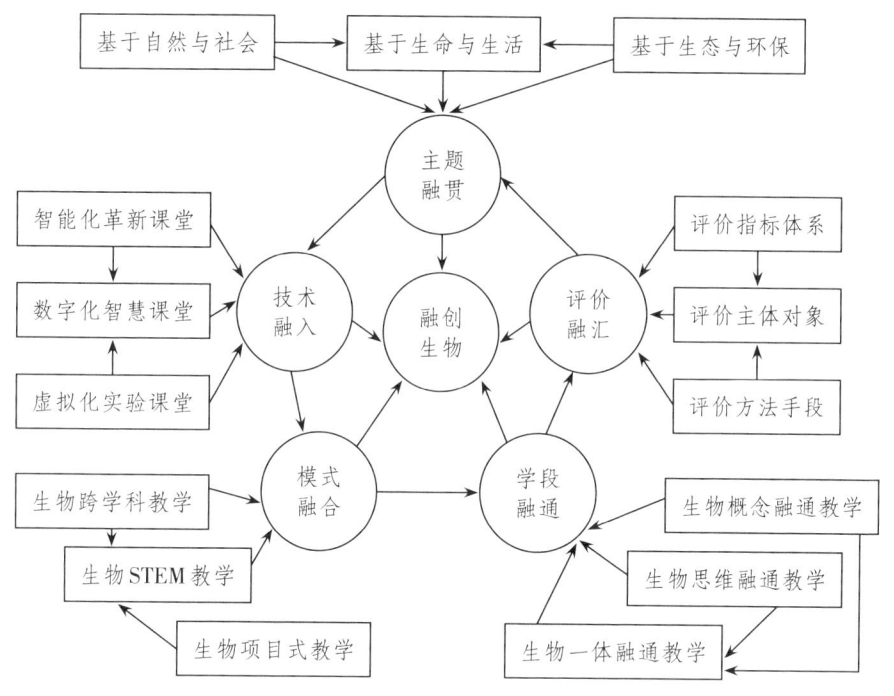

图1-6 "三维五融"融创生物教育模式

六　超越学科跨界融创阶段

大道至简,让学科教育超越学科,进行跨界融创,强调跨越学科边界,将不同学科的知识、技能和思维相互融合,以培养学生的综合能力和创新潜能,进行理性升华。从跨学科走向超学科,是融创教育的追求,是知识融于实践的需要,是解决超学科的生活实践问题的需要,是培养学生核心素养的需要。以跨学科和超学科作为学科学习和社会实践的纽带,是探索和追寻拔尖创新人才培养的路径和策略。

超学科融创是综合性问题驱动的,解决的问题必然包括复杂的生活世界问题,其常常是跨越学科和涵盖各领域的,需要不同学科的跨界融合来解决。

超越学科跨界融创阶段学科活动的具体内容见表1-9。

表1-9 超越学科跨界融创阶段学科活动内容

融合项目	具体内容
项目跨界融合	将不同学科的教学内容有机地结合起来,以共同的教育主题或教学问题为核心,整合多个学科的知识和技能。例如,在一个科技教育活动项目中,结合数学、艺术等学科的元素,让学生通过综合性的学习任务来探索和解决问题。
教学跨界融合	尝试多学科教师的融合教育与教学,采用不同学科教师之间的协同合作,围绕共同主题活动,设计和实施教学,让学生在跨学科的环境中进行学习和合作。通过跨学科合作,学生可以深入理解学科之间的联系和相互作用,培养综合思考和解决问题的能力。
学理跨界融合	通过引入实际问题情景和社会问题,让学生通过与社区、专家、同学的合作,构建理论体系,解决实际问题,提升社会实践水平,拓宽视野,培养创新思维和实际应用能力。
技术跨界融合	引入创新工具和方法,如3D打印、人工智能技术、创客教育等,激发学生的创新意识和创造力。利用这些创新工具和方法帮助学生在解决问题的过程中,充分发挥跨学科思维和创新能力。通过超越学科和跨界融创的教育,在传授学科知识的同时,发展学生的跨学科思维、创新能力和综合素养,为其未来的学习和职业发展打下坚实的基础。

第二章

中学生物融创教育的理论基础

中学生物融创教育的理论基础包括建构主义、做中学、深度学习三个方面，见图2-1。

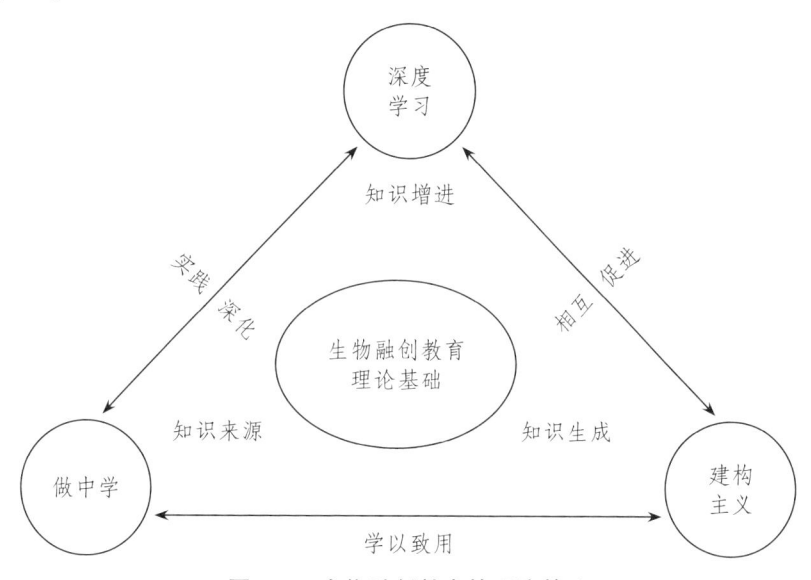

图2-1　生物融创教育的理论基础

第一节 建构主义与融创教育

一、建构主义：知识生成的内在逻辑

(一)建构主义中的知识内在逻辑

在建构主义理论中，知识的内在逻辑被认为是个体主观构建的一种心理结构，它是个体对于外部世界的经验和观察进行解释和理解的结果。

知识构建的过程是主动的，个体需要参与并建构自己的认知结构。通过观察、体验和反思，个体可以将外部的信息和经验转化为内在的知识结构。建构主义强调个体的主观性和个体差异，每个个体根据自己的经验和认知能力形成独特的知识结构。在知识构建过程中，个体注重给所接收到的信息赋予意义，通过主动思考和对话，对信息进行解释、分析和整合，构建出有意义的知识结构。同时，个体不断进行反思，对已有的知识进行评估和重构。在社会建构中，个体的知识建构不仅受到个体内部的因素影响，还受到社会因素的影响。社会互动、交流和合作可以提供不同的观点和经验，促进个体对知识的构建和理解。

总之，建构主义认为知识的内在逻辑是个体基于自身的主观经验和认知能力所构建的心理结构。这种内在逻辑是通过个体主动观察、体验、反思和社会互动来建设和调整的，它是个体对外部世界的主观理解和意义赋予的结果。

(二)建构主义中的知识生成

在建构主义理论中，知识的生成是个体积极参与并通过经验和互动来构建的过程。

知识的生成始于个体的感知与观察。个体通过感官接收外部世界的信息，开始对外界刺激进行观察。接着，个体将新的信息和刺激与自己的先前知识进行整合。在这一过程中，个体会利用已有的知识结构来联系和关联新信息，从而构建出更加复杂和深入的理解。

随后，个体会赋予这些信息以意义，并对其进行解释和理解。这涉及基于先前知识、经验和深思熟虑之后的主动思考、辩论和对话。通过这些活动，个体对信息进行意义的构建和解释。

建构主义还强调反思与检验的重要性。个体会对先前的理解进行反思，并对其进行评估和验证。在这个过程中，个体注意到先前理解中可能存在的矛盾、错误，或者与新获得经验不符之处，并尝试对知识进行相应的调整和修正。

此外，社会交互与合作在知识生成中扮演着关键角色。个体的知识构建不仅受到个人内部因素的影响，也受到外部社会环境的影响。通过与他人的交流和合作，个体可以接触到不同的观点、经验和反馈。这些社会互动促使个体在讨论中分享观点，并从交流中获得新的见解和反馈，进而来调整和完善自己的知识结构。

建构主义认为知识的生成是一个动态的、个体主动参与的过程。在这个过程中，个体通过观察、体验、反思以及与他人的社会互动，将外部信息和经验转化为内在的知识结构。这个过程是主观的，每个个体根据自己的经验、背景和认知能力，形成独特的知识结构。

（三）建构主义中的知识生成注意点

在建构主义中，知识的生成是个体主动参与和建设的过程，因此在知识生成中需要注意以下几点。

第一是个体的主动性。建构主义强调个体积极主动地参与知识生成过程，通过感知、观察、思考、互动和反思等活动来建构自己的知识。

第二是先前知识的引入。个体的先前知识对于知识生成至关重要。在接收和整合新信息时，个体应该注意将新的观察和经验与已有的知识联系起来，以促进知识的深入理解和整合。

第三是反思和自我评估。个体应该对自己的思考、解释和理解进行反思和自我评估。个体应该关注自己对信息的解释的一致性、合理性和足够性，并主动发现、解决自己对知识的误解或不准的理解。

第四是社会互动的重要性。建构主义强调社会互动在知识生成过程中的重要性。个体应该积极参与交流、合作和对话，与他人分享思想、观点和理解，并从他人的观点和反馈中获取新的视角和新的知识。

第五是多样性和多视角的接纳。在知识生成过程中，应该接纳和尊重不同的观点、经验和解释,鼓励接受多样性和多视角的存在。通过接纳不同的观点和解释,个体可以更全面和深入地理解和构建知识。

第六是持续的学习和发展。知识生成是一个连续不断的过程,个体应该持续学习、发展和修正自己的知识。个体在不断接触新的信息和经验时应该持续反思和调整自己的认知,不断发展自己的知识结构和理解。

建构主义中的知识生成强调个体的主动性、先前知识的引入、反思和自我评估、社会互动的重要性、多样性和多视角的接纳、持续的学习和发展等要点。通过遵循这些要点,个体能够更有效地参与知识生成过程,提高自己的学习效果和知识的深度与广度。

二 建构主义理论中的科学教育融创思维

(一)知识生成具体的学科思想与学科智慧

在学科教学中,知识生成需要与学科的思想和智慧相结合,并转化为学科教学的理念和目标。

首先,学科思想的运用在知识生成过程中至关重要。某一学科特有的核心概念、原理和方法论,如科学学科特有的概念、原理和方法论,应在教学中得到充分运用。教师可引导学生运用学科思想来解释、分析和理解现象,培养他们对学科的深入理解和思考能力。同时,建构主义强调科学知识是通过学生的个人和社会交互的过程建立起来的,学生应通过自己的实践和探究,充分参与到科学活动中,从中构建出对科学概念和原理的理解。

其次,学科智慧的传授也是知识生成的重要环节。学科专家对于解决问题和应用学科知识的独特见解和方式,如科学学科中的实验设计、数据分析等智慧,应在教学中得到传授。学生应学会如何在学科中运用知识,解决实际问题和应用学科理论。

再次,将知识应用于实际问题和情境,以及跨学科知识的整合,是促进知识生成的有效方式。在科学教育中,教师应引导学生将科学知识应用到实际问题和情境中,培养他们解决现实生活问题的能力。同时,教师还应引导学生将不同学科的知识进行整合,促进跨学科知识的应用和创新。

此外,探究和实践导向的学习也是促进知识生成的有效途径。教师可以通过设计探究性和实践性的学习活动,让学生在实践中运用和构建知识,培养他们解决问题的能力。

最后,培养学生的学科思维和方法论也是实现知识生成与学科教学有机结合的关键。教师可以通过引导学生思考和解决学科中的复杂问题,培养他们的分析、推理、论证和实证能力,以及学科特有的方法和技巧。

总之,建构主义在科学教育中强调学生的主动参与和实践探究,通过构建科学概念和原理的过程来生成知识。而将知识转化为学科教学的理念和目标需要结合学科思想和智慧,以及强调知识的应用和跨学科整合。通过引导学生探究、实践和运用学科知识,培养他们的学科思维和方法论,教师可以实现知识生成与学科教学的有机结合,促进学生的学科学习和发展。

(二)学科思维与学科方法(转化为学科教学操作程序)

在建构主义框架下,学科思维和方法是指在特定学科领域中进行思考和探究的独特方式和技巧。要将这些学科思维和方法有效地转化为学科教学的操作程序,可以遵循以下步骤:

(1)确定学科思维和方法:教师首先需要深入研究特定学科的核心概念、原则和方法,以识别和理解其中的学科思维和方法。这一步骤可以通过研究学科教材、专业文献等教学资源来完成。

(2)教师示范和解释:教师应通过案例分析、模拟演示等方式,向学生展示学科思维和方法的应用过程。通过这些示范和解释,教师可以帮助学生初步理解和掌握这些思维和方法。

(3)引导学生实践和应用:在教学过程中,教师应设计各种实践活动和任务,鼓励学生运用学科思维和方法来解决问题或完成任务。这些活动可以包括实验、实地考察、文献研究、数学建模等,目的是通过实践来加深学生对学科思维和方法的理解和应用。

(4)提供反馈和指导:在学生实践与应用学科思维和方法的过程中,教师应提供及时的反馈和指导。这可以通过小组讨论、个别辅导、评价和评估等多种形式来实现,旨在帮助学生增进、加强理解和提高应用能力。

(5)反思和调整:将学科思维和方法转化为教学操作程序是一个持续的反思和调整过程。教师需要定期观察和评估学生的学习进展和成果,识别学生在运用学科思维和方法时遇到的困难,并根据这些反馈调整教学策略,以更好地支持学生的学习。

通过这样的操作程序,教师能够将学科思维和方法有效地融入教学,培养学生的学科能力和思维方式,从而提高他们在学科领域的学习成效和综合能力。

(三)学科语言(转化为学科教学语言)

在建构主义教育理念中,学科语言是指特定学科领域内的专业术语、概念和表达方式。为了将这些学科语言有效地融入教学,教师需要采取一系列步骤来引导学生学习和运用这些语言。具体包括:

(1)确定学科核心概念术语:教师首先应识别并理解特定学科的核心概念和术语。这可以通过研究学科教材、课程标准以及专业文献来实现。

(2)明确术语的含义和用法:教师应向学生明确解释教学中所使用的学科术语的准确含义和适用场合。教师可以通过定义、示例和应用场景等,帮助学生理解和运用这些术语。

(3)引导学生掌握学科语言:教师应通过讲解、讨论、阅读和写作等教学活动,逐步引导学生掌握学科语言。通过解读学科文本、参与学科讨论和创作学科作品,学生可以更好地理解和应用学科语言。

(4)运用学科语言进行探究和表达:教师应设计学习任务和活动,要求学生在探究和表达过程中运用学科语言。这可以包括实验、项目展示、撰写研究报告等活动,通过实践来促进学生对学科的深入理解和探索。

(5)提供反馈和指导:在学生运用学科语言的过程中,教师应提供反馈和指导,帮助学生纠正语言使用中的错误,提高学生的表达能力和语言运用技巧。

(6)鼓励学生互相交流和合作:教师应促进学生之间的交流与合作,以增强他们对学科语言的理解和运用。通过小组讨论、合作学习和互相学习,学生可以更好地掌握学科语言。

通过这些步骤,教师可以将学科语言有效地转化为教学语言,帮助学生学习和运用这些语言,提高他们在学科领域的表达和学习能力。

第二节 做中学与融创教育

一 做中学：知识来源的内在逻辑

杜威的做中学主旨是"让孩子在不同活动中忙碌着"，在"学生中心""活动中心""经验中心"的"新三中心论"中倡导从行动中学、从经验中学、从活动中学，通过经验获取知识，探究科学教育本质。

（一）做中学在学校教育中的意义

1.做中学体现了现代教育的特征

杜威认为，传统教育是"从听中学"，那么现代教育就应该是"从做中学"。他强调指出："学与做相结合的教育将会取代传授他人学问的被动的教育。"

做中学体现了现代教育的一些特征，如以下几个方面（见表2-1）：

表2-1 做中学的一些现代教育特征

特征	具体内容
实践导向	现代教育注重培养学生的实践能力和实际操作能力。通过实践和实际操作，学生能够亲身参与到学习过程中，通过实践解决问题，培养解决实际问题的能力，将理论知识应用到实际中。
跨学科和综合性	现代教育强调跨学科的教学和综合性的思维。在做中学的教学中，学生需要综合运用不同学科的知识和技能，同时要发展批判性思维和问题解决能力，以应对真实世界中的复杂问题。
学生主导和合作学习	现代教育鼓励学生主动参与学习过程，通过合作学习来促进学生的互动和交流。在做中学的教学中，学生可以通过小组合作或团队项目来实践，共同解决问题和完成任务，培养团队合作和沟通能力。
激发兴趣和创新	现代教育注重激发学生的兴趣和创新思维。通过做中学的教学方法，学生能够自主选择学习内容主动探索和发现知识，充分发挥个人的创造力和想象力，从而培养创新精神和问题解决能力。

续表

特征	具体内容
强调实用性和社会意义	现代教育强调知识的实际应用和社会意义。通过实践和实际操作能够亲身体验知识的实用性和价值,认识到知识与现实生活的联系,增强学习的动机和意义感。

通过做中学,学生能够更好地适应现代社会的需求和挑战,培养探索精神、解决问题的能力和团队合作能力,发展创新思维和实践能力。这样的教学方法有助于学生全面发展,提升综合素质,应对日益复杂的现代社会。

2.做中学助力于学生的全面发展

做中学对于学生全面发展的支持性作用,单中惠教授有精辟阐述,其在《"从做中学"新论》一文中指出:

杜威认为,无论在身体和心理上,还是在智力和道德上,"从做中学"对儿童的整体发展具有重要的作用。他强调指出:"一切教育都能塑造智力的和道德的品质,但是这种塑造工作在于选择和调节青年天赋的活动,使它们能利用社会环境的教育。而且,这种塑造工作不只是先天活动的塑造,而是要通过活动来塑造。"在学校中,"只要身体的活动是必须学习的,它在性质上就不仅是身体的,而且是心理上的、智力上的。"梅休和爱德华兹在《杜威学校》一书中也指出:通过从做中学,能"使富于感情、善于思索、积极主动的儿童,成长得更有力量,更有能力,以及对自己同自然界和社会的关系更具同情的了解"。

从身体上来说,"从做中学"不仅促使儿童的身体活动,而且也促使了儿童的手和眼的协调。杜威指出:"手和眼的训练也直接地和间接地是注意力、建造的和再生的想象力和判断力的训练。"

从心理上来说,"从做中学"使儿童提高了自制力和增强了自信心。杜威指出:当儿童"从做中学的时候,他精神上肉体上都在体验某种被证明对人类有重要意义的经验;他所经历的心理过程,与最早做那些事情的人所经历的心理过程完全相同。由于他做了这些事情,他明白了结果的价值,也就是说事实的价值。"在杜威看来,当儿童"从做中学"时,那些工作和活动比其他事情更能唤起并引导儿童心灵中最基本的和最重要的事情。

从智力上来说,"从做中学"使儿童获得了知识和锻炼了能力。当儿童去从事那些能锻炼儿童身体、提出新的问题、不断教给他新的东西的工作和活动时,他的思维和智力就得到了发展。杜威指出:当儿童在"从做中学"过程中圆满地解决那样一个问题,他就增添了知识和力量。他试验了他所学到的知识,通过用这些知识制造世界上有用的东西来了解它们意味着什么;他以一种发展他自己的独立思考能力的方法做了一件有益的事情。

从道德上来说,"从做中学"促使儿童更好地了解社会和培养社会性习惯,以及应对新的环境。杜威指出:在"从做中学"的时候,"对儿童的活动能力,对他在建造、制作、创造方面的能力有吸引力的每一种教学法的采用,都标志着伦理的重心从自私的吸收转移到社会性的服务上来的机会。……它不仅是智力的,在任何一位优秀的教师的手里,它易于、而且几乎是当然地有助于社会性习惯的发展。"在他看来,儿童通过自己的做,既学会了如何做,也增强了信心,又培养了社会精神,从而在面对新的环境时就会无所畏惧。[①]

做中学是一种以实践为基础的学习方法,它能够助力学生的全面发展有以下几个原因(见表2-2)。

表2-2 做中学助力学生全面发展的原因

原因	具体内容
提供实践机会	通过做中学,学生能够亲身参与实践活动,通过实践来获取知识和技能。实践是学习的最佳途径之一,它能够让学生更深入地理解和应用所学知识。
培养实践能力	通过实践活动,学生可以培养解决问题的能力、创新思维和团队合作精神。他们将面对真实的挑战和困难,在解决问题的过程中学会思考、决策和行动,提高解决实际问题的能力。
整合知识和技能	通过实践活动,学生可以将所学知识和技能进行整合和应用。他们不仅可以将课堂学到的知识运用到实践中,还可以在实践中发现和学习新的知识和技能,使之更加全面和有用。
培养综合素质	通过实践活动,学生能够锻炼和培养各种综合素质,如创新能力、沟通能力、自主学习能力等。这些素质对学生的全面发展至关重要,能够帮助他们更好地适应未来的社会和工作环境。
激发学习兴趣	通过从做中学,学生可以充分发挥自己的主动性和学习兴趣。他们可以选择自己感兴趣的项目或实践活动,并通过实践来探索和学习。这种学习方式能够激发学生的学习激情和动力,提高学习效果。

做中学能够助力学生的全面发展,因为它能提供实践机会、培养实践能力、整合知识和技能、培养综合素质,并激发学习兴趣。这种学习方式不仅可以提

---

① 单中惠."从做中学"新论[J].华东师范大学学报(教育科学版),2002(3):81.

高学生的学习效果,还能培养学生的综合能力,使他们更好地适应未来的社会和工作环境。

3.从做中学诱发教学变革

杜威的"从做中学"教育理念,是对传统教育方式的深刻反思和革新。他认为,通过实际操作和活动来学习,能够更好地扩大儿童的经验,提高教学效果。这种方法要求课堂教学中采用更多实际材料,提供更多资料和教学用具,以及更多的动手操作机会。

杜威认为,儿童在未进入学校之前所获得的知识都与他们的生活有直接联系。他强调,学校教育应借鉴这种与生活紧密相关的学习方式。例如,学习游泳时,不仅需要理解游泳的理论知识,更重要的还要通过实际练习来掌握游泳技巧。

在杜威看来,"从做中学"不仅是一种教学方法,更是一种生活态度,它使得工作和活动成为理解事物的媒介和工具,同时也保持了兴趣原则在学校教育中的地位,保持了理智与实践的平衡。

尽管有学者对"从做中学"进行质疑,认为这种方法可能会导致学生在无关紧要的事情上浪费时间,或者只是获得一些有限的、自发的经验,但这并不能否定"从做中学"在理论和实践中的价值。杜威的这一理念,从批判传统教育方式的角度出发,强调了知与行、学与做的关系,对于推动课堂教学的改革,促进儿童能力的发展,确实含有合理的因素。

因此,教师在学校教育中应采用"从做中学"的方法,使教学更加生动活泼,更能激发学生的学习兴趣和创造力,从而达到提高教学效果的目的。同时,学校和教育部门也应提供必要的支持和资源,以保障"从做中学"能够得到有效实施。

杜威认为,用"从做中学"替代"从听中学",必然会促使学校课堂教材上发生变化,从而使学校的整个精神得到新生。他强调说:"这种方法能用于所有课堂教学",但是,它要求"有更多的实际材料,更多的资料,更多的教学用具,更多做事情的机会。"

在杜威看来,如果教师采用做中学的方式来扩大儿童的经验,就可以大大提高教学效果。儿童在没有进学校以前所学的东西,没有一样不是与他的生活有直接联系的。他怎样获得这种知识,这个问题为学校教育方法提供了线索。

杜威曾举了一个例子来加以说明：在一所游泳学校里，教人游泳时只是反复练习游泳所需的各种动作，而不到水里去游，因而，当人掉进水里时，结果只能是沉下去了。

因此，随着课堂教材上的变化以及儿童的心智在能力和知识上的生长，那些工作和活动不仅成为一种愉快的事情，而且越来越成为理解事物的媒介、工具和手段。在杜威看来，如果离开了这种工作和活动，那不仅剥夺了儿童的天赋能力，而且取消了兴趣的原则在学校教育中的地位，同时也不能在经验的理智方面和实践方面之间保持平衡。

对于杜威所主张的做中学，许多学者提出了自己的看法。由于确信一切真正的教育从经验中产生，一切学习都来自经验，因此，杜威提出的做中学也可以称为"从经验中学""从活动中学"。美国教育学者范斯科德等人在《美国教育基础——社会展望》一书中指出："杜威想要表明，个人最好是从'做'中学，不管是学习走路、谈话、游泳、跳栏、图画，或者解决问题和形成概念，都是这样。"美国哲学家和教育家胡克在《杜威全集·中期著作》第8卷的"导言"中也这样指出："当杜威强调从做中学的重要性时，它总是与观念的检验或实施一个计划或设计，或寻求一种方式去做某些必需的事情来完成一种作业联系起来。"但是，有学者认为："学生们做这些事情，也不过是在把时间浪费在无足轻重的事情上罢了。"也有学者认为："从做中学"这一理论的根本错误就在于：表面上它保护儿童"个人的主动性"，实质上它是他们在其所经历的有限的、自发的经验过程中，顺便获得一些理论知识和科学知识。

由于杜威主张的"从做中学"是以实用主义经验论和机能心理学为依据的，过分强调了工作和活动在教学过程中的地位，甚至提出行动处于观念的核心，行动就是认识本身，因此，对知与行的关系的看法显然存在着一些偏颇的地方。同时，"从做中学"所强调的"做"主要是个人亲自尝试的工作和活动，仅是获得和改组个人的经验，以使儿童自己的兴趣和需要得到满足，因此，在理论上也是有片面性的。然而，我们应该看到，杜威主张的"从做中学"是从批判传统学校教育采用的"从听中学"出发的，强调了知与行、学与做的关系，尤其是提出学校教育中应考虑如何做的观点，确实击中了传统学校教育中所存在的一个要害问题。无论从儿童方面来看，还是从学校和社会方面来看，"从做中学"确实是含有一些合理的因素。在学校教育中，教师应该而且可以采用"从做中学"的方法，更好地推动课堂教学的改革，促进儿童能力的发展。（单中惠）

做中学诱发教学变革是指将实践教学方法应用到教学中,通过让学生亲身参与实践活动来促进学习和发展。从传统的传授式教育向实践导向的教育转变,能够实现以下几个方面的变革(见表2-3):

表2-3 做中学可诱发的教学变革

变革项目	具体内容
从被动接受到主动参与	传统的教学模式注重教师的讲解和学生的被动接受,而从做中学让学生成为学习的主体,学生主动参与实践活动,并在实践中进行发现、探索与学习。
从单一知识到综合能力	传统的教学侧重于知识的传授,而"从做中学"注重培养学生的综合能力。通过实践活动,学生不仅能够将所学的知识应用到实际中,还能培养解决问题、创新思维和团队合作等综合能力。
从理论分割到实践整合	传统的课堂教学往往将知识按学科划分,难以真实地反映现实生活中的问题和挑战。而"从做中学"将知识与实践结合,通过实践活动整合不同学科的知识,更加切合真实的社会需求和问题。
从针对性学习到个性化学习	传统的教学模式往往是统一的,很难满足每个学生的个性化需求。而"从做中学"能够根据学生的兴趣和能力,提供多样化的实践活动,满足学生的个性化学习需求,激发学生的学习兴趣。

做中学诱发教学变革意味着从传统的教育模式转变到实践导向的教育模式,通过让学生成为学习的主体、培养综合能力、整合不同学科的知识,以及满足个性化学习需求,实现教育的全面变革。这种变革可以激发学生的学习主动性和创造力,提高他们的适应能力和竞争力。

(二)做中学的知识内在逻辑

杜威认为:"要使活动观念产生效果,我们对它的理解必须广阔到足以涵盖包括能力的生长在内的一切事情——特别是包括认清所做的事情的意义的能力。"[1]"在'从做中学'时,必须排除由于外部强制或命令的行动、不能将行动的人引入未来更广阔的领域的行动以及习惯性和机械性的行动。其次是,因为不同年龄阶段的儿童对做事和活动会有不同的要求,因而做事和从事活动就不能一律化。"[2]"只有当要做的工作具有呼唤他去做的性质或具有期待他的能力的

---

[1] 约翰·杜威.学校与社会·明日之学校[M].赵祥麟,任钟印,吴志宏,译.2版.北京:人民教育出版社,2005:194.

[2] 转引自:单中惠.现代教育的探索:杜威与实用主义教育思想[M].北京:人民教育出版社,2002:332-333.

支持的性质时,只有当困难能起激励作用而不是起使人沮丧的作用时,这种选择才是他力所能及的。"①杜威所提出的"从做中学"的内容具体包括三个方面:一是艺术活动,二是手工训练,三是动手的科学研究。"从做中学"是通过直接的材料的操作和简单能量的运用,以产生有趣的结果,内容应该简单,比如重新发现、重新发明和重新建造之类的东西。因此,教育者应该为儿童提供一个能够"从做中学"的环境,并指导儿童去选择要做的事情和要从事的活动。杜威告诫人们,在"从做中学"时,儿童"仅仅是去做,不管怎样生动,都是不够的。一个活动或设计当然一定是在学生的经验的范围内,并且同他们的需要相联系——这决不等于他们能够有意识地表现出的任何喜爱和愿望。……一个良好设计的检验是,它是不是足够的充分和足够的复杂,向不同的儿童要求各种不同的反映,并允许每个儿童自由地去做,而且按照自己特有的方式做出他的贡献。从教育方面来说,一个良好的活动进一步检验的标志是,它有着一个足够长的时间幅度,为的是把一系列的努力和探究都包括在里面,并且以这样的方式把它们包括起来,那就是每一步开辟了一个新的方面,引起新的问题,唤起对更多的知识的需要,还要在已经完成了什么并在获得知识的基础上提出下一步做什么。适应着这两种条件的各种作业活动,将必然导致不仅仅把已知的教材积累起来,而且也把它组织起来。"②因此,根据"从做中学"的原理,儿童去做事和从事活动既不是出于所谓功利的原因,又不是教师为防止儿童懒散淘气而叫他做的作业或练习,更不是用来代替课本的练习。③总的来看,引导、学习、活动、检验,知识的构建和创生,是做中学的本质内涵。

(三)做中学的目标

杜威强调,让学生从做中学中获取经验,追求实效,通过科学思维方法,创设的情境,提出问题和种种解决方法,并通过实践去检验方法是否可行。

做中学科学教育的目标是让所有学生有机会亲历探索大自然奥秘的过程,使他们在观察、提问、设想、动手实验、表达、交流等探究活动中,体验科学探究

---

① 约翰·杜威.学校与社会·明日之学校[M].赵祥麟,任钟印,吴志宏,译.2版.北京:人民教育出版社,2005:191.
② 杜威.杜威教育论著选[M].赵祥麟,王承绪,编译.上海:华东师范大学出版社,1981:260.
③ 单中惠."从做中学"新论[J].华东师范大学学报(教育科学版),2002(3):80.

的过程、建构基础性的科学知识、获得初步的科学探究能力,从小培养学生的科学态度、科学精神、科学思想和科学思维的方法,使学生初步形成科学的世界观,促进儿童的全面发展,成长为高素质的人才。[①]

1.经历

做中学的目标之一是让学生获得经历。

在这个过程中,学生不仅会遇到成功,还会遇到失败。一方面,失败的经历对下次的成功起到很关键的作用,因为它们能为下次的成功做铺垫。学生通过失败经历,可以从中吸取教训,了解自己的不足之处,并尝试改进和提升。这样,他们就能够在下一次的尝试中更加聪明地应对挑战,以取得更好的成绩。另一方面,做中学的目标是让学生获取成功的经历,并且将这些经历记忆在脑海中。成功的经历可以激发学生的自信心和动力,让他们意识到自己的潜力和能力。这些经历也能够成为学生精彩历程的记忆,让他们在未来回忆起来时能够感受到成长和进步的喜悦。

学生在学习过程中的实践经验积累是一个系统化的成长过程,涉及多个方面的发展。

首先,通过参与各类学习活动、课外活动和社会实践,学生能够获得直接经验,这种经验是理论学习的补充,使学生能够更好地理解和应用所学知识。例如,科学实验可以让学生直观地理解科学原理,而志愿服务则让学生体验到服务他人的快乐和社会责任感。

其次,学生在做中学的过程中,不仅积累了知识,还提升了各种技能。这些技能包括但不限于解决问题的能力、团队合作与沟通技巧、创新思维和实践操作能力。这些是适应现代社会需求的关键技能,对学生未来的学习和工作都具有重要意义。

再者,通过不断的实践活动,学生还能促进自身的全面发展。身心健康和社交技能的培养是这一过程中的重要组成部分。例如,体育锻炼可以增强体质,团队合作和公共演讲则可以提升社交技能和自信心。

最后,社会实践还能够培养学生的公民意识和责任感。通过参与社会活动

---

① 陈俊莹.显微镜下的世界——论"做中学"与生物课的高效结合[J].生物技术世界,2015(6):182.

和理解社会问题,学生能够逐步形成对社会的深刻理解和对公共事务的参与热情,这有助于他们成长为具有社会责任感的公民。

学生的成长是一个复杂的体系化过程,涉及知识学习、技能发展、身心成长和社会适应等多个方面,这些经历共同构成了学生全面发展的基石。教育工作者应该为学生提供多样化的实践活动,促进他们在各个方面均衡发展。

2.体验

做中学强调学生通过实践去感悟、理解和应用所学知识。学生不仅仅通过听课或读书来获取知识,更重要的是通过实际操作、实验、观察等实践活动来深入学习和体验知识。学生通过实际操作来亲身体验知识的应用,从而加深对知识的理解和记忆。

做中学鼓励学生增强主动性和参与性,通过参与各种实践活动积极主动地探索和学习。学生在实践中能够亲身体验到知识的价值和实际应用,从而更加积极地投入到学习中,增强学习的意愿和动力。

做中学目的在于让学生通过亲身体验和实践来深化对知识的理解。学生通过实际操作、观察、实验等方式,亲身体验到知识的产生过程和结果,从而更加深入地理解和记忆所学的知识。通过具体的实践体验,学生不仅能够加深对知识的理解,还能够培养实践能力和问题解决能力。

做中学通过体验与感悟的方式激发学生的学习兴趣。学生在实践中能够感受到知识的实际应用和成功的喜悦,从而增强对学习的兴趣和热情。实践体验能够帮助学生认识到学习的重要性和实用性,从而使他们更加主动地投入到学习中,增强学习动机。

3.感悟

在做中学的过程中,学生不仅可以通过实际操作来理解和掌握知识,还可以在实践中发现问题、思考解决方案,并从中获得知识和经验的深化和升华。这种学习方法能够培养学生的实践能力、解决问题的能力和创新意识。让学生在实践中能够亲身体验到知识的实用性和现实意义,从而对所学知识的深度和广度有更深刻的理解和感悟,进而将所学知识内化,提升创造性和实践力。

在做中学过程中,学生通过实验或模拟的方式,可以亲身参与到真实或仿真的实践中,从而深入了解知识在实际应用中的作用和意义。例如,学生在生物学实验中通过实验模拟和感悟真实的方法,通过实验设计、实验操作、模拟实验、数据分析和解释等过程,从实验结果中揭示生物学的真相,深入了解生物世界的运作和机制。这种实验或模拟的方法,能帮助学生更好地认识和研究生物学领域中的各种现象和问题。

在做中学的过程中,学生可以通过项目活动和感悟应用的方式,将理论知识与实践结合,进一步深入理解生物学知识的应用和意义。比如,可以通过设计和完成实验项目来探索和验证生物学理论,学生可以设计实验来研究植物的生长需求和影响因素,或者进行动物行为实验来了解生物的适应性和行为模式;可以通过参与调查研究项目来收集和分析现实世界中的生物数据,进行野外调查研究,观察和记录当地生物的分布、数量和季节变化等,从而揭示生物多样性和生态系统的特点;可以通过参与生物保护和恢复项目来实践生物学知识,参与保护地区的生物多样性保护工作,理解保护措施对于维护生物多样性和生态平衡的重要性;可以通过参与社区和环境项目来感悟生物学知识的应用价值,参与垃圾分类和环境清理活动,培养环保意识,了解生物对环境的依赖和环境对生物的影响;可以通过实践课程和实习项目来与实际应用结合,可以参与医学实习,了解疾病的发生机制和治疗方法,或者参与农业实践,了解植物生长和农作物保护的实际操作。通过项目活动和感悟应用,可以将生物学理论知识转化为实践经验,培养学生的实践能力和创新思维。这种实践经验可以帮助学生更好地理解生物学知识的应用和意义,促进学生的职业发展和增强其社会责任感。同时,项目活动和感悟应用也能够激发学生对生物学的兴趣,提高学习动力和学科参与度。

通过实地考察和观察,学生可以直接接触和体验真实的环境和现象,从而深入了解生物世界的特点和现象。学生可以通过到自然环境中进行野外考察,观察和记录不同生物的生活习性、分布情况和相互关系等,了解不同生物之间的相互依赖和适应性,以及它们在自然环境中的生存状态;可以检查和研究不同生物的栖息地,了解其适宜生活条件和限制因素,观察和记录生物的数量、种类和分布,从而揭示生物组群组织、生态位和生境选择等原理;还可以直接观察和记录自然界中的生物行为、繁殖方式、食性等,并进行一些简单的实验来验证自己的假设和观察结果,感知和理解生物行为和生态系统的运作;也可以参观自然保护区、动物园、植物园等地方,观察和学习各种珍稀动植物的特点和保护措施,了解保护措施对于生物保护和生物多样性维护的重要性或者进行社区调研，了解当地的生态环境和人与自然的关系。通过与当地居民交流和合作，可以了解以人为本的生态学、环境保护和可持续发展等方面的问题和挑战。

4.爱学习

做中学的目标之一就是提升学生对学习的热情和兴趣，使其形成爱学习的态度。通过亲身实践和实际操作，学生能够主动参与学习过程，积极探索和发现知识，从而增加对学习的投入和提升兴趣。

在做中学的过程中，通过实践和实际操作，学生能够亲身体验到知识的应用和效果，当他们成功解决问题或达成目标时，会产生成就感，从而增强对学习的喜爱和信心。

做中学将学习与实际生活联系起来，让学生能够看到知识的实用性和现实意义。当意识到学习的内容与他们日常生活息息相关时，学生会更容易产生兴趣和动力。

做中学可为学生提供一些有趣、有挑战性的活动和项目，激发他们的好奇心和求知欲，使他们积极主动地投入学习过程。

多样化的学习方式和教学方法，如实验、实地考察、小组合作等，可以激发学生的学习兴趣和提升参与度。学生能够以自己的方式去学习，培养自主学习的能力。

做中学鼓励学生提出问题、探索答案，培养他们的探索精神和求知欲。学生在主动参与解决问题的过程中，能够培养对学习的热情和好奇心。

通过以上方式，学生能够从实践中获得积极的学习体验，培养对学习的热情和兴趣。他们将更加乐意投入学习过程中，主动探索和发现知识，从而形成积极的学习态度，真正爱上学习。

(四)做中学中的知识生成

做中学的知识生成是指在实践和实际操作中获取知识和经验的过程。在做中学中，知识的生成可以包括以下几个方面：

(1)做中学通过亲身实践和具体操作，让学生可以直接感知和体验到事物的特征和规律。他们通过亲自动手、观察、实验等方式来获取知识和经验。

(2)做中学通过实践让学生通过观察、感知事物的外部表现和内在变化，从中提取、理解和归纳出有关事物的知识。

(3)做中学通过进行实验和探究活动,让学生可以直接观察和验证问题,从实验结果中获取知识和经验。他们通过观察、收集数据、分析结果等来深入理解事物的原理和规律。

(4)做中学通过实践,让学生可以与他人合作、交流和分享,借助合作伙伴的经验和观点来获取新的知识和想法。

(5)做中学过程中学生可以利用相关的文献和资料,如教科书、参考书、科学期刊等,从中获取有关事物的理论知识和研究成果。

(6)做中学可以使学生利用互联网和在线学习资源来获取有关事物的信息和知识素材。

总的来说,做中学的知识来源内涵涵盖了实践经验、观察感知、实验探究、合作交流、文献资料和网络资源等多个方面。通过这些知识来源的综合应用,学生可以从多个角度和渠道获取全面的知识和经验,深入理解事物本质和规律。

(五)做中学中的知识生成注意点

在做中学的知识生成过程中,有几个注意点需要特别关注:

教师在知识生成过程中起着重要的指导作用,需要适时给予学生启发和引导,帮助学生提出问题、构建概念、建立联系等。同时,教师还要激发学生的学习兴趣,鼓励他们积极参与知识生成的活动。

知识生成要求学生积极主动地进行探索和实践,通过自我思考、合作讨论、实验观察等方式积极参与其中。学生应该根据自己的兴趣和能力选择适当的方式进行知识生成,从而更好地掌握和理解学科知识。

为了支持知识生成活动,学校需要提供适当的学习环境和资源,如实验室、图书馆、信息技术设备等。这些资源可以帮助学生进行实验探究、调查研究和信息检索,促进他们的知识生成和创新能力的发展。

知识生成过程中,学生需要经常进行反思和评价,检查和修正自己的观点和理解。教师可以通过提问、讨论和评价活动等方式引导学生进行反思和评价,使他们能够更全面地理解和掌握所学的知识。

在知识生成的过程中,学生应该将不同学科的知识进行整合和应用,培养综合思维的能力。教师可以通过跨学科的项目活动、综合性实践任务等方式促进学生的跨学科整合能力的发展。

做中学的知识生成要注重教师的引导和学生的主动参与,提供适当的学习环境和资源,鼓励学生进行反思和评价,促进跨学科整合能力的发展,从而培养学生的创新思维和综合能力。

二 做中学理论中的科学教育融创思维

(一)做中学与科学教育的融合

做中学与科学教育可以很好地融合,共同促进学生的学习和发展。做中学与科学教育融合的具体内容见表2-4。

表2-4　做中学与科学教育融合的具体内容

融合项目	具体内容
实施科学探究项目	通过设计实践性科学实验,学生可以亲自动手进行实验,观察和探究现象,收集数据,并进行数据分析和解释。这样的实践活动能够帮助学生深入理解科学概念和原理,培养科学探究的能力和科学思维。
设计实践性科学实验	鼓励学生自主选择科学探究项目,并指导他们进行设计、实施和分析。学生可以选择自己感兴趣的科学问题,并通过实践活动来解决问题,提高科学知识水平和实践能力。
进行科学实地考察	利用实地考察来增强学生对科学概念和理论的理解。学生可以参观科学实验室、自然环境和科学展览,与科学家交流,亲身体验科学实践,进一步了解和探索科学的本质。
运用科学技术工具进行探索	通过运用科学技术工具,如实验仪器、计算机软件等,学生可以进行科学探索和实验,收集和分析数据。这样的实践活动能够让学生熟悉科学工具的使用,增强他们的科学素养和技术能力。
实施科学创新项目	鼓励学生实施科学创新项目,培养他们的创新思维和解决实际问题的能力。学生可以选择一个实际问题,并尝试通过科学研究和实践来解决问题,培养科学创新的能力和精神。

通过将做中学与科学教育相结合,可以让学生亲身参与科学实践活动,培养他们的科学思维和实践能力,提高他们对科学的兴趣和理解。这种融合有助于提高学生的学习效果,激发他们的创造力和创新意识,并培养他们在科学领域的竞争力和适应能力。

(二)做中学与科学教育的创新

做中学和科学教育的结合是创新教育的体现,它能够激发学生的创新思维和实践能力。做中学与科学教育的创新体现见表2-5。

表2-5 做中学与科学教育的创新体现

创新点	具体内容
提倡学生主导	通过做中学,学生成为学习的主导者,可以自主选择和设计实践活动,培养独立思考和解决问题的能力。学生可以根据自己的兴趣和探索欲望,创造性地提出问题、找寻解决方案,并在实践中对所学知识进行应用和实验。
鼓励创新项目和研究	学生通过做中学可以开展科学创新项目和研究,积极参与科学探究活动,他们可以选择自己感兴趣的科学课题,并进行调查、实验和分析,以解决实际问题或探索新的领域。这种自主性的科学研究能够培养学生的创新思维和团队合作意识。
引入新技术和工具	科学教育中的创新也体现在引入新技术和工具的应用上。通过运用现代科学技术工具和设备,如虚拟实验、科学模拟软件、3D打印等,学生可以进行更真实、更复杂的科学实验和模拟,培养科学素养和科学研究能力。
跨学科合作	创新教育强调跨学科的合作和融合。通过做中学,可以将不同学科的知识和技能进行整合,解决现实生活中的复杂问题。学生可以与不同领域的专家和同学合作,通过互相交流、分享和合作,培养创新思维和解决复杂问题的能力。
培养创新精神	创新教育注重培养学生的创新精神和创造性思维。通过做中学,学生可以尝试不同的解决方案,培养批判性思维、创造性思维和解决问题的能力。他们将被鼓励提出新的观点和见解,勇于尝试和接受失败,从而培养出坚韧和创新的品质。

做中学与科学教育结合是创新教育的体现,通过学生主导、创新项目和研究、引入新技术和工具、跨学科合作和培养创新精神等方法,能够培养学生的创新思维和实践能力,为学生的全面发展和未来的创新能力奠定基础。

第三节 深度学习与融创教育

一 深度学习：知识增进的内在逻辑

（一）深度学习中的知识增进逻辑

在深度学习中，知识增进逻辑通常指的是通过使用大量数据来训练神经网络模型，使学生能够从数据中学习和提取有用的特征和模式。这种逻辑基于以下几个步骤（见表2-6）：

表2-6　形成知识增进逻辑步骤

步骤	实施	具体内容
1	数据收集	为了保证教育资源的丰富性和教育活动的创新性，我们需采取创新的教育资源获取策略，搜集足够数量和多样性的教育材料，这些材料应涵盖教材以及各类学习资源等。实现这一目标可以通过建立合作伙伴关系、利用开放式教育资源库，以及鼓励学生和教师创作等多元化途径。
2	数据预处理	为保证教育活动的有效性和学习成果的最优化，必须对教育资源进行彻底的整理和优化。这包括对教育资源进行审查和净化、标准化以及适应性调整等一系列操作，以确保教育材料的质量符合标准且适用于特定的教学环境。具体而言，可以通过对教学内容进行严格审核、对教育资源进行评估以及在学校教学活动中进行实践来验证其适用性和有效性。
3	构建模型	为了适应不同学生的学习需求和特点，教师应选择恰当的教学方法和学习策略，并相应地调整教学资源和活动安排。这可以通过个性化教学设计、灵活的教学计划和多元化的教学活动来实现，以确保教育模型的有效性和适应性。
4	模型训练	通过实践和反思的过程对教育模型进行优化，使用学生学习数据集来调整教学策略和资源配置，通过持续的评估和适应性调整来提高教学效果。这可以通过教学活动的实施、学生反馈的收集和教学成果的分析来实现，以使教育模型能够更好地适应学生的个性化学习需求。

续表

步骤	实施	具体内容
5	模型评估	通过评估教育模型的效果来确定其对学生学习成果的贡献,使用验证集或测试集来衡量教学策略和资源配置对学生学习成效的影响。这可以通过学生的学习成绩、学习过程中的反馈和综合能力的提升等指标来实现,以确定教育模型的有效性和适应性。
6	调优和改进	根据教育模型的评估结果对学生学习策略和资源进行调整,进行迭代的教学实践和优化,以提高教学效果和学生的学习成果。这可以通过对教学活动的反思、学生学习反馈的分析和对教学资源的重新配置来实现,以确保教育模型能够持续适应学生的学习需求和提高教育质量。

通过持续的迭代和优化,深度学习模型能够不断地从数据中学习和提炼知识,从而提升其在特定任务上的性能和效果。这一基于持续学习的逻辑在众多教育领域得到了广泛应用,涵盖了课堂教学创新、个性化学生辅导、跨学科课程设计等方面。融创教育致力于探索和实施创新的教学实践和策略,目的是激发学生的创造力、批判性思维以及问题解决能力,进而促进学生的全面发展并培育其创新能力。

(二)深度学习中的知识增进途径

在深度学习中,知识增进是通过以下几种方式来实现的(见表2-7):

表2-7 深度学习知识增进途径

序号	途径	具体内容
1	增加数据量	通过丰富教育资源的种类和数量,提供更加多样化的学习材料和案例,促进学生全面而深入地理解和掌握知识。可增加实地考察、实验、讨论和合作等教学活动,以提升学生的实践能力和团队合作能力。同时,应提供跨学科的项目和案例,以帮助学生建立不同学科之间的联系,并引入多元化的评价方式,以确保学生在丰富的教育环境中得到全面的培养。
2	数据增强	采用创新的教学方法和策略,例如跨学科的项目、案例研究、角色扮演、实验和实践活动等,丰富学生的学习体验并加深他们对知识的理解。这涉及对现有教学材料的改编、设计新的教学场景和问题,以及引入多样化的学习工具和技术,以此来创造更多样化、深入的学习机会。

续表

序号	途径	具体内容
3	特征工程	结合专业知识和学生的个性化需求，设计和优化教学策略，帮助学生更有效地理解和应用知识。这意味着，教师需根据学生的学习风格、兴趣、能力以及具体的教育目标，创造性地规划和调整教学内容和活动。在这一过程中，教师的专业领域知识和对学生的深入理解至关重要，它们确保了教学策略能够契合学生的独特需求，并促进他们的个性化发展。
4	网络结构的改进	创新与优化教学方法和课程设计，提升教育模型的效果和适应性。这可以通过引入跨学科项目、实践导向的学习和合作学习等策略来实现。这些方法的实施旨在深化学生的参与，增加学习活动的复杂性，并强化教学内容与现实世界之间的联系。通过这些改进，可以增强学生的学习体验，帮助他们更有效地理解和应用知识，同时培养他们的创新思维和问题解决能力。
5	参数调优	通过调整教学策略和资源配置来实施改进，优化教育模型的效果和适应性。这涉及重新安排课堂活动的顺序、改变教学方法组合，以及优化学习资源的分配。进一步，教师需要细致调整教学节奏，平衡知识传授与实践应用的比例，并根据学生的反馈和学习成果进行实时调整。这些调优措施旨在提高教学的针对性和效率，帮助学生更有效地实现学习目标，并促进他们的个性化发展。
6	迁移学习	通过将在一个学科或项目中培养的知识和技能迁移到其他相关学科或项目中，提升学生学习的灵活性和效率。这种学习策略包括跨学科学习、项目式教学以及综合性人才培养计划，目的在于引导学生在不同领域之间建立联系，并将既有学习经验应用于新的学习任务中。通过这种迁移学习，学生能够构建更广泛的知识体系，提升解决复杂问题的能力，并养成创新思维和终身学习的习惯。
7	模型集成	将多种教学方法、课程资源和评估工具相互结合，提升教学整体效果和学生学习成果。这涉及采用多样化的教学策略、跨学科的项目式学习和综合性的评价体系，以发挥不同方法和工具的协同效应，从而增强教学的全面性和学生学习的效果。这些方法通常会联合使用，并通过不断的实践、反思以及根据学生反馈和学习成果进行的迭代优化，来不断提升教育模型的知识水平和性能。

(三)深度学习中的知识增进注意点

在深度学习中,要注意以下几个方面以确保有效的知识增进(见表2-8):

表2-8 深度学习中的知识增进注意点

序号	注意点	具体内容
1	数据质量	教育材料的质量对学生学习的促进作用至关重要。为了促进学生学习,必须确保教学内容的准确性、相关性和吸引力,同时减少教学材料的偏差和无关信息的干扰。这涉及对教学材料进行预处理和清洗,例如纠正错误、更新过时的信息以及调整难度,以确保材料与学生的能力相匹配。此外,为了提高学生的参与度和学习效果,应当鼓励学生积极参与课堂活动,并提供及时且有力的反馈。通过这些措施,可以优化学习过程,提升教育质量。
2	数据增强	在教学活动中,选择恰当的创新方式和策略至关重要,旨在丰富学生学习体验的同时,确保教学方法和内容的质量。应当避免过度追求创新,以免造成学生学习体验的浅尝辄止和缺乏实质性。教学活动应力求在创新性和实用性之间取得平衡,确保既能激发学生的学习兴趣,又能有效促进他们对知识的掌握和技能的增长。
3	模型选择	选择恰当的教学方法和策略对于推进学生学习进程至关重要。为了实现这一目标,教师应当依据具体的教育目标以及学生的个性化需求,挑选最适宜的教学方法、课程设计方案以及评估手段。在此过程中,深入理解和掌握各种教学方法和策略的特性、优势以及潜在的局限性是必不可少的,以便准确选择与教学目标和学生特点相匹配的教学模型。
4	模型训练	在教学过程中,教师应密切监测学生的学习进度和理解程度,并据此合理调整教学方法、课程难度和教学资源等教学参数。这一过程需要灵活性,以确保教学方法既不过于复杂也不过于简单,从而有效地促进学生的学习。同时,应采用合适的评估标准或考试来对教学效果进行客观评价。教师应充分重视学生的反馈和成绩,以此为依据,结合学生的实际状况和需求,灵活调整教学策略,以优化教学过程并提高教学成效。
5	提前停止	在教学过程中,教师应定期监控学生在不同学习阶段的表现和进步情况,并根据他们的学习效果适时地调整教学计划。这样的做法有助于避免在低效的教学活动上耗费不必要的时间,同时也有助于预防学生因过度学习而产生的疲劳感。通过持续地评估学生的学习成果和反馈,教师能够判断何时结束当前的教学活动,并适时地转向新的学习任务或复习阶段,确保学生能够在最佳状态下有效地学习和掌握知识。

续表

序号	注意点	具体内容
6	迁移学习	在实施跨学科或项目式学习时,教师应精心选择与新的学习任务紧密相关的知识和技能,并适时调整教学方法以适应这些选择。为确保学习的连续性和构建性,应确保学生已有的知识和技能与新的学习任务具有一定的匹配度,并在教学过程中避免损害学生原有的知识结构。通过巧妙地利用学生的既有知识和技能,并结合学生的个性化需求和特点进行教学方法的创新与调整,可以提升教学的针对性和效率,从而帮助学生更有效地实现学习目标。
7	模型解释性	在采用创新教学方法和策略时,教师必须确保这些方法对学生产生的影响是明确且易于理解的。为此,教师应运用直观的教学工具、设计清晰的课程内容,并建立及时的反馈机制,以辅助学生对教学内容和目标的理解。例如,通过案例分析、实际应用、合作学习等教学活动,可以促进学生对教学知识和技能的深入理解和有效应用。这样的教学实践有助于提高教学的透明度和学生的学习成效。

总的来说,有效促进学生的学习,关键在于关注教学材料的质量、选择恰当的教学方法,以及确保教学过程的合理性。同时,对学习成效进行持续的评估和监控,并根据这些评估结果及时调整和改进教学策略和方法。这些是提高教学效果和学生学习效果的重要手段。在这一过程中,教师需要不断学习与适应新的教学理念和技术,以推动教育的创新和发展,实现教育卓越。

二 深度学习理论中的科学教育融创思维

(一)深度学习中的知识增进融合

在深度学习领域,知识增进融合是一项核心技术,它指的是将不同来源的知识或模型高效地结合起来,以增强深度学习模型的性能和泛化能力。这一过程可以通过多种技术和方法实现(见表2-9),其目的在于整合不同领域的知识和模型,使得深度学习模型能够综合利用多种信息和技术,从而提升其预测和泛化的水平。知识增进融合在深度学习中具有极其重要的作用,它对于解决现实世界中更加复杂和具有挑战性的问题具有显著的影响。

表2-9　知识增进融合方法和技术

序号	途径	具体内容
1	特征融合	跨学科课程设计、多元文化教育、实践与探究活动的整合等方法,融合来自不同学科、文化和实践领域的教学资源和教学方法,以培养学生更全面、多维度的科学素养和创新思维能力。
2	模型融合	采用跨学科整合、创新思维训练与教学实践相结合等,将多个独立的学科知识模型、创新思维模型以及教学方法模型进行综合,以达到更佳的科学教育质量和培养创新人才的目的。
3	集成学习	采用跨学科教学、项目式学习、探究式学习和信息技术整合等学习策略,通过融合多种教学理念、学科知识、教学技术和实践经验,来构建一个更为全面和强化的教学体系,以减少单一教学方法或资源的局限性,提高科学教育的创新性和有效性。
4	知识蒸馏	通过将资深教师的课堂教学作为示范和案例进行学习,或通过资深教师的教学过程进行指导和模拟,向学生传授更有价值的教育知识和教学技巧,以帮助提高教学水平和实现学生快速成长。
5	迁移学习	通过共享学习资源、跨学科的项目合作,或通过综合实践活动,将学生在某一学科或项目中习得的知识和技能迁移到其他相关学科或项目中,以增强学生在新的学习任务或问题解决上的表现。
6	多模态融合	利用不同资源之间的相互关系和互补性,将不同类型的教学资源(如图像、文本、视频、实验等)进行整合,以创造一个多样化和互动的学习环境,提供多角度和多方式的信息传递,从而增强学生的理解和创新能力,促进学生的全面发展和科学素养的提升。

(二)深度学习中的知识增进创新

在深度学习中,知识增进创新指的是通过整合、扩展、改进或创造新的知识和方法,来提高深度学习模型的性能、效率或应用范围。这种创新可以在模型架构、训练方法、数据处理、特征表示等方面进行(见表2-10)。

表2-10　知识增进创新方法和技术

序号	方法	具体内容
1	模型架构创新	设计独特的教学架构,如项目式学习。引入探究式学习、合作学习等新型教学方法。
2	新颖的优化方法	创新教学策略,如探究式教学。改进现有的教学方法或引入新的教学技术来增强学习效果、提高学生的理解能力和创新能力。

续表

序号	方法	具体内容
3	数据增强策略	开发创新的教学资源获取方法或手段,如利用多元文化资源、跨学科项目合作等,来丰富学习材料的多样性和增加教学深度,从而提高学生的学习效果、促进跨学科理解和创新能力的培养。
4	无监督学习方法	可以在没有明确指导的情况下,引导学生通过自主探索和实践来理解和掌握知识,如项目式学习、探究式学习等,从而提高他们在未知领域的自学能力、创新思维和解决问题的能力。
5	跨领域迁移和联合训练	通过联合训练多个学科任务或模型,实现知识的共享和协同提升,如跨学科项目、多领域联合教学等,将在一个学科或领域中学到的知识和技能迁移到其他相关学科或领域,从而提高学生的综合素养和创新解决问题的能力。
6	可解释性和可视化	通过可视化工具、互动式教学等方式,研究和开发创新的教学方法和技术,用于科学概念解释等学习过程和教学关键点,帮助学生更深入地理解和掌握科学知识,提高科学知识的可解释性和可信度。
7	面向小样本学习的方法	通过个性化教学、适应性学习等方式,研究和开发创新的教学策略和技术,如基于案例教学、元学习等方法,以有效利用有限的教育资源和学生学习样本,提高教学的适应性和学生的学习效果。

通过这些知识增进创新的方法,深度学习的性能和应用能力可以得到显著的提升。这些创新不局限于模型本身,还涉及数据预处理、特征工程、模型训练和解释性等方面,以推动深度学习在各个领域的发展和应用。

第三章

模式融合：中学生物教育模式创新

生物跨学科教学、生物项目式教学和生物STEM教育是学科融合的创新教育模式,在中学生物教育中要促进学科融合和教学模式的创新(见图3-1)。

生物跨学科教学:生物跨学科教学是将生物学与其他学科进行整合和交叉,通过探究不同学科之间的关联,促进学科之间的知识交流和应用。例如,将生物学与化学、物理、地理等学科结合,组织跨学科的学习任务和实验项目,培养学生的综合学科能力和解决问题的能力。

生物项目式教学:生物项目式教学是以学生为中心,通过开展具有实践性和探究性的项目活动,全面培养学生的科学思维、创新能力和合作精神。例如,组织学生参与生物多样性调查、生态保护项目等,在项目实践中运用生物学知识,培养学生的实践能力和解决问题的能力。

生物STEM教育:STEM教育是科学、技术、工程和数学的综合教育,生物STEM教育是在STEM教育框架下,强调将生物学与其他科学学科有机融合。通过实践性项目和任务,培养学生的科学思维、创新能力和解决问题的能力。例如,利用技术手段进行生物数据分析、设计和构建生物工程模型等,让学生在跨学科的实践中探索和应用生物学的知识。

这些创新教育模式将学科融合和教学模式创新进行结合,通过提供实践性、探究性和跨学科的学习机会,能够激发学生的学习兴趣和主动性,培养学生的综合能力,特别是解决问题的能力。同时,这些模式也更加贴近学生的生活和实际需求,提高了教学的实用性和创新性。

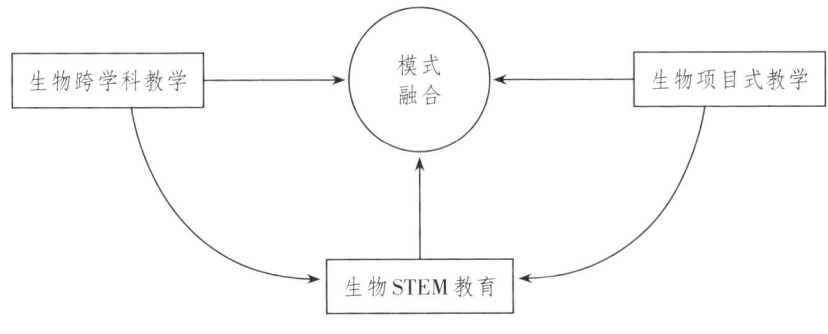

图3-1 中学生物教育方式创新

第一节 中学生物跨学科教学

跨学科教学通过打破学科的分隔，将它们有机地整合起来进行教学活动。这种教学方法有助于培养中学生的综合能力，特别是解决实际问题的能力。通过整合不同学科的知识和技能、学习方法和经验，以及课程设计等，让学生能够参与有意义的项目，从而增强他们的学习动机和成就感。

跨学科学习鼓励中学生参与实践性学习体验，不再只是被动地接受知识，而是通过实际的实验设计和实践性的活动来应用所学的知识。这样的实践性学习体验可以激发学生的好奇心和求知欲，使他们更加主动地参与学习；此外，跨学科学习还可以根据学生的兴趣和能力来设置个性化的学习目标。学生有机会选择自己感兴趣和适合自己能力的项目主题，并参与项目的各个环节。这样的个性化学习目标能够让学生更加专注和投入，从而增强学习动机。合作与交流在跨学科学习中也起到重要作用。学生需要在小组合作中解决问题，进行实验设计和数据分析。这样的合作与交流有助于增强学生的归属感和集体荣誉感，并激发他们的学习动机和成就感。除了合作与交流，跨学科学习还涉及解决实际问题。这些问题可能与学生的生活息息相关，也可能与社会实践有关。此外，跨学科学习强调学生的自主性和主动性。学生可以参与学习的各个环节，并提出自己的想法和解决方案。教师可以及时提供反馈和评价，激励学生继续努力。学生通过反馈和评价可以了解自己的学习进展。总而言之，中学生物跨学科项目化学习可以通过实践性学习体验、个性化学习目标、合作与交流、实际问题解决以及反馈与评价等方式，增强学生的学习动机和成就感。这种教学方法可以激发学生的主动性和探究欲望，培养他们的综合能力，并促进他们的全面发展。

在基础教育阶段，中学采用学科教学是传统做法。然而，在中学生物教学中，解决生物问题实践往往要求超越学科范畴。因此，跨学科和超学科教学将成为中学生物教学创新的新模式。由跨学科走向超学科是为了满足学生深度学习的需求，解决现实生活中综合性的生物问题，提升学生的生物学核心素养。通过将跨学科和超学科引入生物学科学习和实践，我们可以寻求培养创新型人才的新途径。

一 生物跨学科教学概述

中学生物教师的工作不是简单地将生物学课本上的知识传授给学生,中学生物教材内容来源于生活的体验与社会发展,对生物学的认知和探究发展形成了教材内容的知识点。学生的生活经历与生活体验具有较大的多样性、差异性、综合性。若教材中的知识远离学生的生活实际,就会导致教学过程出现学生对新情境问题理解不到位,甚至理解出现偏差的问题。要改变生物教学"背书记忆法"学习常态,就需要寻找一个基于学生生活实际提高学科素养的路径,这个路径就是跨学科教学。

聚焦生物学科核心素养是中学生物教学的主旋律,生物跨学科教学可以促使教师在教育教学中摒弃生物学科本位,将教材上的教学内容变成学生的趣味性的跨学科学习活动,学生通过跨学科的学习,突破单一学科界限,综合应用不同学科间的关联知识解决新情境问题。

生物跨学科教学是一种将生物学与其他学科融合在一起的教学方法。通过跨学科的教学,可以培养学生的综合思维能力和学科间的交叉应用能力,使学生能够将所学的生物知识与现实生活和其他学科相结合,解决实际问题。在生物跨学科教学中,可以将生物学与其他学科进行融合,如化学、物理、地理、数学、艺术等。通过引入其他学科的知识,可以更加全面地了解生物学概念和原理,丰富生物实验和观察的内容,增强学生对生物世界的认识和理解。

在生物跨学科教学中,首先需要确定教学目标,根据学生的需求和教学要求明确目标和重点。生物跨学科教学的目的是提供综合学科学习的机会,培养学生的多元思维能力和跨学科解决问题的能力。以生物与化学为例,可以设计目标为让学生了解生物化学反应机制和生物分子结构的关系。其次,确定教学内容,选择适合跨学科教学的生物学知识和其他学科知识,并设计相关的实验、研究或探究活动,使学生能够深入理解生物概念并与其他学科相互融合。在教学过程中,采用多种教学方法,如实验、讨论、小组合作、项目学习等,激发学生的兴趣和主动性。同时,培养学生的综合思维能力,让他们能够将不同学科的知识相互联系,解决实际问题。评估方式方面,应采用多样化的评估方式,如实验报告、项目成果展示、口头演讲等,以全面评估学生在生物跨学科学习中的能力和知识掌握程度。为了支持课堂教学和学生独立学习,需要准备相关的教材、实验器材和其他教学资源。拓宽学生的学习资源和渠道,形成图书、网络资源、实地考察等资源体系。中学生物跨学科教学体系见图3-2。

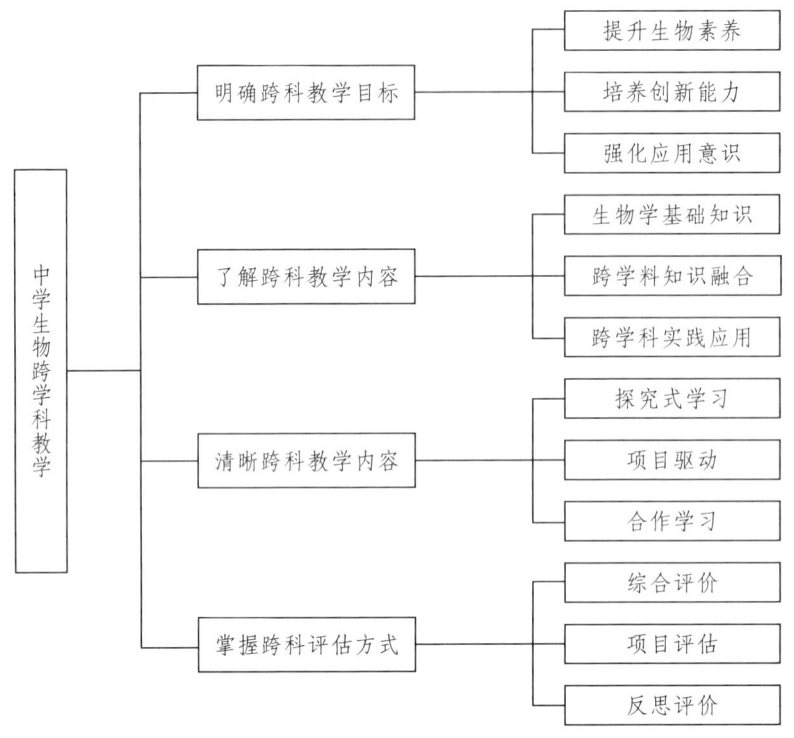

```
中学生物跨学科教学 ─┬─ 明确跨科教学目标 ─┬─ 提升生物素养
                  │                  ├─ 培养创新能力
                  │                  └─ 强化应用意识
                  │
                  ├─ 了解跨科教学内容 ─┬─ 生物学基础知识
                  │                  ├─ 跨学料知识融合
                  │                  └─ 跨学科实践应用
                  │
                  ├─ 清晰跨科教学内容 ─┬─ 探究式学习
                  │                  ├─ 项目驱动
                  │                  └─ 合作学习
                  │
                  └─ 掌握跨科评估方式 ─┬─ 综合评价
                                     ├─ 项目评估
                                     └─ 反思评价
```

图3-2 中学生物跨学科教学体系

二、生物跨学科教学实践

(一)课堂教学实践

以学习植物生长和光合作用为例。

假设中学生正在学习植物生长和光合作用的生物学知识,可以从以下几个方面开展跨学科的学习活动。

通过整合生物学知识,学生可以选择不同光照条件下的植物种子进行种植实验。他们将种子分组并提供不同光照强度的环境,例如强光、弱光、无光等条件,通过定期观察和测量植物的生长情况,对光照条件对植物生长的影响进行初步评估。同时,学生将学习植物的结构与功能,了解植物如何通过光合作用合成有机物质,并提供能量和氧气。在整合化学知识方面,学生可以学习光合作用的化学过程,并通过收集并分析植物样本进行化学分析,测量植物叶片中的叶绿素含量,了解光合作用发生的化学反应以及其中涉及的化学物质。例如,学生可以比较不同光照条件下叶绿素含量的变化,进一步理解光合作用的化学方程式及其中光能的转化过程。此外,学生还可以学习与光合作用相关的化学知识,如光的特性和光谱。跨学科实验设计方面,学生可以设计一个综合了多个学科的实验项目,来探究光对植物生长和光合作用的影响。例如,他们可以设置不同光照条件下的实验组,观察和测量植物的生长速度、叶片颜色、叶绿素含量等指标。通过收集和分析实验数据,学生可以得出相关结论,并解释光对植物生长和光合作用的影响机制。在这个过程中,学生需要运用跨学科的知识,深入探讨光的波长和能量对植物生长和光合作用的影响,了解光的传播和吸收机制,并探索如何利用光学知识来优化植物的生长环境。探索科学应用方面,学生可以进一步研究光合作用在现实生活中的应用。例如,他们可以学习和讨论光合作用在农业、环境保护和能源生产等领域的重要性。此外,学生还可以学习和探索如何利用光合作用提高农作物产量、减少二氧化碳排放等环境问题。

通过上述跨学科学习的方式,学生可以同时应用生物和化学知识,并从实际的项目中获得更深入的学习体验,深入了解植物生长和光合作用的相关概念和原理。在跨学科实验设计和探索科学应用的过程中,学生将不局限于学科的边界,能够综合运用多学科知识来解决实际问题。这种跨学科学习的方式能够增强学生的学习兴趣和动机,培养他们的科学思维和综合能力。

(二)课外教学活动实践

以"守护来自滩涂的美味,探秘可口革囊星虫"跨学科活动为例。

土笋冻是厦门的特色美食之一。"土笋"是野生于沿海江河入海处咸淡水交汇的滩涂上,学名叫作"可口革囊星虫"(*Phascolosoma esculenta*)的一种动物,属于星虫动物门,最大体长约15 cm,以底栖硅藻、有机碎屑为食,入锅烹煮,熬出胶汁自然冷却后便成为"土笋冻"。可口革囊星虫主要分布在浙江、福建等沿海滩涂。由于环境污染、滥采滥捕以及滩涂围垦,可口革囊星虫的野生资源量锐减。大量挖掘红树林滩涂的可口革囊星虫,还导致红树林退化,生态恶化。

"守护来自滩涂的美味,探秘可口革囊星虫"跨学科活动涵盖了生物、地理、化学、物理等多个学科的内容,可以让学生们更好地了解可口革囊星虫的生存环境、科学价值、生存现状等相关知识,培养他们对自然科学的兴趣[1]。通过可口革囊星虫野外采集和实验室培养,对获取的数据进行处理,学生能掌握科学研究的方法,以及观察和分析的技能;通过对星虫生存的滩涂环境的调查和实验分析,学生能认识到人类活动对自然资源及生态环境造成的影响,认识到人类与自然界建立平衡和谐关系的重要性,树立保护环境,爱护自然,与自然和谐共存的科学发展观;通过探究理化性质对可口革囊星虫的影响,学生能养成良好的科学素养,提升学习、合作、探究的能力。整个活动能引导学生从自我做起,争做环保小卫士,培养社会责任感。

具体活动流程包括:

第一阶段:前期准备。

首先,进行思想教育与活动介绍,向学生详细介绍活动的目的、过程和预期成果,强调跨学科学习和环境保护的重要性。同时,让学生熟悉活动进程,并了解活动的常规要求和注意事项。接着,成立活动小组,并根据学生的兴趣和能力分配任务,如资料搜集、实验设计、数据分析和报告撰写。每个小组负责一个特定的任务,确保每个学生都有明确的职责分工。

在活动前,进行培训和指导,包括标本采集、记录、拍照或摄像等任务的分配。此外,为了提高学生的专业技能,聘请高校科研人员对小组成员进行调查方法和技术方面的指导。同时,通过讲座、工作坊等形式,为学生提供必要的理论知识和技术培训,包括生态学、生物学、环境科学等基础知识,以及野外调查、实验操作和数据分析的方法。

通过这样的前期准备,学生将更好地理解活动的目的和意义,提高跨学科学习的兴趣和动力,为后续的实地考察和实验室研究打下坚实的基础。

第二阶段:实地考察与数据收集。

本阶段的核心任务是组织学生到滩涂地区进行实地考察,让学生亲身体验可口革囊星虫的生存环境,并进行生态调查。考察小组将查阅历史资料,并走访滩涂相关管理部门,以了解星虫在滩涂上的生存环境状况以及滩涂的生物多样性等情况。

在实地考察中,学生将利用样方法调查滩涂上的生物种群密度,了解优势

---

[1] 谢雪锦.厦门海岸线保护、利用及管理现状的调查与研究[J].中国科技教育,2015(6):22.

种群,并比较不同滩涂的生物优势种群,分析周边环境情况。此外,学生还需要收集必要的数据,如环境参数(盐度、温度、pH等)、生物样本和底泥样本,以确保对滩涂生态有一个全面和深入的理解。

通过这一阶段的实地考察和数据收集,学生不仅能够更加直观地了解可口革囊星虫的生存环境,还能够掌握生态调查的基本方法,为后续的实验研究和数据分析提供重要的基础数据。

第三阶段:实验室分析与实验设计。

本阶段的主要任务是根据实地考察和数据收集的结果,设计实验来探究不同理化性质对可口革囊星虫的影响。实验设计将包括盐度耐受性实验、温度影响实验和重金属影响实验等,以深入研究星虫对这些环境因素的响应。

在实验室内,学生将进行样本分析,使用原子吸收光谱仪等先进仪器设备测定重金属含量,确保实验结果的准确性和可靠性。此外,还包括其他实验活动,如探究可口革囊星虫在不同温度下的生存状态的实验,以全面了解星虫在不同环境条件下的生存状况。

通过这一阶段的实验设计和实验室分析,学生将能够深入了解可口革囊星虫的生理特征和环境适应性,提高实验操作能力和数据处理能力,为后续的分析和报告撰写打下坚实的基础。

第四阶段:结果分析与报告撰写。

在这一阶段,学生将对实验结果进行详细的分析,探究不同因素,如盐度、温度和重金属等,对可口革囊星虫生存的影响,以及这些因素对滩涂生态系统的影响。基于收集到的数据进行分析,通过科学的方法和逻辑推理来揭示这些因素与星虫生存之间的联系。

同时,学生将合作撰写报告,报告将包括实验设计、数据分析和结论。在报告中,学生将阐述他们的发现,并讨论这些发现对环境保护的意义和建议。通过这个过程,学生将能够提升他们的科学写作能力和批判性思维能力。

此外,进一步进行可口革囊星虫与沙虫的比较以及探讨"土笋冻"中的明胶来源。这些活动旨在加深学生对星虫的生态和食用价值的理解,以及提高他们对食品安全和环境保护的意识。

通过这一阶段的结果分析和报告撰写,学生不仅能够加深对生态学的理解,还能够提升他们的科研能力和表达能力,为未来的学术和职业生涯打下坚实的基础。

第五阶段：环境保护与公众宣传。

在这一阶段，学生将参与到环境保护活动中，如海滩清洁、植树造林等，以亲身体验和实践的方式保护滩涂生态环境。这些活动旨在培养学生的环保意识和责任感，同时提高他们对环境问题的认识和行动能力。

此外，学生还将通过制作宣传板报、宣传单和利用社交媒体等方式，向公众宣传滩涂保护的重要性。这些宣传活动旨在增强公众对生态环境保护的意识，鼓励更多人参与到环境保护的行动中来。

在活动中，学生将探究可口革囊星虫的守护神——"红树林"。通过实地调查和深入研究，学生将了解红树林作为沿海独特湿地森林生态系统的复杂性，理解红树林的生态服务功能，并研究红树林对海岸线水体及生态的影响。这些活动旨在加深学生对红树林生态系统的认识，并激发他们对生态保护和可持续发展的兴趣。

通过这一阶段的环境保护和公众宣传，学生不仅能够提升自己的环保意识和行动力，还能够激发公众对环境保护的关注，共同为保护滩涂生态环境和生物多样性作出贡献。

第六阶段：反思与总结。

在这一阶段，学生将有机会反思整个活动过程中的学习经历。这包括跨学科知识的应用、团队合作以及问题解决能力的提升。通过反思，学生能够更好地理解跨学科学习的价值，以及如何在实际中应用所学的知识来解决具体问题。

同时，教师将对活动进行总结，评估学生的学习成果和活动的影响。教师将根据学生的表现和活动反馈，提出改进的建议，为未来的跨学科教学活动提供依据。

活动中，学生将查找资料，了解围海建设对滩涂生态影响的基本情况。通过研究型学习模式，学生将深入研究发现的问题，并尝试制定厦门滩涂资源管理和合理开发规划的初步方案。

在活动中，学生成立了滩涂环境保护宣传和环境保护志愿者团队，与环保部门合作。他们指出滩涂污染的严峻性和宣传环保相关法规，并发动广大市民参与环境保护活动。学生通过各种宣传方式普及厦门滩涂生态环境和环境保护的基本常识，呼吁更多人加入到保护滩涂的行动中来。

通过这个跨学科活动,学生们将能够深入了解可口革囊星虫及其生存环境,从而提升他们的科学素养和合作探究能力,同时增强环保意识和责任感。这些技能和认知对于他们的未来学习和职业发展将产生积极影响。此外,通过结合生物学、地理、化学、物理等多学科知识,学生将从理论和实践两个方面深入理解环境保护的重要性,培养综合思维能力和解决实际问题的能力。

第二节 中学生物项目式学习

项目式学习是指围绕某个核心概念、实验过程或教学环节,以新情境下的项目活动引导学生综合运用已学知识完成项目任务,促进学生学习相关知识,形成系统化、工程性理念的一种学习方式。项目式学习为学生提供融入真实情境的学习体验,有助于学生的深度学习和解决实际问题,理解和应用科学、技术、工程和数学等领域的知识。此外,项目式学习要求学生具备良好的科学思维能力,以富有挑战性的项目任务,促进科学思维的进一步发展。[①]

一 生物项目式学习概述

生物项目式学习是一种以项目为中心的学习方法,旨在促使学生在生物学领域中进行主动学习和深度探究。通过实践性的项目设计和实施,学生能够在真实的生物学情境中应用和整合知识、技能和概念,以解决现实生活中的问题。该学习方法突破了传统的课堂教学模式。生物项目式学习强调跨学科的综合性学习,将不同学科的知识和技能整合在生物学项目中。学生能够深入理解生物学与其他学科的关联性,并培养综合分析和解决问题的能力。

实施生物项目式学习通常包括以下几个步骤:项目选择和规划,背景研究,实验设计和实施,数据分析和结果展示,讨论和评估。其体系框架见图3-3。

[①] 石进德.开展项目式学习提升学生生物学核心素养——以"种子的萌发"项目式学习活动为例[J].福建基础教育研究,2020(8):135.

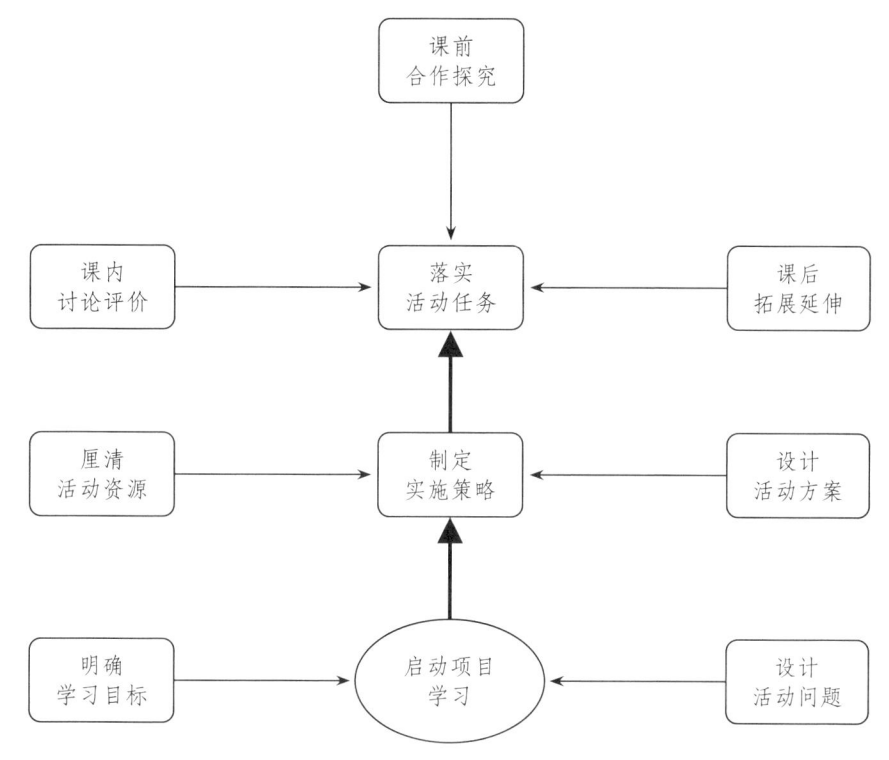

图 3-3　生物项目式学习体系框架

通过生物项目式学习,学生能够提高自主学习和合作学习的能力,增强解决问题和创新思维的能力,培养科学实践和实验设计的技能,并加深对生物学概念和原理的理解。同时,学生还能够培养团队合作、沟通和表达能力,提高信息搜集和整合能力,以及批判性思维和学术研究能力。综上所述,生物项目式学习是一种引导学生主动参与和深入学习生物学的方法,能够激发学生的学习兴趣和动机,培养他们的科学思维和综合能力,为他们未来的学习和职业发展奠定坚实基础。

二　生物项目式学习实践

(一)开展项目式学习,提升学生生物学核心素养

1.明确项目学习目标,设计项目活动问题——以"种子的萌发"为例

人教版七年级上册《生物学》的第三单元第二章第一节介绍了"种子的萌发"。通常在课堂上讲解"种子萌发的环境条件和自身条件",并安排学生在课

后进行相关的实验探究。然而,由于缺乏跟踪指导,这样的实验探究往往效果不佳。为了改善这种情况,根据项目式学习的理念,尝试设计一系列针对"种子的萌发"主题的项目式学习活动,旨在促进学生的生物学核心素养的培养。首先,明确项目学习的目标,并设计了相关的项目活动问题。根据《义务教育生物学课程标准(2022年版)》的要求,学生需要通过探究性学习来描述种子萌发的条件和过程。因此,设计的项目学习目标是:根据相关的实验设计要求,尝试设计一套合理的实验方案,探究种子萌发的条件和过程,举例说明植物种子的萌发条件和过程,探讨提高种子发芽率和打破种子休眠的方法。为了达到这一目标,设计相应的项目活动问题:在观察的基础上提出种子萌发可能需要的环境条件,并设计探究实验方案进行对照实验、收集实验数据,总结种子萌发必需的环境条件和自身条件,计算种子的发芽率,并探讨打破种子休眠的方法。通过这些活动,学生将能够学习到对照实验方案的设计方法、探究种子萌发条件的方法,提高科学思维和科学探究能力。同时,他们还能够将所学知识与实际生产相联系,了解优选种子和提高种子发芽率的方法,树立珍爱生命的意识。

进行项目式学习活动,旨在帮助学生深入了解种子的萌发过程和结构特点,并初步形成"生物体结构与功能相适应"的生命观念。同时,他们还能够培养科学思维和科学探究能力,并将所学知识应用于实际生产中,了解如何优选种子和提高种子的发芽率。

2.厘清项目活动资源,设计项目活动方案

项目活动问题确立后要进一步厘清项目资源,即了解学生对项目活动相关知识学习情况以及学习需求,明晰开展项目活动所需的知识与资源的支撑。厘清项目资源是设计项目活动方案的前提和必要条件,通过创设系列问题情境有针对性地指导学生设计项目活动方案。

通过小学科学课程"观察种子的萌发"及七年级"种子植物"的学习,学生对种子的结构及其萌发条件与过程有一定的感性认识,初步具备科学探究知识与能力。需要提供有关实验材料、创设真实的问题情境与学习任务,帮助学生学习如何选择种子、设计探究种子萌发条件对照实验的原则及方法,初步了解对照组设置、控制无关变量等方法及其意义,准确表述实验现象、实验过程、实验结果及实验结论,正确认识种子萌发条件及其过程。设计"探究种子萌发的环境条件"项目活动方案之前,指导学生思考讨论:可能影响种子萌发的外界环境因素是共同作用的结果还是单因素作用的结果？任何一个环境因素的缺失都将导致种子萌发的失败吗？如何设计单因素缺失实验？如何根据已有条件合理选择实验设备？并要求学生根据"探究种子萌发的环境条件"项目记录表，提出探究问题、作出探究假设，尝试设计"探究种子萌发的环境条件"项目活动方案。[①]

厘清项目资源后，可根据学生学情及教学条件，合理设计项目式学习活动，挖掘课程资源，有针对性地运用有效措施激发学生的学习兴趣，使其主动参与项目学习活动，学习设计项目活动方案的方法，体验科学探究的严谨性，确保项目活动高效、有序地开展。

3.落实课内外实验探究，完成项目活动任务

（1）课前合作探究

布置学习任务，要求学生课外：阅读教科书第14页至16页，复习"科学探究""对照实验"的定义及要求。预习教科书第88页至94页。班级4个小组即为探究项目组，各选派4位同学组成4个探究活动小组，分别选择绿豆、豌豆、胡萝卜及大豆种子开展"种子的萌发"探究活动。教师准备上述4种植物的种子各30粒为实验材料，指导学生围绕项目学习目标，根据设定的实验条件，合理设计项目活动方案。要求学生充分利用身边合适的废旧物品，全组成员共同准备实验装置；种子要浸泡一定时间后再进行实验；科学合理地设计对照组；及时做好探究实验记录。

（2）课内讨论与评价

课堂上指导学生讨论分析"探究种子萌发的环境条件"实验设计与实验结果，分析种子萌发必需的条件，进行种子的挑选及土壤水肥管理等项目学习。

首先，各小组代表介绍本组课前实验探究的问题、假设及实验装置，其他小组结合本组实验提出疑问，进行研讨与评价。发现有的小组没有选择大小适宜的装置盛放实验材料。学生讨论后认为：实验材料仅是30粒种子，选用与普通电脑鼠标大小相仿的茶叶盒子或者是300 mL大小的空矿泉水瓶即可。通过讨论与评价，帮助学生学习规范、科学地设计探究实验方案的工程学知识，明确科学实验设计的适宜原则。

[①] 石进德.开展项目式学习提升学生生物学核心素养——以"种子的萌发"项目式学习活动为例[J].福建基础教育研究,2020(8):135-136.

其次,各小组代表汇报实验探究结果,分析讨论得出实验结论:种子萌发需要温度、水分、空气与一定的光照。并要求学生根据实验结果,以加水的量、不同的温度、是否有空气、光照的强弱等探究条件为横坐标,不同条件下种子萌发数量为纵坐标绘制"种子萌发率"的柱状图。以数学模型直观地、简化地表征种子萌发需要适宜的温度、一定水分、光照及充足的空气,体现数学与生物学相融合的教育价值。

进一步创设问题情境:环境条件适宜情况下种子没有全部萌发的原因是什么?指导学生根据已学的"未萌发的种子的形态结构"及种子萌发的环境条件,思考讨论得出结论:种子萌发需要具有活性的、完整的胚,以及不处于休眠期等自身条件。再设问:根据种子萌发条件,你认为大面积种植蔬菜前应开展什么工作?指导学生学习种子的发芽率计算方法,并简要介绍大面积播种蔬菜种子后,合理施肥、科学管理的方法。

(3)课后拓展延伸

课堂教学结束时,指导学生课后处理实验材料的方法,如种植已萌发的种子,促使学生形成珍爱生命的意识与责任感。

拓展延伸课堂上讲授种子萌发条件与过程,指导学生课后复习科学探究一般过程,以概念图的形式总结种子萌发的自身条件与环境条件(如图3-4)。同时,要求学生课后思考探究实验存在的问题,深入开展探究实验。如有一小组学生以豌豆种子为材料进行实验,结果发现无光照的种子萌发率是75%,而有光照的种子萌发率是96%,出现科学性认识误差。针对此问题,介绍有关研究结果:豌豆种子萌发与光无关,但不是所有的种子萌发皆与光照条件无关,比如烟草种子等的萌发就需要一定的光照条件。指导该组学生重点控制对照实验的条件,要求课后继续进行探究实验。其他组学生课后就"探究不同光质对种子萌发的影响"等创新课题进行深入的研究。该组学生经探究实验发现无光照一组进行遮光处理时,因空气和湿度改变而导致出现上述错误的实验结果,若将两组实验的条件严格控制为单一变量"是否有光"时,两组种子的萌发率则是相同的。

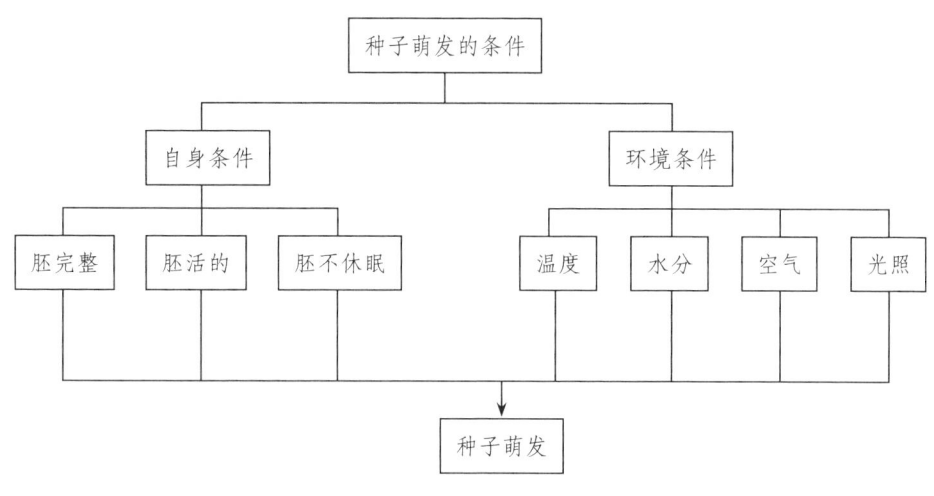

```
                种子萌发的条件
        ┌───────────┴───────────┐
      自身条件                环境条件
    ┌───┼───┐          ┌───┬───┬───┐
  胚完整 胚活的 胚不休眠   温度 水分 空气 光照
                    │
                种子萌发
```

图3-4　种子萌发的条件

通过"探究种子萌发的环境条件"项目式学习活动,学生在完成项目活动任务、解决项目活动问题的过程中,习得有关种子萌发条件的知识,更重要的是学习了设计实验方案、观察与记录实验现象、归纳和总结实验结论的方法,以及运用数学知识统计、整理生物学实验数据,建立数学模型解决生物学问题的方法,提高了实验设计能力和合作交流能力。

综上所述,项目式学习活动可激发学生创新的火花,提升其思辨能力,开创真探究、善研究的教学模式。学生在参与项目式学习活动过程中,由个体的被动学习转为小组的主动学习,由表层学习转为深度学习,促进发展生物学核心素养。

(二)开展项目式建模教学,提升学生生物学核心素养

《普通高中生物学课程标准(2017年版2020年修订)》明确要求学生在高中生物学学习过程中逐步发展科学思维,能基于生物学事实和证据运用模型与建模等方法,探讨、阐释生命现象及规律。教师应创设真实的问题情境引导学生开展建模活动,促进学生像科学家那样,应用模型与建模进行思考、表达与交流。[①]项目式学习具有融合性,通过创设真实的问题情境,引导学生以制作作品的形式,建立、理解与应用重要概念及大概念,发展实践创新能力。(Alozie,

---

① 陈欣,左勤勇.发展生物学核心素养的建模教学研究[J].福建基础教育研究,2019(5):124.

2010)[1]根据项目式学习理念及建模教学要求,在高中生物学教学中,尝试引导学生开展项目式建模活动,促进学生深刻理解生命现象及其规律,提升科学思维能力与建模能力,发展生物学学科核心素养。[2]

1. 概述高中生物学项目式建模教学策略——以"基因指导蛋白质的合成"复习教学为例[3]

根据"核心素养为宗旨、内容聚焦大概念、教学过程重实践"等高中生物学课程基本理念,以及课程标准对有关"基因指导蛋白质的合成"的教学建议与学业要求,创设真实的问题情境,引导学生:开展项目式建模活动,说出DNA与RNA分子的区别、RNA的分类与作用;尝试以DIY(自制)形式制作尺度模型,概述遗传信息的转录和翻译过程,树立结构与功能观。通过比较分析DNA的碱基、mRNA的碱基与氨基酸之间的对应关系,构建数学模型,并解释三者间的数量关系。建构概念-过程模型,探究遗传信息传递的一般过程,认同科学是不断发展的,建立生物进化观以及生命是物质、能量和信息的统一体等生命观念(见图3-5)。

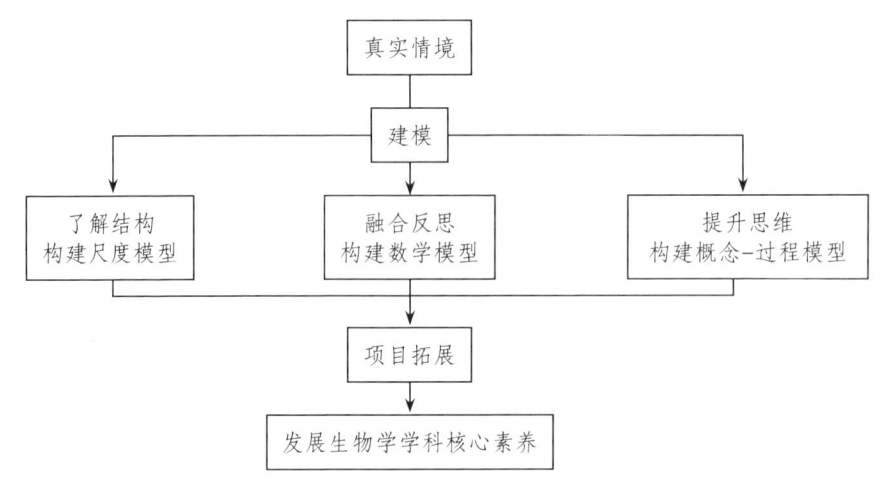

图3-5 "基因指导蛋白质的合成"项目式建模教学

---

[1] 转引自:揭雨婷,戴国.项目式学习在生物学单元教学设计中的应用——以"免疫调节"单元为例[J].生物学教学,2022,47(4):10.
[2] 石进德,谢雪锦.高中生物学项目式建模教学实践与研究——以"基因指导蛋白质的合成"复习教学为例[J].福建基础教育研究,2022(7):139.
[3] 石进德,谢雪锦.高中生物学项目式建模教学实践与研究——以"基因指导蛋白质的合成"复习教学为例[J].福建基础教育研究,2022(7):139-141.

2.例析高中生物学项目式建模教学策略

(1)明确项目式建模学习任务

以糖尿病患者需要每天注射一次胰岛素的常规治疗方法,创设真实的问题情境:如何降低用药频次,解决糖尿病患者每天注射的不便?并介绍国内已上市的每周注射一次、治疗糖尿病的艾塞那肽,其是胰高血糖素样肽-1(简称长效GLP-1)。为了生产长效GLP-1,应通过基因修饰与改造,形成长效GLP-1基因,运用转基因技术将GLP-1基因导入酵母菌或大肠杆菌,使其在酵母菌或大肠杆菌中得到正确表达,实现快速、大量生产。

密切联系现实生活,通过创设问题情境及研究背景介绍,促进学生明确项目式建模学习任务,导入"基因指导蛋白质的合成"复习教学。

(2)建构项目式GLP-1合成模型

根据有关尺度模型、数学模型、概念-过程模型等生物模型及其建模教学研究成果,引导学生以数学为基础,在构建系列GLP-1合成模型过程中思考与讨论:长效GLP-1基因转录和翻译所需的原料、场所、条件及产物,降血糖技术,DNA碱基、RNA碱基与氨基酸之间的数量关系等科学、技术及数学方面的问题,帮助学生复习有关生物学知识与技术方法,提高建模能力。

首先,建构长效GLP-1基因转录与翻译尺度模型。尺度模型是依据一定的比例直观地表征生物体某一结构。指导学生分四个阶段建构长效GLP-1基因转录与翻译尺度模型,目的是化抽象为具体,促进学生比较分析遗传信息复制、转录及翻译,理解转录与复制的异同点。

建构长效GLP-1基因转录与翻译尺度模型配件。学生根据尺度模型建构要求,绘制基因指导蛋白质合成模式图,制作电脑动画,模拟长效GLP-1基因的转录和翻译过程。然后,引导学生讨论、发挥想象,选择硬纸片、磁贴、双面胶及黏合剂等材料,根据各自绘制的基因指导蛋白质合成模式图,制作相应的mRNA链、tRNA、解旋酶、碱基等配件剪纸,并在剪纸后面粘上磁条备用。

展示长效GLP-1基因转录与翻译尺度模型。学生代表以板书阐述长效GLP-1基因指导长效GLP-1合成过程,并利用自制的长效GLP-1基因转录与翻译尺度模型配件,展示DNA双链在解旋酶的作用下形成两条DNA单链,DNA单链在RNA聚合酶的作用下,根据碱基互补配对原则将游离的四种核糖核苷酸形成mRNA,mRNA经翻译形成长效GLP-1。同时,展示自制的基因指导蛋白质合成动画模型,模拟长效GLP-1基因的转录与翻译过程。进一步讨论与交流。

创设问题情境：生物体保证蛋白质快速合成的机制是什么？原核生物与真核生物在转录和翻译方面有何异同？转录时mRNA模板链是否是随机的？引导学生思考与讨论。学生代表展示长效GLP-1基因转录与翻译尺度模型的同时，阐述一个mRNA上可以相继结合多个核糖体，并合成多条肽链，保证蛋白质高效合成。促进学生理解真核细胞是先转录后翻译的，而原核细胞是边转录边翻译的，并非随机的。进行模型评价与修正。指导学生围绕上述三个问题对展示的长效GLP-1基因的转录与翻译模型进行评价与修正。有学生提出该模型主要存在几个方面的错误，如转录时DNA片段全部进行解旋；翻译时仅一个核糖体移动，没有体现多个核糖体的移动；没有考虑tRNA有长臂和短臂之分，无法确认反密码子的方向；没考虑mRNA进入到细胞质后的降解问题，以及转录和翻译过程能量变化问题。随即，要求学生课后修正，下节课上检查修正情况。

其次，建构长效GLP-1基因转录与翻译数学模型。高中生物数学模型是指应用一定的数学形式描述生命本质、生命规律、生物结构与功能的关系。构建数学模型有利于学生发展科学思维，学会应用数学模型揭示事物本质。根据学生构建、展示与评价长效GLP-1基因转录与翻译尺度模型存在的问题，创设问题情境：在基因表达过程中DNA碱基、RNA碱基与氨基酸之间存在怎么样的数量关系？如果转录后的mRNA第五个碱基为U，则其反密码子、转录的肽链碱基、翻译形成的蛋白质中的氨基酸间存在怎样的关系？指导学生讨论分析，得出mRNA、反密码子、肽链的碱基排序，同时推导出DNA的碱基数∶mRNA的碱基数∶氨基酸数=6∶3∶1。继续追问：DNA的碱基数∶mRNA的碱基数∶氨基酸数=6∶3∶1是否完全正确？引导学生质疑：该比例关系应考虑有终止子的存在，DNA的碱基数是>6n，mRNA是>3n，应表述为"至少"。从而构建出数学模型：DNA的碱基∶mRNA的碱基数∶蛋白质中氨基酸数=6n（至少）∶3n（至少）∶n，加深学生对DNA分子结构、转录与翻译机制的认识，提高其分析能力与解释能力。

最后，建构长效GLP-1基因转录与翻译概念-过程模型。概念-过程模型应用文字、箭头等表征生物学概念的过程性。有助于学生深入理解转录与翻译之间的关系，提升对生命本质的认识。指导学生依据长效GLP-1基因转录与翻译尺度模型，尝试利用电脑制作长效GLP-1基因转录与翻译概念-过程模型（见图3-6）。并根据酶的专一性理解每种tRNA只能识别并转运一种氨基酸，明确tRNA如何与mRNA相应的密码子结合、mRNA如何决定翻译的起始与终止及肽链氨基酸序列。同时，指导学生相互质疑、评价长效GLP-1基因转录与翻译概念-过程模型存在的问题,促进学生形成生物进化观,生命是物质、能量和信息的统一体等生命观念。

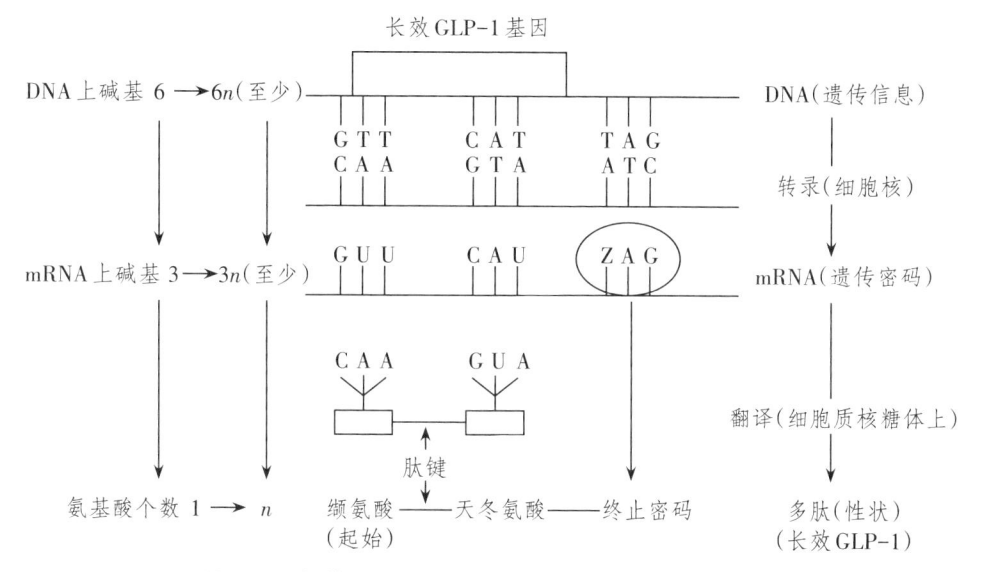

```
长效GLP-1基因
DNA上碱基 6 → 6n(至少)         G T T    C A T    T A G      DNA(遗传信息)
                                C A A    G T A    A T C
                                                              ↓转录(细胞核)
mRNA上碱基 3 → 3n(至少)         G U U    C A U    Z A G      mRNA(遗传密码)
                                                              ↓翻译(细胞质核糖体上)
                                C A A    G U A
                                  └─肽键─┘
氨基酸个数 1 → n               缬氨酸——天冬氨酸——终止密码      多肽(性状)
                               (起始)                          (长效GLP-1)
```

图3-6　长效GLP-1基因转录与翻译概念-过程模型

(3) GLP-1合成模型拓展

模型构建是一个复杂的、循环反复的过程,有必要拓展项目式建模教学成果,促进学生发展生物学学科核心素养。

例如,创设问题情境:选择适当的模型方式比较真核生物和原核生物在基因表达的过程中的异同。如果长效GLP-1基因中一个碱基对发生替换,是否会改变疗效?引导学生深入地思考与探讨,归纳密码子结构特点,理解密码子的简并性,为复习基因突变的低频性特点打下基础。

应用项目式建模教学策略,创设真实的复习情境,指导学生建构长效GLP-1基因转录与翻译尺度模型、数学模型及概念-过程模型,促进学生深度复习转录、翻译及中心法则等生物学重要概念,认识各种生物遗传信息表达的共同特点,树立生物进化观以及生命是物质、能量和信息的统一体等生命观念,发展生物学学科核心素养。

目前,项目式建模教学存在的主要问题是学生建模能力较弱、创新意识不强、知识储备不足等。因此,教师课前应充分准备有关建模材料,课堂教学中适时指导与评价,加强学生建模能力的培养,促进项目式建模教学高效、有序地进行。

(三)开展项目式学习生物科学史,提升学生生物学核心素养

以项目式学习方式开展生物科学史教学,让学生更好地学习生物科学理论、掌握生物科学技术,构建系统性、工程化的生物知识框架和生物模型体系。

生物教材中科学史的内容都是以资料形式呈现的,通过分析可让学生了解生物学科学史事实和知识形成过程、提炼科学家的研究方法,在科学事实中挖掘科学思想,学会分析、认识科学。开展项目式学习生物科学史的教学环节见图3-7。

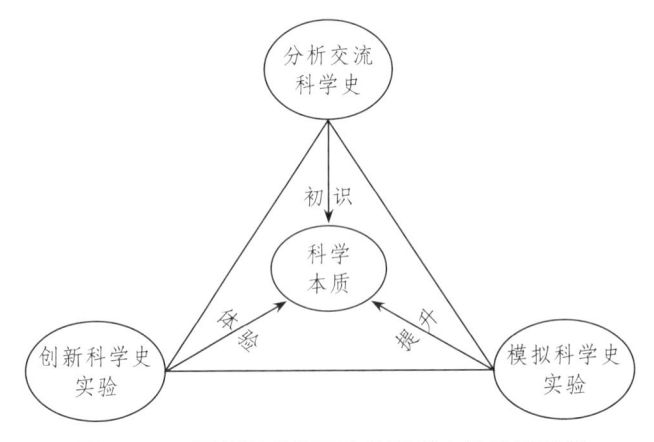

图3-7 开展项目式学习生物科学史的教学环节

1.分析交流科学史,初识科学本质

本环节采用内容分析法,围绕项目学习任务,引导学生带着自己原有知识和生活背景,系统、客观地指出信息(生物科学史内容)的主要特征,形成科学史发展过程概念图,能有效地增强学生对生物学概念的理解和掌握、促进知识框架的形成与构建,在分析科学史的过程中使学生初步认识科学本质,构建科学本质体系。下面以项目导学在"酶本质的探索"科学史中的教学实践为例。[①]

根据教材和教师提供的科学史资料,对"酶本质的探索"科学史进行分析,最终形成酶的本质认知。可以通过以下几个环节进行:目标的确定→维度的设计→材料的抽取→材料的处理→概念的构建→知识的形成。首先是确定研究目标,即了解酶的本质探索缘由、酶本质探索历程、酶的本质以及酶的概念。接下来,在设计分析维度时,可以考虑科学家的逻辑思想、不同观点、观点的积极

---

① 石进德.项目导学在"酶本质的探索"科学史中的教学实践[J].生物学教学,2019,44(1):29-31.

性和局限性、酶的概念的认知以及酶的本质。然后,抽取分析材料,可以选择巴斯德、李比希、毕希纳三人的研究结果,同时还可以添加萨姆纳等人的研究结果以及切赫和奥尔特曼的研究发现。接着,对分析材料进行处理,通过互相质疑和辩论的方式,分析巴斯德与李比希争论的焦点,对毕希纳的研究结果进行归纳,得出主张:发酵是由酵母活细胞产生的某种物质引起的。同时,引出萨姆纳的主张——脲酶是蛋白质,并延伸了切赫和奥尔特曼的补充发现——RNA具有酶的特性。最后,构建材料框架,形成概念模型图解,明确认知:绝大多数酶是蛋白质,少数是RNA。在教师的引导和启发下,学生可以基于原有的认知,科学地分析资料,结合科学与技术的发展,运用推理和相互质疑,提出自己的主张。

2.模拟科学史实验,提升科学本质

生物教材中展现的科学史展示了许多的实验设计、实验操作的范式(都伴随着技术的发展而不断提升实验的科学性),同时也体现了科学家的逻辑思维。而科学实验的可重复性是科学本质的重要内涵之一,在生物科学史的分析、理解基础上利用简易或可替代的实验材料,设计类似实验项目,模拟科学史实验,尝试让学生动手实践,对相关实验进行简单模仿、体验,重温科学家的实验研究过程。

(1)模拟斯帕兰扎尼"鹰吞金属笼、消化笼中肉块"实验

引导学生尝试用家养的鸽子替代鹰,发挥奇思妙想,设计不同的材料替代金属笼吞食。学生排除物理性消化而提出化学性消化,通过实验直观又形象地理解化学性消化的本质,顺利进入酶的学习。

(2)模拟巴斯德、李比希、毕希纳实验

在"关于酶本质的探索"一节的科学史中,巴斯德提出发酵需要活酵母细胞参与,李比希认为发酵是酵母细胞死亡后释放的某些物质引起。[1]引导学生思考毕希纳如何通过实验来结束这一争执。在此基础上指导分别用不同的酵母细胞进行对比实验,发现科学家争论的本质问题(见表3-1)。学生经过亲身体验、解决了问题。

---

[1] 张丽霞.利用假说—演绎法进行"酶本质的探索"教学设计[J].中学生物教学,2020(10):57.

表3-1 巴斯德、李比希、毕希纳实验比较

项目	反应物		底物	分析	观点
巴斯德实验	活的酵母细胞		葡萄糖	酵母细胞使糖类变成乙醇	发酵是一种生理过程,是一种生命作用过程
李比希实验	死的酵母细胞		葡萄糖	酵母细胞内的物质使糖类变成乙醇	发酵是一种化学反应,是一种物质作用过程
毕希纳实验	1	活的酵母细胞	葡萄糖	两种实验都能产生乙醇	酵母细胞内的物质与酵母一样能使糖类变成乙醇
	2	石英砂中研磨的酵母细胞			

(3)模拟萨姆纳实验

人教版教材中对萨姆纳提取脲酶科学史的介绍,只是简单叙述了其历经9年、尝试各种方法,最终利用丙酮提取到刀豆中的脲酶,脲酶能催化尿素分解成氨和CO_2,并未介绍其具体的实验过程和操作。为利用科学史的学习,更好地让学生理解科学思维在科学探究中的作用,掌握正确的科学方法,体验科技进步对科学发展的促进作用,引导学生查阅相关资料,了解和初步学习刀豆脲酶提取工艺,利用实验室进行脲酶提取的实验尝试。学生经历了刀豆的粉碎、过筛,乙醇提取、沉淀、离心、过滤、纯化等实验过程,在实施过程中及时调整设计方案,根据丙酮微毒性特性,改用乙醇替代丙酮提取液,充分认识到萨姆纳实验成功的原因是选用了合适的实验材料和正确的科学方法,进一步理解和领会脲酶(有机物)可通过有机溶剂来提取这一科学本质。

从了解萨姆纳采用多种方法证明脲酶是蛋白质,到引导回顾蛋白质鉴定实验中用双缩脲反应来测定,再到了解可用测紫外吸光值及电泳后染色等现代技术手段来检测脲酶,让学生更好地理解科学与技术的整合,体验科学的本质。

(4)模拟切赫和奥尔特曼实验

教材中切赫和奥尔特曼实验,只概述了"发现少数RNA也具有生物催化功能"。引导学生查阅资料,了解到两位科学家通过研究发现四膜虫rRNA前体在没有蛋白质存在的情况下能完成自我剪接,证明RNA具有生物催化功能。RNA酶种类较少、催化效率较低,中学的实验条件有限,难以模拟切赫和奥尔特曼的实验研究,可启发学生设计相对简化的探究实验变相探究酶的化学本质,证明RNA可作为酶,具有生物催化作用(见表3-2)。

表3-2 模拟切赫和奥尔特曼实验(探究酶本质的实验)

项目	材料	试剂	实验现象	结论分析
实验一	待测酶溶液(如发夹状核酶)	双缩脲试剂	不呈紫色	双缩脲试剂使酶溶液(如唾液淀粉酶)呈现紫色说明该酶的化学本质为蛋白质；吡罗红试剂使待测酶溶液(如发夹状核酶)呈现红色说明该酶的化学本质是RNA
	等量酶溶液(如唾液淀粉酶)		呈紫色	
实验二	待测酶溶液(如发夹状核酶)	吡罗红试剂	呈红色	
	等量酶溶液(如唾液淀粉酶)		不呈红色	

两个实验通过对两种不同酶溶液的检测,验证具有生物催化作用的酶的化学本质除可能是蛋白质外,还可能是RNA,学生通过实验能更好地理解酶的概念。模拟和体验科学史的探究实验有助于拓展科学概念的内涵和外延,促进科学概念的发展。

3.创新科学史实验,体验科学本质

科学史教学既基于事实又不局限于事实,教师可引导学生学习科学家的提出问题、设计实验、呈现科学观念、实验检测、总结评价探究过程。学生根据自己的问题,自主设计实验,准备实验材料,进行相关实验拓展,从简单模仿到自主探究,进行智慧性的创新,以创造方式学习,在实践过程发现探索,提高批判思维,提升科学素养。

创新活动1:如何设计实验验证巴斯德、李比希争论的观点对与错?

科学研究总是不断地在争论中产生共鸣,进而构建形成共识的科学认知。

例如,如何应用生物科学史中的争论,启发学生:"根据巴斯德、李比希两位科学家的观点,你会设计什么实验来论证",围绕争论焦点——酒精发酵的本质是生理过程还是化学反应,学生写出设计思路,预估实验结果和结论,并开展探究实验进行验证,通过对结果进行分析,能得出酒精发酵的本质是酶催化的生物化学反应的结论。

通过实验理解巴斯德、李比希争论的观点是基于各自的研究背景,是以特定的科学与技术发展为前提的,科学认知需要思维在不断冲突和碰撞中得到升华。

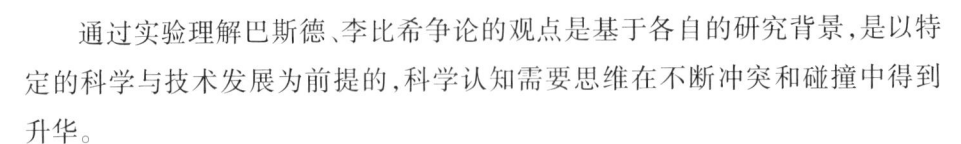

创新活动2:探究刀豆中脲酶的真面目。

学习是为了获取知识,提升认知。

例如,通过"关于酶本质的探索"一节科学史的分析和模拟实验的学习,学生能理解酶的本质是蛋白质,其也对脲酶在刀豆中的作用,刀豆种子富含脲酶原因等表现出了极大兴趣,教师再启发学生进一步思考:"植物并不合成尿素,那么刀豆中的脲酶除了催化分解尿素外还有什么作用?刀豆种子富含的脲酶,是用于分解刀豆种子代谢中产生的尿素还是分泌到土壤中分解尿素便于刀豆吸收和利用?"

将这些问题转化为探究性课题研究,通过课题拓展,让学生从课内走向课外,从科学史学习走向未知的科学探索,培养科学创新意识和科技创新精神。

创新活动3:刀豆、大豆、绿豆脲酶的比较。

通过科学史学习,可发现萨姆纳是利用刀豆提取脲酶,由此启发学生围绕酶的提取、酶的特性等延伸探究,在认知酶的本质基础上进一步学习和理解酶的特性。

例如,探究不同豆类脲酶的含量;探究不同豆类脲酶活性影响因素(见表3-3);根据酶的特性,思考提高土壤尿素的利用率,降低脲酶的活性,减缓尿素的分解,减少环境污染的措施。

表3-3 刀豆、大豆、绿豆中脲酶活性影响因素的比较

豆类	脲酶提取得率	小叶女贞叶提取物对脲酶活性的影响	焚烧秸秆对脲酶活性的影响	硝化抑制剂对脲酶活性的影响
刀豆				
大豆				
绿豆				

通过设置对比实验,加强学生的实验设计能力,让学生在探究实验过程中掌握科学研究方法,提高科学思维能力,创新性地解决问题,更好地理解酶的本质与特性。

创新活动4:家酿红酒如何不易变酸？如何保存？如何与酶相关？

科学的传播和学习应联系学生在现实生活中的体验、理解和感悟,调动学生的主动性与积极性,让学生从科学史中走出来,融入自然和社会,学会探究。本创新项目中可结合学生生活实际,引导学生思考酒变酸是由于空气中存在醋酸杆菌等微生物,其会进入酒中,让酒发酵产生醋酸,而变酸。再引导学生思考家酿红酒如何不易变酸？如何保存？这些与酶有何相关性？引导学生学会提出问题、作出假设、设计实验(拟定自变量与因变量:单一变量、对照实验)、实施实验、分析结果、得出结论。

(四)精心预设项目式学习,提升学生生物学核心素养——以"确定基因位于何种染色体上的方法"为例[①]

生物复习教学要通过创设项目新情境,引导学生回顾旧知识,让他们在与知识的"再次相遇"中创设新的"不期而遇"来解决新情境中的问题,在思维冲突与碰撞中重新构建知识体系、形成知识网络,实现知识与技能的有效融合,理解和领会生物学科的本质,提高知识价值,促进课堂生长,提升学生的生物学核心素养。

具体过程见图3-8:

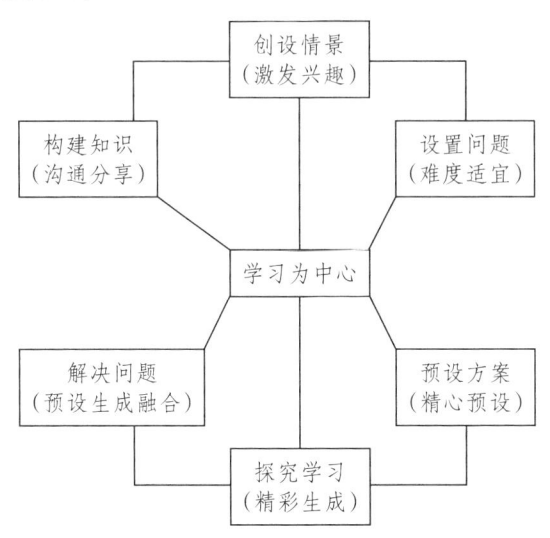

图3-8 精心预设项目学习过程

[①] 谢雪锦.基于核心素养培养的高三生物复习预设与生成——以"确定基因位于何种染色体上的方法"为例[J].教育观察,2019,8(14):13-14.

1.精心预设项目情境,设置有效问题进行引导

在"确定基因位于何种染色体上的方法"课堂教学中,教师精心预设项目情境,设置有效问题,引导学生思考问题由浅入深,逐步深入探究。

课堂上老师提出"探究某基因位于常染色体上或位于X、Y染色体同源区段上"题例:已知果蝇的眼色由一对基因控制。红眼(A)对白眼(a)为显性。现有红眼♂、白眼♂、红眼♀、白眼♀四种纯种果蝇。请通过杂交试验判断控制眼色的基因位于常染色体上还是位于XY同源区段上?[①]预期学生能按老师的提示,完成相应的思考设想,最终得出确认基因位置的结论。

教师提示(1):分别假设控制眼色的基因位于常染色体和位于XY同源区段上两种情况时,♀、♂果蝇可能的基因型有几种类型。

预设学生(1):能写出基因位于常染色体上,则基因型可能为♀(AA、aa)、♂(AA、aa)……基因位于XY同源区段上,则基因型可能为♀(X^AX^A、X^aX^a)、♂(X^AY^A、X^aY^a)……

教师提示(2):依据果蝇基因位置不同,应该选用何种果蝇进行杂交,杂交结果如何?尝试用简要的遗传图解方式表示。

预设学生(2):能选择隐性♀果蝇与显性♂果蝇杂交,并能写出若基因位于常染色体上,则P♀aa×♂AA→F_1 Aa(红眼),若基因位于XY同源区段上,则P♀X^aX^a×♂ X^AY^A→F_1 X^AX^a X^aY^A(红眼)。

教师提示(3):控制眼色的基因位于常染色体或是位于XY同源区段上,隐性♀果蝇与显性♂果蝇杂交F_1代都为红眼,因此单从F_1代无法判断基因的具体位置,需通过F_2代性状进行推测。请学生思考可以采用何种杂交实验方式来完成此次的推测。

预设学生(3):能选择F_1代杂交,并能用简要的遗传图解方式表示,推测出基因的位置。

如果在子二代中,雌雄个体均有白眼性状和红眼性状,则可判断此基因位于常染色体上。

若F_2代雄性个体中只出现红眼性状而雌性个体中既有红眼性状又有白眼性状,那么基因位于XY同源区段上。

---

① 路毅.正反交结果相同就一定是常染色体遗传吗[J].中学生物学,2012,28(12):44-45,58.

$F_1\ X^AX^a \times X^aY^A \to F_2\ X^AX^a(♀红眼)X^aX^a(♀白眼)X^AY^A(♂红眼)X^aY^A(♂红眼)$

教师提示(4):根据以上推导,可以归纳总结基因位于常染色体或X、Y染色体同源区段的常规思路。

预设学生(4):能完成实验设计总结并推导得出结论。

取显性纯合雄性个体与隐性纯合雌性进行杂交,子一代的性状全为显性性状,再让子一代的♀、♂个体杂交获得子二代,通过观察子二代的性状进行推测:如果子二代的♀、♂个体中同时有显性性状和隐性性状,可推测此基因在常染色体上;倘若子二代中雄性只有显性性状而雌性个体有显性性状也有隐性性状,可推测此基因在X、Y染色体的同源区段上。

2.合作学习探究,精彩课堂生成

教师在课堂上都希望能按预定的设计完成教学活动,当学生的学习活动没有按照老师的预期进行时,教师可能会手足无措甚至是草草收场,忽略课堂的生长和生命性,不能对不曾预设的结果加以运用,教师要善于利用非预设的生成性教学资源,引导学生主动科学探究,构建动态的课堂。

按照课堂既定的预设,老师逐步提示,学生也如期完成预设(1)和(2),当老师讲完提示(3)后,学生开始共同思考如何解决问题。在老师请同学回答自己的思路这一环节时,A同学站起来回答"可以选择F_1代,采用测交的方式",这种方案是老师课前未曾预设的,学生并未遵循老师的预设思路,选择利用子一代进行杂交的方法,学生的"叛道离经"打乱了老师的预期,偏离了原本预设的程序,这时老师并没有回避,也不急于对其答案进行评判,而是趁机调整教学方向,顺着这未曾预设的生成性资源,及时调整原有设计,教师追问:"选择什么亲本进行测交",学生回答:"选择F_1代♂个体进行测交",教师继续追问:"基因位于常染色体或X、Y染色体同源区段,这种测交结果有何差异",要求全体学生自主思考后,请A同学在黑板上用遗传图解的方式表示出,并向其他同学口头解释。

$F_1\ aA \times aa \to F_2\ Aa(红眼♀、♂)$　　　　$aa(白眼♀、♂)$

$F_1\ X^aY^A \times X^aX^a \to F_2\ X^aX^a(♀白眼)$　　　　$X^aY^A(♂红眼)$

这时,教师引导其他同学一起纠正A同学书写$F_1(aA)$的错误,应为$F_1(Aa)$,规范了学生的遗传表达书写也进一步训练了其口头表达能力,一起探究了"采用F_1代测交方式"推测基因的位置,利用演绎推理的方法,根据果蝇后代表现型比例推测基因的位置,在特定的情境中创造性地解决新问题,同时也使知识"增值",让课堂精彩生成。

3.协作沟通交流,主动建构分享

师生共同探究通过F_1代测交方式推测基因位置后,教师顺势而为提出问题:"是否还有其他更简便的方法来推测基因的具体位置",启发学生思考"本题例中采用果蝇测交与杂交实验,何种实验方式更简便",引导学生思维回到教师原有预设(3),通过交流,顺利完成预设(3)"能选择F_1代杂交,并能用简要的遗传图解方式表示,推测出基因的位置"。

教师再进一步要求学生归纳出判断基因位于常染色体或X、Y染色体同源区段的思路:隐性纯合♀×显性纯合♂?[F_1(均为显性)]

(1)F_1♂与隐性纯合♀个体测交

若在子二代中雌雄个体都有显性性状和隐性性状,可推测此基因在常染色体上;如果在子二代中,雄性个体均是显性性状,雌性个体均为隐性性状,则可推测此基因在X、Y染色体的同源区段上。

(2)F_1♀、♂个体杂交

若在子二代中雌雄个体都有显性性状和隐性性状,可推测此基因在常染色体上;如果在子二代中,雄性个体只有显性性状,而雌性个体显性、隐性性状都有,则可推测此基因在X、Y染色体的同源区段上。

教师随着课堂的动态变化,及时调整原来的预设方向,通过分析F_1代测交方式与F_1代杂交方式的不同结果,归纳两种方式的简便性与可行性,共同总结确定基因位置的方法,既培养了学生的思维灵活性和敏捷性,也培养了学生的科学思维,有效提升了学生的生物学核心素养。

学生在课堂上主动接受智慧创新的挑战,提出自己独特的见解,教师应学生思维的发展而变,根据学生对旧知的重现和掌握状况,灵活调整复习方案与策略,解决困惑问题,并质疑、互动、交流,使课堂成为充满创新和活力、乐趣、激情、智慧共生的阵地,通过对已有知识的开发利用,使学生理解和领会生物学科的本质,探究未知领域,师生在预设与生成的教学过程中共同成长,增强对生物学概念的理解和掌握,这种生长性的教育课堂能收获意料之外的教学效果。

第三节 中学生物STEM教育

生物STEM教育是一种学科融合的教育模式,它将生命科学(生物学)与科技、工程和数学等学科进行有机结合。STEM是Science(科学)、Technology(技术)、Engineering(工程)和Mathematics(数学)的首字母缩写,它强调跨学科的综合学习和解决实际问题的能力培养。

在生物STEM教育中,学生将不仅仅学习生物学的基础知识和理论,还将在实践中运用科学方法和技术,进行探究和解决实际问题。这可以通过实验、观察、调查、设计等方式进行,以激发学生的兴趣与培养他们的创新思维和问题解决能力。

生物STEM教育的目标是培养具备生物学知识和科技、工程、数学技能的学生,使他们能够在生命科学领域以及相关行业中进行创新性的研究和应用。通过学科融合的教学方法,学生能够综合运用不同学科的知识和技能,从而更好地理解生物学的概念和原理,并能够将其应用到实际生活和职业领域中。

一、生物STEM教育概述

生物STEM教育是指以生物学为主体的一类STEM教育,其中的科学(S)、技术(T)、工程(E)和数学(M)分别代表以下内容:科学(S)方面主要包括生物学学科知识的学习,例如细胞结构与生命活动、生物的生殖与遗传、生态系统等,以及学生必备的与生命、自然、社会有关的科学知识。技术(T)方面包括生物技术和解决生物学问题所需的各种技能。除了常规的生物基本技术外,还包括综合利用生物学原理制作生物产品以及利用现代生物技术对个人、社会和环境产生有利影响的能力。工程(E)方面包括生物学科学工程和工程项目设计能力,学生通过独立科研或在他人帮助下设计制造实验器具来锻炼和提高STEM能力。数学(M)方面涵盖了生物实验方案设计、实验数据的获取、统计、分析、处理,以及生物科学技术的深入挖掘和应用,生物工程建设和模型建构等。数学是生物STEM教育的基础。此外,生物学科学的建模也是生物STEM教育的重要组成部分,学生通过科学推理进行定性分析并以工程建模的形式表达,提高科学建模能力和综合素养。生物STEM教育可以打破不同学科领域的界限,例如利用可穿戴设备检测癌症或使用数据预测天气等。通过生物STEM教育,学生可以获得跨学科的知识和技能,激发创新思维,培养解决实际问题的能力。

(一)生物STEM教育中科学与生物工程是一种互补的关系

生物STEM教育中,可基于生物科学,设计生物工程项目,定性或定量地分析特定生物教学问题,以加深学生对生物学知识的理解和掌握。

生物STEM教育中的工程设计包括生物课堂的设计与开展、生物学概念性知识的框架构建、生物学原理与规律的解释、生物学复习过程知识的梳理、生物模型的构建、生物实验方案与生物实验探究的设计、生物实验装置或器具的改造或整合完善等。这些特点各不相同,但整体设计仍具有共性特征。

其主要流程见图3-9:

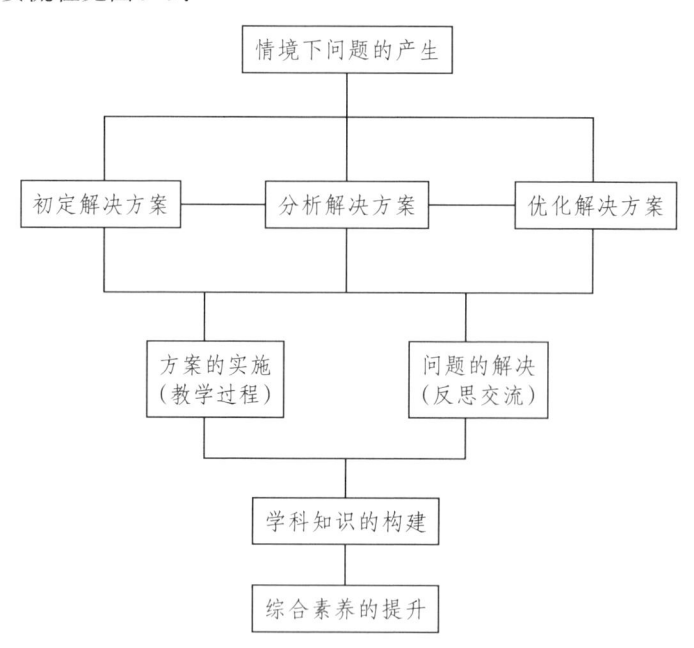

图3-9 生物STEM教育主要流程

(1)情境下问题的产生

生物STEM教育通过创建新情境下的活动项目,鼓励学生自主发现问题。项目活动的规划围绕问题的来源、已有知识和技能目标、问题解决目标、满意度以及限制条件和因素等方面进行。同时,学生也会提出已有的解决设想或思路。

(2)初定解决方案

新情境下的STEM项目问题解决往往没有标准的、明确的规范化解决方案。在这种情况下,需要发挥学生发散思维,激发其潜力,引导他们从不同角度和方位整合已有知识,尝试提出各种解决方案。根据问题的难易和复杂程度,可以进行直接思辨或将问题适当分解,然后整合多个小方法,形成具体可行且可以进行指标考评的解决方案。当然,寻找解决方案的过程是一个交互的思辨过程。在此过程中,学生可能因为缺乏系统性思考而设计出比较粗糙甚至是具有科学性错误的初始方案,或者存在对知识应用分析的一定缺陷。教师应该鼓励学生重新构建方案。

(3)分析解决方案

学生构建并形成完整的方案后,由于方案可能存在多样性或不确定性,教师可以引导学生逐个分析预设条件和限制因素,包括学习问题解决所需的知识学习方法和策略,并列出问题解决中尚存的不利参数。学生可以在老师或同学的协助下,结合系统学、结构论和工程学的理论,对各自方案进行自我评估,并用定性语言或定量数据详细描述方案的优缺点。

(4)优化解决方案

根据评估的分析结果和评估指标完善原有方案的不足和缺陷之处,主要围绕学科知识的整合科学性问题、方案解决的工程化合理性及系统性,确定各个因素间的关联性。学生将原有的设计方案与重新构建的方案进行对比分析,从中进行自我反思,领悟工程设计的科学性、规范性要求。

(5)方案的实施(教学过程)

本环节是生物STEM教育项目活动与工程设计整合的重要过程。优化后的方案看似已经完善,但在实际操作过程中可能会与预期不一致。无论是通过教学活动体现实施方案,还是以活动形式完成,学生都需要充分发挥学习潜能,启动原有的知识储备,展示相关技能,努力构建完成方案的任务体系。这是一种学习和实践的探索,也是自我综合能力的体现。

(6)问题的解决(反思交流)

在生物STEM教育活动项目的实施过程中,新的知识体系出现,能够很好地解决特定的问题。但学习者之间存在差异,因此在STEM教育的工程设计整合

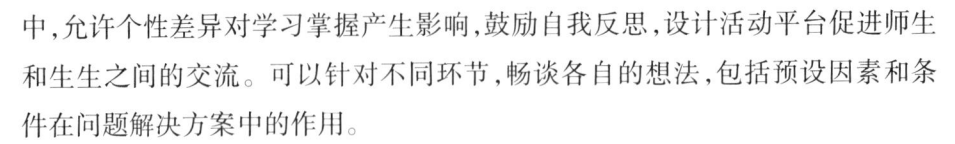

中,允许个性差异对学习掌握产生影响,鼓励自我反思,设计活动平台促进师生和生生之间的交流。可以针对不同环节,畅谈各自的想法,包括预设因素和条件在问题解决方案中的作用。

(7)学科知识的构建

在实施预设方案和解决问题的过程中,新的知识体系必然与学习者原有的认知体系存在不符或冲突之处。学习者可以重新审视原有知识储备,并将在解决问题过程中学到的知识和技能进行整合,对设计方案进行检验和矫正。在此基础上,能够完成新的学科知识的融合与发展。教师可以适时引导和启发,利用工程学原理和新的学习模式、技能,让学生构建符合自身的知识体系或知识框架。

(8)综合素养的提升

STEM教育中的工程设计整合,除了解决问题和培养工程能力之外,还应考虑思维能力和解决问题方案设计能力的提升,以及学习者掌握新技术、新技能和构建新知识的能力的综合体现。

(二)生物STEM教育也是发展技术与数学的融合

在生物STEM教育中,发展的技术包括传统的生物学实验技术和设计技术,同时也包含学习生物学所需的技能。而在生物学的实验活动中,技术的应用涉及数据的获取、量化的统计和分析,以形成实验结果和结论。因此,技术与数学的融合关系密切。最新的生物科技进展是专业科研人员通过系列研究和实践,并经过大量数据的统计、分析和辨析实现的。作为生物STEM教育的基础,数学在推进活动中起到了至关重要的作用,能够有效培养学生的生物学科素养和技术素养。通过活动的开展,可以引发新的数学问题,推动产生新的通用技术问题,实现技术的革新,促进技术的不断发展和应用,改善环境。可以利用新技术在新情境下发现数学问题,进行表达、解决和交流,将科学与数学融合并创新地解决新情境下的问题。

(三)生物STEM教育还是素养与能力提升的有效手段

生物STEM教育作为素养与能力提升的有效手段,以教学生物学知识为主,并融合其他学科知识,旨在认识生命现象和探索生命规律,培养形成科学的生命观念。此外,通过尝试解决现实生活中的生命问题,促使学生具备应用生物学等综合学科知识开展生物学实践活动的意愿和社会责任感。同时,生物STEM教育还旨在培养学生理性思考和运用各类技术(包括生物技术)进行生物学议题分析和科学论证的能力,从而推动生物科技的发展,促进社会的进步,提升人类的生活品质。另外,生物STEM教育还致力于让学生将生物学知识与项目学习相结合,构建系统性、规范化的工程设计与开发思维,整合各学科知识,使学生能够将生物学的抽象概念与他们的日常生活进行联系,激发解决项目问题的兴趣。生物STEM教育还旨在培养学生在发现、表达、解释和解决一定情境下的生物数学问题时,进行数据分析、逻辑推断和有效交流思想的能力。能提高学生对于生物STEM的兴趣和参与度,培养具备生物STEM能力的劳动力,塑造拥有生物STEM素养的人。学生通过开展初步的STEM项目研究,提高自身的综合素养和核心素养,激发创新思维,并培养制定个人决策、参与社会事件的能力。生物STEM学习还能培养学生对解决个人生存所需的生物学知识概念的认知能力,使其深入理解生物科学知识和进展,掌握生物科学技术,促进生命科学和技术的进步以及社会的发展。生物STEM学习还注重提升学生的实践能力,激发他们的创造力和想象力。

生物STEM教育作为素养与能力提升的有效手段,通过培养学生的科学思维和实践能力,以及培养他们对生物科学的参与兴趣,从而推动生物科技的发展,促进社会进步,并提升人类生活的品质。

二 生物STEM项目

生物STEM项目是指围绕某个生物知识点、教学环节、生物核心概念、生命现象、生活场景、社会问题,进行项目活动的设计和开发,引导学生综合运用所学知识。学生通过完成项目任务,掌握相关生物知识并发展其他综合技术与技能,形成系统性、工程化的生物学理念。这种教育模式或策略将生物学知识学习由感性认识上升到理性认识,提高学生学习的兴趣与积极性,培养学生的生物核心素养。生物STEM项目基于学生已有知识水平,通过回顾旧知,培养学生自主学习和互助学习的能力。学生通过项目学习解决实际问题,获取新知识,并将新旧知识联系和升华,提升对知识的转化和融合能力。生物STEM项目不断生成新问题,推动学生形成高层次的思维品质,并将思维的过程外显化和可视化。

1.正确选择生物STEM项目的重要意义

在生物STEM项目学习过程中,正确选题非常重要。选题的好坏关系到研究的价值和能否顺利进行等一系列重要问题。正确选题意味着我们应该选择有意义、适合中学生利用已有的生物学知识(包括相应的技术、工程和数学)进行研究,并能以学科理论知识为基础,进一步阐释或实现的问题。获得过两次诺贝尔奖的约翰·巴丁博士曾说过,决定一个研究能否取得成效的重要因素之一就是所选用的科研课题。

研究始于问题。爱因斯坦和英费尔德在《物理学的进化》中写道:"提出问题往往比解决问题更重要,因为后者只是一个数学问题或者是实验技巧问题。提出新问题、新的可能性,从新的角度考察原有的问题,这些则需要创造性的想象力,它标志着科学的真正进步。"[1]他们认为,选题的形成是研究工作中最重要、最复杂的一个阶段,是研究的起点。因此,发现并提出有意义的问题是生物STEM项目学习活动的起点。生物圈中存在着错综复杂的生物与生物、生物与环境之间的关系,如何用敏锐的眼光去寻找适合研究的课题即寻找问题所在是开展生物STEM项目学习活动的起点。

中学生应该通过STEM四个模块的有机融合,在复杂的情境中分析、发现和提出有意义、有创见的研究问题。这要求学生具有扎实的生物等学科基础知识,善于观察,勤于思考,综合分析和判断,将问题提炼成为项目学习活动的课题,摒弃零碎肤浅的认知,进一步提出综合性的STEM课题。因此,正确选题是中学生开展生物STEM项目的基本要求。

中学生的首要目的是学习,在面对日益繁重的学业压力时,要利用有效的时间和精力,既培养科学探究能力,又有效地促进学业发展,就必须正确选题。由于中学生的学识有限,学校科研水平和实验条件也参差不齐,因此如何选择符合本地、本校实际,有意义的生物STEM学习活动项目,将决定STEM教育活动的方向和水平。

2.生物STEM项目来源

生物STEM项目是通过选题来确定要研究的问题,预定研究的目标,并展开

---

[1] 阿尔伯特·爱因斯坦,利奥波德·英费尔德.物理学的进化[M].李永学,译.长沙:湖南科学技术出版社,2020:88.

实施项目活动。选题是生物STEM教育活动的起点,选择和确定适合的生物STEM项目是进行生物STEM教育的第一步,也是关键的一步。选题决定了学生进行STEM项目活动的目标和内容,在一定程度上规定了学生开展生物STEM项目活动的方法和途径。在生物圈中,人与自然、生物与生物之间存在着错综复杂的关系。在开展生物STEM项目学习时,我们必须认真对待以下问题:哪些值得研究?哪些不值得研究?研究什么?哪些又最适合中学生去研究?正确选择生物STEM项目对于学生至关重要。

3.生物STEM项目方案设计

生物STEM项目通常包括以下几个方面:

一是项目依托:教师进行指导或校外机构提供支持与合作,以及社会广泛参与。二是项目准备:确定项目目标,细化导学目标,设定不同层次的目标,包括知识目标与能力目标。准备所需的知识、教学资源和确定项目的重难点。三是项目设计:考虑如何融合学科间或STEM各属性,并设计不同的预设方案,以激发学生的思考。采用章节备课和大概念教学方法。四是项目活动范式:项目形成、知识学习、构建框架、建构模型并用模型解决新的问题。通过活动获取知识,将知识升华于模型构建中,提高思维能力。五是项目实践:思考项目中涉及的知识点、能力培养点和思维点,将知识贯穿于课堂设计中,在解决问题的过程中让学生学习与掌握知识。评价学生的项目学习成果及能力水平。生物STEM项目的实践应体现有效的自主学习和学习的自主性,鼓励学生展示个性。注重整体性思维,鼓励深入思考,促进思维互动。通过引导对项目的期望,并采用操作、追问、修正、完善和成型的程序,培养学生的创新能力。

4.生物STEM项目类型

一个优秀的生物STEM项目具有以下主要特征:

STEM项目本身就是一个问题。如果不是问题,则不值得探究。而且,这个问题最好是现实生活中与生物学相关的真实问题,因为生物STEM教育是以解决真实生物情境问题为导向的。

STEM项目必须具有一定的生物学知识范畴界限。它应该容纳一定的生物学知识,但又不要求学生掌握太多琐碎的知识。

STEM项目的知识集合必须围绕某个与生物学相关的主题展开,最好是一个生物学核心概念专题,并具有一定的学习难度和挑战性。如果知识集合的范围太小,核心概念太简单,学生很容易掌握,将导致学生的学习动力不足。

STEM项目的知识集合必须是跨学科的,也可以根据真实事物现象或事件对应的生物学概念中可能包括的多学科知识而设计,而不是刻意限定在生物学科中。

STEM项目必须包含实践性和探究性的内容和环节,并且这些环节应占主导地位。在项目中认真设计这些实践和探究环节,可以使学生锻炼相关的工程、技术或数学技能。

STEM项目应促进深度学习和科学探究的进行。学生通过自主学习和合作探究的方式,以学科融合的方式掌握所需的知识,根据兴趣和知识与技术的关联,将学习个性化,并扩展创新思维和创意设想。

生物STEM项目种类多样,主要包括以下类型(见表3-4)。

表3-4 生物STEM项目类型

序号	STEM项目类型	案例
1	生物学概念性知识	主要通过课堂实践对各种生物学概念进行剖析,以项目导学方式展开。
2	生物实验验证	例如验证植物的蒸腾作用、验证光合作用产生氧气等。
3	生物实验探究	通过实验方法探究未知,揭示生物的某种客观规律,如生物遗传实验、病虫害的生物防治等。
4	生物调查体验	通过实地调查或资料搜集,对某一特定生物体、生物事件、生物现象进行探究和研究,如生态变化调查、环境调查等。
5	生物课外实验	学生在进行生物实验过程中,对实验步骤、方案、器材、材料进行改进或针对实验结果的疑惑进行研究性学习活动。
6	生命科学史	基于生物学科学史的重复和构建研究。
7	生物结构	主要对某些自然现象、动植物形态特征、动物行为等进行探究。
8	生命活动规律	对有关的生命活动规律进行探究和分析。
9	生命活动社会热点或生物学问题衍生	分析社会热点中与生命活动相关的问题,产生对生命活动现象的思考。
10	生物创客创新	根据生命活动或相关生物园地、生态系统的要求进行方案设计或设计一定的实验来加以论证,如湿地保护方案设计、环境保护方案设计等。

5.正确选择生物STEM项目的规律

掌握学科知识:掌握生物学科相关知识和技能是选题的基础和保证。只有具备丰富的生物学科知识,才能有效地识别正常生命现象和特殊生命现象的区别。只有具备生物学科知识才能判断哪些是已经被人们了解的,哪些是人们尚未清楚的。如果无法辨明这些问题,就无法提出疑问,无法抓住研究对象,进一步形成课题。项目课题的选择要有价值性:有意义的生物STEM项目课题的确立是选题的重要依据,它制约着选题的基本方向。科学研究不仅要选择好课题,还要考虑所选择的课题是否具有研究价值,是否值得研究。生物STEM项目问题的实践性:生物STEM项目问题的实践性首先表现在项目问题要有一定的事实依据,这是选题的实践基础。生物STEM项目学习活动是从实践中产生的,具有针对性。实践经验为课题的形成提供一定的依据,选题也必须以学生所掌握的生物学理论基础为支撑。在丰富多彩的生物活动中,通过仔细观察、深入思考,从感性认识到理性认知,并逐步形成课题。

6.生物STEM项目的选题方法

方法一:导师引导法。此种方法又可分为三类。一是专家指导法:通过科研机构、科研专家或学者引入适合中学生进行探究性学习,各自科研领域存在的STEM关联课题。这种方法的特点是学生能够与专家、学者近距离接触,从中获得更多的生物学科的专业知识,充分培养和提高生物学实验、研究和理论学习能力,容易获得研究成果。但此方式的难度相对较高。二是教师引导发现法:教师根据长期的研究和经验,在了解或理解生物学STEM项目问题的基础上,指导学生进行研究。三是广种薄收法:学生在师生共同研讨的过程中,通过自己设计问题并进行讨论、分析、研究,最终确定课题。这种方法可以促使学生进行思维活动,提高活动热情,寻找许多有创意、新颖的课题。

方法二:课题延伸法。在具有一定研究基础的STEM项目课题上,进一步研究新的问题,或者学习他人所做的项目课题,在其中寻找新的问题和思路,进行创新性研究。体验选题法,即从当地的社会生活资源优势中发现课题:根据日常生活经验,寻找与生物学相关的课题,如家庭防护口罩问题、农村厕所卫生问题、农村城市化建设中的环境问题等。也可以根据学校现状、自身特点选择STEM课题。

方法三:观察选题法。通过观察异常生命现象,提出问题、解答疑问,并确定课题。指导学生在观察自然界中存在于他们认知范围之外的事物时进行讨论,如果班级无法得出结论,则可请教教师。如果教师也无法解答,则可以进一步查找资料或请教专业人员,如果资料中没有记载或叙述不详细,专业人员也不能提供满意的答案,那么可以确定为研究对象,选定课题。

方法四:信息(文献)选题法。通过从广播、电视、图书、文献、互联网或经验交流等渠道获取相关信息,关注和从中获得优秀课题。使用笔记本或手机,随时记录日常生活中生物学知识无法解答的问题,只要持续地追问,将提高创造性思维能力。

在生物STEM项目学习过程中,我们应当根据实际情况和学生的需求综合考虑并选择合适的方法来确定选题,以确保项目的质量和效果。

三 生物STEM教育实践

(一)生物STEM教育与生物学核心素养培养

《普通高中生物学课程标准(2017年版2020年修订)》指出:学科核心素养是学科育人价值的集中体现,是学生通过学科学习而逐步形成的正确价值观、必备品格和关键能力。生物学学科核心素养包括生命观念、科学思维、科学探究和社会责任。"生命观念"是指对观察到的生命现象及相互关系或特性进行解释后的抽象,是人们经过实证后的观点,是能够理解或解释生物学相关事件和现象的意识、观念和思想方法。学生应该在较好地理解生物学概念的基础上形成生命观念,如结构与功能观、进化与适应观、稳态与平衡观、物质与能量观等;能够用生命观念认识生物的多样性、统一性、独特性和复杂性,形成科学的自然观和世界观,并以此指导探究生命活动规律,解决实际问题。"科学思维"是指尊重事实和证据,崇尚严谨和务实的求知态度,运用科学的思维方法认识事物、解决实际问题的思维习惯和能力。学生应该在学习过程中逐步发展科学思维,如能够基于生物学事实和证据运用归纳与概括、演绎与推理、模型与建模、批判性思维、创造性思维等方法,探讨、阐释生命现象及规律,审视或论证生物学社会议题。"科学探究"是指能够发现现实世界中的生物学问题,针对特定的生物学现象,进行观察、提问、实验设计、方案实施以及对结果的交流与讨论的能力。学生应在探究过程中,逐步增强对自然现象的好奇心和求知欲,掌握科学探究的基本思路和方法,提高实践能力;在探究中,乐于并善于团队合作,勇于创新。"社会责任"是指基于生物学的认识,参与个人与社会事务的讨论,作出理性解释和判断,解决生产生活问题的担当和能力。学生应能够以造福人类的态度和价值观,积极运用生物学的知识和方法,关注社会议题,参与讨论并作出理性解释,辨别迷信和伪科学;结合本地资源开展科学实践,尝试解决现实生活问题;树立和践行"绿水青山就是金山银山"的理念,形成生态意识,参与环境保护实践;主动向他人宣传关爱生命的观念和知识,崇尚健康文明的生活方式,成为健康中国的促进者和实践者。

生物学学科核心素养是学生在生物学课程学习过程中逐渐发展起来的,在解决真实情境中的实际问题时所表现出来的价值观、必备品格与关键能力,是学生知识、能力、情感态度与价值观的综合体现。

生物STEM教育以生物学科基础知识为基础,采用跨学科的形式在教学与活动中整体呈现。STEM教育注重问题解决,同时拓展和完善知识体系,具有生命性;强调跨学科整合的思维解决真实情境中的问题,具有融合性;关注实验探究与实践,具有科学性;强调社会的共同参与,具有社会性等特点。[1] STEM教育活动是培养发展学生生物学核心素养的重要途径。践行生命观念和提高科学思维是生物STEM教育的重要目标。通过开放性和动态化的课程设计,学生能够在解决现实问题的过程中,不断拓展和完善他们的生命观念,并通过科学的思维方法来认识事物和解决问题。在生物STEM教育中,学生还能够通过实验探究和实践活动来提高他们的科学探究能力,并增强他们在解决问题时的创新能力。此外,关注社会责任能够培养学生的社会参与意识和担当精神,使他们能够将所学知识应用于解决真实的社会问题,为社会的发展和进步做出贡献。

综上所述,生物STEM教育活动能够促进学生生物学核心素养的培养,提高他们的认知能力、解决问题能力和创新能力,使其成为具有社会责任感的综合发展体。

(二)生物STEM教育课程特征

生物STEM教育课程具有以下特征:

1.凸显STEM融合的科学教育

生物STEM教育以生物学学科教育为基础,融合跨学科知识,采用基于新情

---

[1] 石进德.STEM教育在发展高中生物学核心素养中的应用[J].福建基础教育研究,2016(8):100-101.

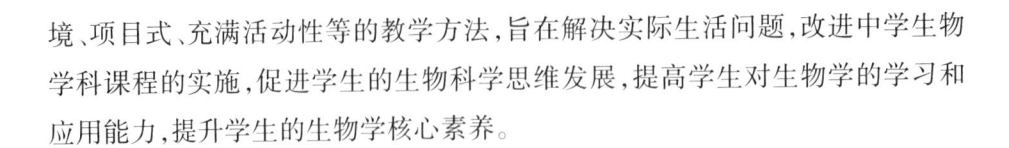

境、项目式、充满活动性等的教学方法,旨在解决实际生活问题,改进中学生物学科课程的实施,促进学生的生物科学思维发展,提高学生对生物学的学习和应用能力,提升学生的生物学核心素养。

2.展现STEM创新的探究学习

生物STEM教育通过开放式探究学习等教学方法,引导学生在解决实际问题的过程中进行自主探究。基于项目问题的探究学习能够激发学生的创新思维,挑战学生的认知,充分发掘学生的学习潜力。

3.融合设计与制作的创客课程

生物STEM教育以学科知识为主体,以技术课程和工程建设为基础,通过设计与制作的过程(包括问题发现、明确解决问题的需求和设计要求、查新与资料收集、方案构思、模型制作、专利申请等),整合STEM四个模块内容,提升学生的工程思维能力,在解决真实情境的问题或完成既定任务的过程中,提高学生的多层次认知能力。

4.体现技术应用的创意实践

生物STEM教育基于学生对生物学的学习兴趣,科学运用各种技术,并有机地整合科学、技术、工程、数学等不同领域和学科专业知识,培养学生创新思维,提高团队协作能力。创意实践是一种跨学科的综合性活动,通过应用各项技术来解决生活实际问题和探究生命现象,拓展创新思维能力。

5.提升社会实践水平的STEM活动

生物STEM教育通过展示问题来源和解决策略的社会性特征,促使学生与现实生活紧密联系。通过科学调查、社会体验、科学观察与探究等活动,激发学生的主动性和积极性,要求学生利用已有知识解决现实问题。生物STEM教育强调学生从课堂中走出来,融入到自然和社会中,学会探究,提升社会实践能力。

以上为生物STEM教育课程的特征,通过这些特征的融合,可以有效促进学生的综合能力发展和创新思维培养。

第四章

学段融通：中学生物教育体系创新

第四章 学段融通:中学生物教育体系创新

"融"指融化、融合;"通"指通达、通透。融则通,通则透,"融"是过程,"通"是目的,"透"是最佳状态。"融通"指融会贯通,把各方面的知识融化汇合、贯穿联系,得到全面而透彻的理解。融通教学理念要求教学应融化概念与原理、融入文化与生活、融合思路与方法,达到沟通知识联系、打通体系结构、悟通本质规律的目的,其教学设计应遵循"顺木之天,以致其性""立乎其大,小不能夺""务本为本,本立道生"等原则。[①](见图4-1)

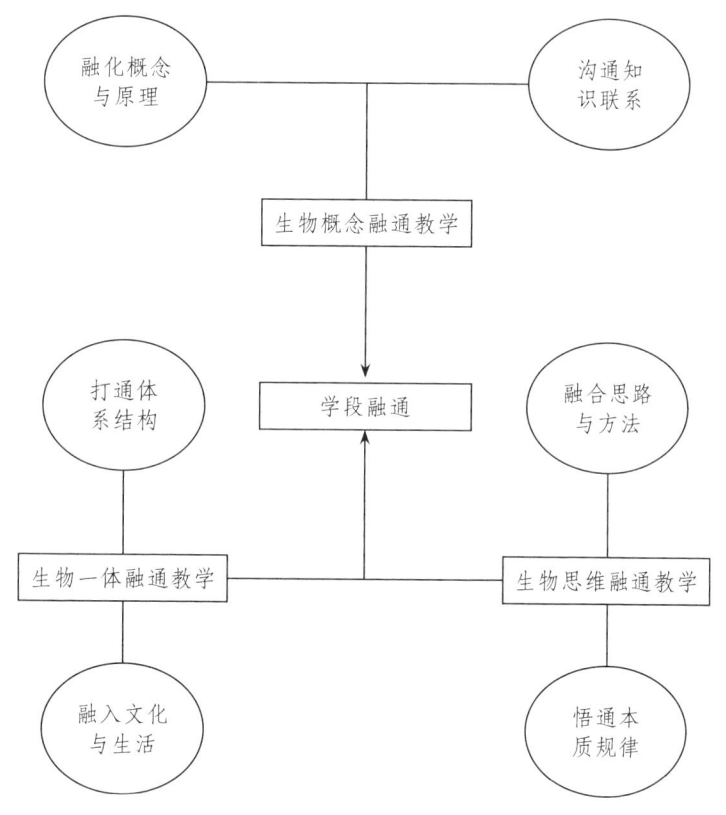

图4-1 学段融通教学创新体系

————————
① 陆建.教"融通"的数学——以"充分条件与必要条件"教学为例[J].江苏教育,2021(11):76.

第一节 中学生物学段思维融通教学

一 生物学段思维融通概述

初中和高中生物学段的思维融通概念主要是指在学习生物学的过程中,运用不同的思维方式,如分析、综合、比较、分类、归纳和演绎等,将生物学知识与其他学科知识以及实际情况相联系,形成跨学段、跨学科的认知结构和思维方式。

在初中生物学教学中,思维融通概念可以帮助学生建立生物学知识的基本框架,理解生物体结构与功能、生物与环境的相互关系等。例如,通过将生物学的概念与数学、化学、物理等学科的知识相联系,可以帮助学生更好地理解生物学的复杂性。

在高中生物学教学中,思维融通概念更加重要。高中生需要更深入地理解生物学的基本原理和概念,并能够将其应用于解决实际问题。思维融通不仅包括跨学科的知识整合,还包括对生物学知识进行批判性思考和创新性应用。例如,通过将生物学与哲学、社会学等学科的知识相结合,可以帮助学生更深入地理解生物学的伦理和社会问题。

总的来说,生物思维融通是一种将不同学科和领域的思维方式和概念相互交叉、交流和融合的方法,旨在丰富学生对生物问题的理解和提升其解决能力。这种思维方式的融通不限于生物学领域,还包括技术、工程和数学等领域,强调综合性思考和跨学科的分析能力。通过思维融通,初中和高中生物学段的学生能够更好地理解生物学知识,培养创新思维和解决问题的能力,为未来的学习和发展打下坚实的基础。

生物学段思维融通主要特点见表4-1:

表4-1 生物学段思维融通主要特点

序号	特点	具体内容
1	综合性思考	生物思维融通强调从整体的角度思考问题,将生物学与其他学科和领域的知识相互结合,形成更全面、多维的思考方式。
2	跨学科分析	生物思维融通需要跨越不同学科界限,将多个学科的理论和方法综合运用于生物问题的研究和解决中。将生物学与数学、物理学、化学等学科知识相结合,可以提供更深入、全面的对生物现象的理解。
3	系统性思维	生物思维融通需要将大量的信息整合成为一个有机的系统,以全面把握生物学乃至整个科学领域的知识体系。这样可以帮助我们发现问题之间的关联和相互作用,为创新和突破提供更多的可能性。
4	创新性思维	生物思维融通鼓励创新思维的发展,通过将不同学科的知识和思维方式相互融合,产生新的想法和解决方案。这种创新性思维有助于从新的角度探索和理解生物现象,并提出具有独特性和实际应用性的解决方案。

生物思维融通的核心是将各个学科的思维方式和概念相互交叉和融合,为解决复杂的生物问题提供更深入、全面、创新性的解决方案。通过生物思维融通的应用,我们可以更好地理解生物学以及生物科技的发展,为解决人类面临的各种挑战提供有力的支持。

二 生物学段思维融通设计

1.生物学段思维融通教学方法和策略

(1)梳理知识框架

将初中和高中生物学的知识进行整理、归纳和梳理,形成一个连贯的知识框架。确保初中学过的基础知识能够与高中学习的内容深入衔接,帮助学生建立起知识的逻辑关系。

(2)引导合理扩展

在初中生物学的基础上,引导学生通过思维的扩展和延伸,探索更深入的生物学概念。比如,从对生物体结构的认知扩展到细胞器的功能,从基本的物质循环扩展到生态系统的稳态平衡。

(3)提供跨学科案例

引入与生物学相关的跨学科案例,例如结合化学、物理、地理等学科的知识,解释生物学现象和问题。通过跨学科案例的学习,鼓励学生将不同学科的知识进行整合,并培养他们的综合思维能力。

(4)开展实践活动

通过实验、观察和实地考察等实践活动,让学生完成对生物学知识的实际应用和对相关问题的探索。同时,鼓励学生在实践中运用多种思维方法解决问题,如分析、比较、分类、归纳和综合等。

(5)强调思维策略的培养

教师可以引导学生学习和应用不同的思维策略,如概念图谱、问题解决、探究学习等,培养学生的批判性思维、创新性思维和合作学习能力,使他们能够触类旁通、灵活运用所学的生物学知识。

通过以上教学方法和策略,可以帮助初中生物学与高中生物学的思维进行融通整合,打破学段间的隔阂,形成更全面、综合的思维体系,培养学生的跨界思维和综合素养。

2.生物学段思维融通案例:植物的光合作用(见表4-2)

表4-2 生物学段思维融通案例:植物的光合作用

学段	题目	教学设计	思维特点
初中	(选择题):植物的光合作用是利用(　)、(　)和(　)制造有机物质。 A.光能、水、氧气 B.光能、水、二氧化碳 C.热能、水、氧气 D.热能、水、二氧化碳	引导学生通过对光合作用的定义和关键词的记忆,准确地选择正确的答案。可以通过简单的示意图,形象地介绍光合作用的基本概念。	初中生思维发展具有一定的阶段性。他们对生物概念的理解相对较浅,喜欢记忆性的知识。因此,在初中课程中,可以重点关注概念的讲解和记忆,帮助他们建立基本的生物知识体系。
高中	解释植物的光合作用的过程,并说明光合作用的产物和作用。	引导学生分析植物光合作用的过程,包括光能的吸收与利用、水的参与、二氧化碳的吸收等。通过深入了解光合作用的产物和作用,学生可以推断出光合作用对植物生长的重要性,例如产生的有机物质为植物生长所必需,并释放出氧气等。通过这样的教学方式,能够促进高中生的思维融通,使其更好地理解生物学概念和过程。	高中生的思维发展相对成熟,能够进行更深入的思考和解释。他们对生物过程的理解需要更多的细节和原理的解释。

初高中生的生物课程可以通过思维融通设计,切合不同年级学生的思维特点。

三 生物学段思维融通模型构建

实现生物思维融通的一般步骤如下：一是对生物学的各个学科和领域进行系统性的梳理和了解，包括细胞生物学、遗传学、生理学、进化生物学等，以及其与其他学科的交叉和共通点。二是辨析每个生物学知识领域的关键概念和原理。确定每个概念的定义、特点和基本原理，理解其在生物学中的重要性和作用。三是在梳理和了解生物学知识的基础上，寻找不同学科和领域之间的交叉点和联系，找出生物学知识中共性的概念、原理和方法，以及它们可以应用和连接其他学科的领域。四是基于找到的交叉和联系，构建一个交叉框架或模型，用于整合和表示不同学科领域之间的关系。这个模型可以是图表、思维导图、概念图等形式，用于呈现生物学知识的交叉和融通。五是将构建的交叉框架或模型应用到实际生物问题的解决中。通过应用交叉框架来分析、解决和解释复杂的生物学问题，提出新的假设、设计实验和验证结论。六是在实践和应用中，不断改进和扩展交叉框架或模型。随着对生物问题的认识不断深入，不断地添加新的概念、连接和融通，使框架更加完善和适应实际应用的需求。通过以上步骤，可以逐步构建一个具有生物思维融通特征的框架或模型，用于整合、理解和应用生物学的不同学科和领域。这样的框架或模型可以帮助我们以综合、跨界的视角思考和解决生物问题，促进生物学的创新发展。

中学生物教育以纸笔测试为主要测量手段，侧重对学生掌握生物学科知识的科学性、全面性、整合性的考查，了解学生的逻辑思维能力，考评学生的语言文字表达能力。在进行问题解答时，生物思维融通模型构建流程如图4-2：

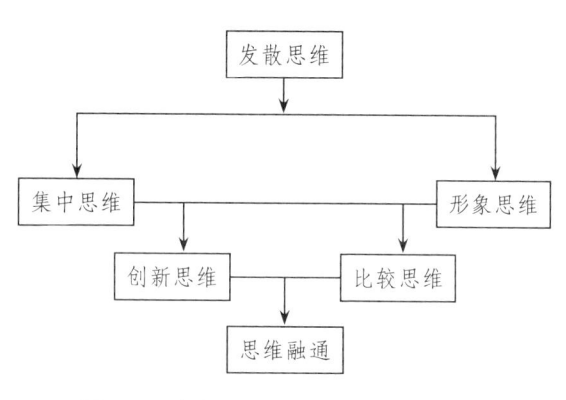

图4-2 生物思维融通模型构建流程图

(一)思维融通教学的概念

实施模型教学法是生物新课程的要求之一,在生物考试复习中,运用高阶思维建构模型来解决简答题的应答策略,能有效提升学生的思维融通水平,提高学生的生物学复习水平和学习能力。生物学纸笔测试简答题的解答需要学生对生物学科知识进行综合分析,清晰地描述生物知识点在新的问题情境中的体现,通过思维融通模型的构建,找到一个个模糊的生物学知识点之间的关联点,从而揭开生物学知识的神秘面纱,理清新情境问题的原有本质,构建出逻辑严密的对生物问题的表述。

(二)思维融通模型在生物教学中的构建过程

1.发散思维、找关键词

面对生物纸笔测试简答题,学生常常出现的问题是思维单一,主要有题目看不懂,或看得懂题,却无从下手,不知如何解答,或知道解答的知识要点,却不懂如何条理清晰地表达,或懂得表达,却逻辑思维不清楚等几种类型。

如何解决看不懂题这一棘手问题？基于学生的思维易于发散的特点,围绕着测试题干,首先引导学生通读题干,思考与题干相关的生物学概念,寻找出对应的关键词,此过程中学生将及时有效地提取大脑中原有的生活经验和学习体验,构思出相对宽泛的,与题干问题存在一定关联的生物学知识,并进一步尝试罗列出与此相关的生物学知识。学生在此阶段就可能会提出一些与题干相关联的生物学概念,此时学生的思维网中已具备可提取的、与问题解决相关的生物学知识、概念素材。就如同渔民的撒网捕鱼,渔网一撒可能将不同品种的鱼全部网入渔网中,混杂一体。

以2017年高考理综全国Ⅰ卷的第30题第一问为例:植物的CO_2补偿点是指由于CO_2的限制,光合速率与呼吸速率相等时环境中的CO_2浓度。已知甲种植物的CO_2补偿点大于乙种植物的。回答下列问题:

将正常生长的甲、乙两种植物放置在同一密闭小室中,适宜条件下照光培养。培养后发现两种植物的光合速率都降低,原因是_____。[1]

解答此问题重点在于引导学生审慎思考考题,找出关键词"密闭、适宜条件、照光培养、光合速率都降低、CO_2补偿点",明确问题指向和关键信息,启发学

---

[1] 依兰.新时期生物学科高考评价体系的构建[J].生物学通报,2019,54(1):37.

生的发散思维,联想教材相关的知识点。把握光合作用的过程、呼吸作用的过程,影响光合作用和呼吸作用的因素等生物学知识与概念,构建出一系列与光合作用相关的关键词。

2.集中思维、形成中心

对于生物纸笔测试简答题的作答,除了语义了解不清外,学生还存在回答时语句表达不明,说不明白事情的原因等问题。类似于渔民用网捕捉鱼后,不懂得如何将网中之鱼进行分门别类,也就是学生的发散思维构建出的知识概念是一种凌乱的知识堆积,思维清晰度不高。因而在此阶段,教师主要是引导学生的聚合思维,让学生对发散思维构建的概念素材进行过滤、用概念图方式理清它们之间的系统关系,恰似将网中之鱼进行分门别类。依据问题性质对素材进行分类,将其与题干中的问题知识融合。这种分类要有理有据,不能随心所欲,分类要形成初步的概念,概念要有条理性和科学性,尽可能地与题干的问题指向一致。也就是思维要尽量集中,比如上例中首先围绕"光合速率都降低"的知识点形成核心概念,并逐步向问题的核心靠近。让学生将难以理解的问题转化为知识点的构建,初步感受思维模型的构建应用。这个过程的思维逻辑如下:

发散思维,获取题干信息

↓

集中思维,联想教材知识,推测关键词

↓

创新和比较思维,理顺题干信息和关键词的逻辑链

引导学生读题,题干中CO_2补偿点+光合速率降低→推测关键:CO_2浓度降低+(题干中密闭小室+照光培养)→推测关键:比较光合速率和呼吸速率。

3.形象思维、初释问题

学生集中构建问题解决思维后,下一步是要考量如何来解决思维逻辑不能自洽之处,也就是对于简答题的问题解释表现出来的说不清理、无法自圆其说的困惑。

此阶段主要是教师引导学生针对上阶段的问题进行集中思维,针对题干问题进行假设,抽象归纳后进行形象思维,尽可能用罗列分类的生物学概念进行

初步的描述,而后一步一步地思考,从而形成问题的初步解答思路——进行光合作用速率与呼吸作用速率的比较(可通过检测容器内CO_2变化量来解答),构建思维模式如图4-3：

```
           ┌─────────────────────────┐
           │ 密封环境适宜条件下照光培养 │  起点
           └─────────────────────────┘
思                      ↓                    答
维          ┌─────────────────────────┐     题
逻          │    光合速率大于呼吸速率    │     逻
辑          └─────────────────────────┘     辑
链                      ↓                    链
           ┌─────────────────────────┐
           │  环境因素($CO_2$浓度降低)  │
           └─────────────────────────┘
                        ↓
           ┌─────────────────────────┐
           │       光合速率降低       │  终点
           └─────────────────────────┘
```

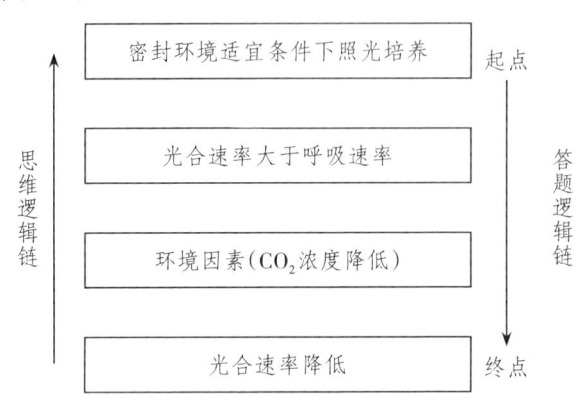

图4-3　2017年高考理综全国Ⅰ卷的第30题第一问解答思维模式

4. 创新思维、终解表达

当形象思维初步建立以后,这时就该对初步解答进行求证分析,通过描述事实、分析问题的本质得出结论,也就是发挥学生创新思维、培养学生解决实际问题的习惯和能力的过程。即明确问题指向和关键信息→联想教材相关知识→把握要素、理顺题干信息和关键词的逻辑链→组织语言。得出答案：植物在适宜条件下照光培养,光合作用消耗CO_2的量大于呼吸作用产生CO_2的量,使密闭小室中CO_2浓度降低,光合速率也随之降低。

5. 比较思维、反馈升华

教师引导学生参照答案,与自己对问题解决的描述进行对比分析,比较自己的解答描述和参考答案间的优缺点,进一步理解生物知识在具体问题解决中的应用,达到生物教学简答题的复习与应考目的。

思维融通模型法应用于生物纸笔测试简答题复习课,与常规生物教学方式相比更具优势,这种教学方式使简答题复习更具象性,易于使生物教学复习变得更轻松,有效提高生物教学效率。

第二节 中学生物学段概念融通教学

中学生物学段概念融通(下文也称生物概念融通)教学,通过将初高中生物学中的核心概念进行融通设计,使学生在学习过程中能够建立概念间的联系、理解概念的深层含义,并能够将所学知识应用于不同的情境中。

一 生物学段概念融通概述

生物概念融通是指将不同学段生物学概念相互联系和整合,在综合、全面的视角下对生物现象和问题进行理解和解释的过程。其特点和具体内容见表4-3:

表4-3 生物概念融通特点和具体内容

序号	特点	具体内容
1	综合性思考	生物概念融通强调从整体的角度思考生物问题,将不同的生物学概念和理论相互结合,形成一个完整的思维框架。通过将相关概念进行综合和整合,可以获得对生物现象更深入、全面的理解。
2	跨尺度分析	生物概念融通需要超越不同尺度的生物现象,从分子、细胞、组织、器官、生物群体到生态系统的角度进行分析。将不同尺度的概念结合起来,可以更好地理解生物现象的复杂性和多样性。
3	交叉学科探索	生物概念融通需要将生物学与其他学科(如化学、物理学、数学等)的概念相互关联和进行应用。将不同学科的概念进行交叉和整合,可以为解决复杂的生物问题提供更丰富的解释和解决方案。
4	继承与创新	生物概念融通既强调对经典生物学概念和理论的继承,也鼓励对新兴概念和理论的创新。通过对不同概念的整合和创新,可以促进生物学的发展,推动我们对生物世界的认识和理解。
5	应用与实践	生物概念融通不仅仅是理论上的思考,还强调对生物概念的应用和实践。通过将概念与实际问题相连接,可以更好地解决生物学中的实际挑战,并为应用和创新提供支持。

总之，生物概念融通是将不同的生物学概念和理论相互联系、整合和应用的过程。通过这种综合性的思考和分析，可以更深入、全面地理解和解释生物现象，并为生物学的应用与创新提供支持。

二 生物学段概念融通构建

（一）概念融通教学的步骤

如图4-4所示，包含审视待融通概念，寻找关联与相互作用等步骤。

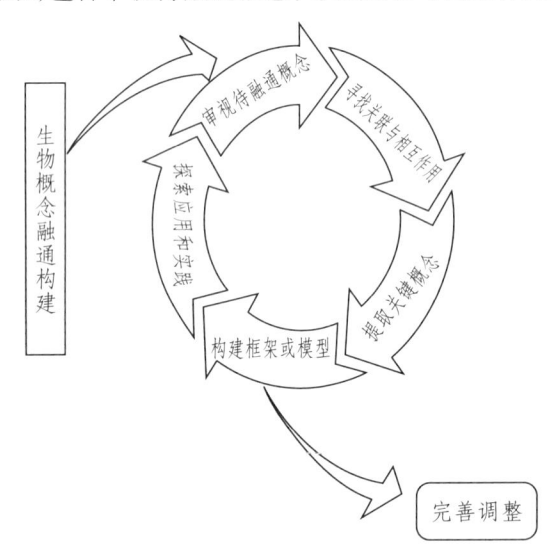

图4-4 概念融通教学的步骤

1. 审视待融通概念

首先，对待融通的生物学概念进行审视。了解每个概念的定义、原理和应用范围，并思考它们之间的联系和重叠之处。

2. 寻找关联与相互作用

在各个生物学概念中，寻找相互联系和相互作用的线索。例如，观察概念之间的关系，如基因与表型之间的关系，或生物系统的结构和功能之间的关联。

3. 提取关键概念

从各个概念中，提取出关键的、共同的概念——这些概念可以是广泛适用于多个领域的概念，也可以是某个领域中的核心概念。

4.构建框架或模型

根据提取出的关键概念,构建一个框架或模型,用于整合和呈现不同概念之间的关系。这个框架可以是概念图、思维导图、模型图等形式,能帮助我们更清晰地理解不同概念之间的融通和互动。

5.探索应用和实践

将构建的框架或模型应用于实际生物问题的解决过程中。通过在实践中运用融通后的概念,发现新的问题、提出新的假设,并验证其有效性。

6.不断完善和调整

在应用过程中,根据实际情况和反馈信息,不断完善和调整构建的框架或模型。随着对生物问题的认识不断深入,框架或模型也会不断演化和发展。

通过以上的步骤,可以逐步构建一个生物概念融通的框架或模型,用于整合、理解和应用生物学中的各个概念。这样的框架或模型能够帮助我们更全面、综合地思考和解决生物问题,促进生物学的应用和发展。

(二)学段概念融通模型在生物教学中的构建过程

以"细胞"这一核心概念为例进行阐述,如表4-4。

表4-4 学段概念融通模型在生物教学中的构建过程——以"细胞"这一核心概念为例

序号	步骤	内容
1	了解概念	首先向学生介绍细胞的基本概念,包括细胞是生命的基本单位、细胞具有不同的形态和功能等。通过实验观察细胞的结构和功能,在概念形成的过程中引导学生观察、思考和提出问题。
2	概念的联系	引导学生通过观察和学习,发现细胞与其他生物学概念的联系,如细胞与组织、器官、器系的联系,细胞的功能与遗传、免疫、代谢等方面的联系。通过多角度思考和讨论,加深学生对这些概念之间的关联性的理解。
3	概念的应用	引导学生将细胞的概念应用于不同的情境中。例如,通过探究转基因技术或细胞的自我修复能力等问题,让学生理解细胞本身的变化和适应能力。通过研究细胞病理学,学生可以了解细胞与疾病之间的关系,并探讨治疗和预防疾病的可能途径等。
4	概念的拓展	在初中阶段,可以通过与化学的联系来拓展细胞概念,了解细胞内的化学反应和物质运输等。在高中阶段,可以进一步拓展细胞的概念,探究细胞的分裂、分化、凋亡等现象,以及细胞在发育和遗传等方面的作用。

通过上述的教学设计,可以让学生在学习细胞这一概念的过程中,建立起概念间的联系,理解概念的深层含义,并能够将所学知识应用于不同的情境中。这样的教学方法能够培养学生的综合思考和问题解决能力,提高他们对生物学的理解和应用水平。

初中衔接高中的生物学概念教学,旨在使学生在初中时就已熟悉并理解了某一核心概念,在高中时能够深入学习和拓展这一概念,实现初高中生物学知识的有效衔接和递进。以"光合作用"为例,从初中到高中的教学与实验设计如表4-5、表4-6。

表4-5 初高中衔接的生物学概念教学——以"光合作用"为例(1)

维度		初中阶段		高中阶段
记忆	了解概念	初中生物学中,光合作用是一个核心概念,学生需要了解光合作用的基本过程和作用,如光合作用的原料(二氧化碳、水)、产物(葡萄糖、氧气)、能量转化等。	概念的扩展	在高中时,进一步拓展光合作用的概念,学习更深层次的光合作用机制,如光合作用的光反应和暗反应、光合作用在细胞器中的位置(如叶绿体)等。
理解	光合作用与其他概念的联系	引导学生探究光合作用与其他生物学概念之间的关系,如光合作用与呼吸作用的互相依存关系、整个生态系统中光合作用的重要性和影响等。	光合作用的探究	引导学生通过实验和研究,深入探究光合作用的调控机制、光合作用速率的影响因素、在不同环境条件下光合作用的适应能力等。
应用	实验和观察	通过实验和观察的方式,让学生亲自体验光合作用,了解光合作用的实际过程和影响因素。可以围绕光合作用与光照强度的关系问题设置探究课题:在不同的光照强度下,植物的光合作用速率是否会有差异?	概念的应用	将光合作用的概念应用到实际问题解决中,如利用光合作用解释农作物的生长和产量,探究光合作用在能源领域的应用以及相关的环境保护问题等。
创新	实验对比与学科结合	引入对比实验,让学生思考不同条件下的光合作用效果;将光合作用与数学、化学等其他学科结合起来,例如,通过计算光合作用产生的氧气量,或者探讨光合作用中涉及的化学反应,增强学生的跨学科能力。	研究和探索	鼓励学生进行深入研究和探索,解答全球气候变化对光合作用的影响和对生态系统的影响等问题。可以设置探究课题,如光合作用中的光反应与暗反应的时间分配问题:在光合作用中,光反应和暗反应各占据多长时间?

表4-6 初高中衔接的生物学概念教学——以"光合作用"为例(2)

实验		初中阶段		高中阶段
实验设计	实验组	选择几株光合作用强的植物(如绿萝),将它们放置在不同的光照强度下(可以使用不同的灯光或遮挡物调节光照强度)。	光反应实验	将提取到的叶绿体置在强光(如聚光灯)下照射,通过测量释放的氧气来计算光反应的时间。
	对照组	与实验组同时放置一些植物在自然光照的环境下生长(测量两组植物的光合速率:使用光合速率仪或相关仪器,测量不同光照强度下实验组和对照组植物的光合速率)。	暗反应实验	将提取到的叶绿体置在黑暗中,通过测量消耗的二氧化碳来计算暗反应的时间。
预期结果	实验组	植物的光合速率随着光照强度的增加而增加,达到一个最高点后可能趋于饱和。	光反应实验	在强光照射下,叶绿体会释放出氧气,光反应的速度相对较快。
	对照组	植物的光合速率因自然光照而有所变化,但受光照强度的限制。	暗反应实验	黑暗环境中,叶绿体几乎不消耗二氧化碳。

通过以上探究课题,初中学生可以初步了解光合作用与光照强度的关系,高中学生则可以深入研究光合作用中光反应和暗反应的时间分配。这样的探究课题既锻炼了学生科学实验设计和数据分析的能力,又让他们更加深入地理解了光合作用的机理和过程。这样的教学模式有助于学生形成系统的学科知识框架,提高他们的综合思考和问题解决能力,为将来进一步探索生物学和相关领域打下坚实基础。

第三节 中学生物学段一体融通教学

中学生物学段一体融通教学中的"一体"指的是初中、高中一体化的实验教学设计,"融通"强调基于融创教育理念的跨学科和深度学习思想。

受传统"重理论、轻实践"教学偏差的影响,中学一线教学长期存在忽视实验教学的不良倾向,落实实验教学教育价值的有效手段和方法匮乏。课程标准要求与教学实施现状之间存在差距,并有增大趋势,实验教学组织实施难度大、实验教学体系混乱及实验教学指导效果不佳等问题日益凸显,"实验难做""体系难清""指导难行"且初中、高中实验相互隔离,缺乏有效衔接,以及生物学科实验与其他学科实验缺乏深度融合,不利于学生跨学科素养和科学素养发展,这些问题又反馈性影响生物学科教师开展实验教学的主动性和积极性,导致实验课开出率低,实验教学的教育教学价值大打折扣。2019年《教育部关于加强和改进中小学实验教学的意见》中指出学校要"努力构建与德智体美劳全面培养的教育体系相适应、与课程标准要求相统一的实验教学体系",还要"开齐开足开好国家课程标准规定实验,切实扭转忽视实验教学的倾向"。只有针对不同学段教学要求精心设计实验教学内容,组织实施高效的实验教学,完善实验教学体系,创新中学生物实验与多学科融合的教学方式,丰富实验教学深度学习实施形式,才能提高实验教学质量和效果。

因此,厘清中学生物学一体化融合实验教学的内涵,有效破解"三难",找准中学生物实验教学的发力点,打造基于融创教育的生物一体化融合式实验教学体系是当前我国基础教育发展的重要课题。

一 生物一体融通研究

(一)生物一体融通研究现状

1.中学生物实验设计与教学相关研究不足

生物学是一门以实验为基础的自然科学,生物学相关概念的确立以及规律的形成都离不开实验。融创教育以跨学科的整合和叠加,以实践性的学习,让学生运用动手实践直接经验在做中学习。基于融创教育的中学生物实验教学与常规的实验教学有区别又有联系,它是以生物学学科教育为基础的科学综合教育,是采用基于新情境、项目式活动等主导的实验探究学习体系,以学生的开放性实验探究学习等为主的生物融创实验课程。近年来,国内学者对于中学生物实验设计与教学的相关研究主要集中在不同教学模式在中学生物实验教学中的应用方面、现代信息技术与中学生物实验融合方面。5E模式[包括五个教育环节:参与(Engagement)、探究(Exploration)、解释(Explanation)、详细说明(Elaboration)和评价(Evaluation)]、PBL模式(以问题为导向的教学方法,Problem-based Learning)、STEM模式下的生物学实验教学在实践研究中取得了一定的成果,为一线教师的实验教学提供了一定的参考,而其他教学模式在生物学实验教学中是否适合仍需要一定的实践探究。

2.中学实验的深度学习相关研究欠缺

近年来国内学者研究中学实验深度学习的甚少,黄惠涛是代表之一,其于2021年提出了基于格斯丁翻转教学模式的生物学实验深度学习[1]。目前相关研究存在的问题包括:缺少深入的实验体系构建研究,创新教育与学科融合教学的研究仍显不足等。基于跨学科实验教学融合的深度学习还需要更多的学者进行发掘探究。

(二)一体融通实验教学的总体框架

1.中学生物实验教学一体融通构建目标

(1)培养实验思维:学生通过参与实验,掌握问题分析、实验设计、数据采集

---

[1] 黄惠涛,丁奕然.基于格斯丁翻转教学模式的生物学实验深度学习[J].天津师范大学学报(基础教育版),2021,22(4):46-50.

与处理、结果分析等实验思维方法。通过实验,学生能够培养观察和实验操作的能力,提高科学实验思维能力。

(2)强化实验与理论的关联:实验教学不仅仅是进行实验操作,还需要将实验结果与相关理论知识进行关联,使学生能够理解实验现象背后的机理和规律。通过引导学生发现实验与理论之间的联系和相互作用,帮助学生深入理解生物学知识。

(3)激发学生的探究兴趣:通过设计有趣的实验情境,激发学生的学习兴趣和主动性。例如,可以设计与学生生活紧密相关的实验,让学生通过实验解决问题,促使学生更加主动地思考和探索。

(4)追求深层次的机理解释:在实验教学中,不能仅仅满足于实验结果的呈现,还要引导学生追求深层次的机理解释。通过提出问题、探索实验现象背后的机理,引导学生思考和解释实验结果,培养其独立思考和解决问题的能力。

通过一体融通式构建,学生在实验教学中不仅能够掌握实验技巧,还能够理解实验背后的生物学知识和机理,可以提高学生的综合素质和创新能力,促进他们的跨学科学习和交流,培养他们的科学思维和实践能力。这样的教学模式可以激发学生的学习兴趣和主动性,加强他们对于生物学的理解和应用能力,培养学生的科学思维、创新意识和创新能力,有助于培养学生的团队合作精神、解决问题的能力,为他们今后的学习和工作打下良好的基础。

2.中学生物实验教学一体融通式构建的内生机理

中学生物实验教学一体融通式构建的内生机理是指在教学过程中,通过实验的方式让学生深入探究生物学知识,同时引导学生从实验中发掘内在的机理和规律,主要涉及三个方面。

(1)学科内部的内生机理:学科内部的知识和概念的联系与融合

通过设置不同年级的实验内容,初中生和高中生在实验中可以相互交流和分享,初中生可以通过高中生的引导和解释更深入理解和应用生物学知识。同时,高中生也可以通过与初中生合作,巩固和加深自己的知识。

(2)学科间的内生机理:不同学科之间的联系与综合

生物学与其他学科如化学、物理、地理等有很多交叉点,通过在实验教学中将不同学科的知识和实践相融合,可以促进学生在跨学科知识领域的综合应用能力的培养。

(3)学生自身的内生机理:学生的自我学习和发展过程中的内在机制

通过实践、探究和合作等活动,学生自主地构建知识,发展自己的科学思维和实践能力。学生可以通过实验的过程发现问题、提出假设、设计实验、收集数据、分析结果,并进行行之有效的交流、合作和反思。

3.基于融创教育理念的中学生物实验及一体融通式构建逻辑

(1)设定目标

确定中学生物实验的目标,既要促进学生对学科知识的学习与理解,又要培养学生的跨学科综合能力和创新思维。

(2)整合课程

将不同学科的知识与技能进行整合,使学生能够在实验中应用多学科知识解决问题,例如结合数学与生物实验设计、物理与生物测量等。

(3)创造性实践设计

发挥学生在实验设计与实践中的创造性思维,提供开放性的问题场景,鼓励学生进行独立思考、解决问题和创新实践。

(4)团队合作与沟通

鼓励学生在实验中进行合作与协作,培养团队合作与沟通能力,使学生能够在团队中共同解决问题,并进行想法的交流与分享。

(5)技术与工程应用

引入技术和工程的元素,鼓励学生运用现代技术和工程方法,例如利用信息技术进行数据采集与分析,设计和制作实验装置等。

(6)跨学科综合评价

建立全面的跨学科评价体系,综合评价学生在实验中的学科知识应用、创新能力、合作能力和解决问题的能力等方面的表现。

通过以上逻辑的构建,中学生物实验一体融通构建可以更好地促进学生的综合能力和跨学科思维的培养,让学生在实践中体验科学、探索技术、运用工程、感受艺术,进而培养创新精神和解决问题的能力。同时,此一体融通式构建逻辑也能够使学生更好地理解生物学科的重要性,并将其与其他学科的知识和技能相互融合,从而实现更全面的学习效果。

4.基于融创教育理念的中学生物实验价值体系

(1)科学思维与探究能力的培养

融创教育强调将不同学科融合,中学生物实验可以培养学生观察、问题提出、实验设计、数据分析和推理等科学思维和探究能力,使学生成为积极主动的科学探究者。

(2)创造力与创新能力的发展

融创教育注重将不同学科知识融合应用,中学生物实验鼓励学生将创造性和创新性思维应用于实践中,通过实验的设计和改进,培养创造力和创新能力。

(3)跨学科整合与综合能力的强化

融创教育倡导学科间的整合,中学生物实验可以将生物学与其他学科(如化学、物理、数学等)相结合,培养学生的跨学科综合能力,增强他们综合分析和问题解决的能力。

(4)实践与应用能力的提升

融创教育强调将学到的知识应用于实际情境中,中学生物实验使学生能将生物概念与实际问题相结合,通过实验实践提升实际应用能力。

(5)合作与沟通能力的培养

融创教育注重学生之间的合作与协作,中学生物实验鼓励学生在团队中合作完成实验任务,培养学生的团队合作和沟通能力,增强他们与他人合作解决问题的能力。

通过以上价值体系的培养,中学生物一体融通实验构建能够促进学生的综合素养和创新思维的培养,培养学生参与科学学习的兴趣和热情,增强学生的学习动力和自主学习能力。同时,基于融创教育理念的实验教学也能使学生了解科学知识与现实应用之间的关系,为未来的科学研究和职业发展打下坚实的基础。

二、生物一体融通构建

(一)基于深度学习的中学生物一体融通实验设计

为了贯彻新的教学理念和教学目标,完善实验教学体系,我们需要精心设计实验教学内容,开展好基础性实验和拓展性实验。尤其是要创新实验教学方式,丰富实验教学实施形式,促进传统实验教学与现代新兴科技有机融合,切实增强实验教学的趣味性和吸引力,提高实验教学深度学习的效果。

在中学生物一体融通式实验深度学习设计中,我们可以采取以下策略(见表4-7)。

表4-7 基于深度学习的中学生物一体融通实验设计策略

序号	策略	具体内容
1	问题驱动	通过引导学生提出问题的方式,激发他们的好奇心和求知欲。让学生自主选择感兴趣的主题,并提出探究性的问题。
2	探究式学习	让学生主动参与实验的设计、进行数据收集与分析。通过自主研究和实践来解决问题,培养学生的科学探究能力和自主学习能力。
3	跨学科整合	将生物学与其他学科(如数学、物理、化学等)进行整合。培养学生的跨学科思维和能力,让他们能够综合运用不同学科的知识解决实际问题。
4	技术应用	引入先进的技术工具和设备,例如数据采集、编程、3D打印等方面的工具与设备。让学生学习并应用这些技术来进行实验的设计与分析,提高他们的技术应用能力。
5	创新设计	鼓励学生提出创新的实验设计方案。让他们尝试新的思路和方法,培养创新思维和解决问题的能力。
6	合作学习	鼓励学生在团队中进行合作学习,共同完成实验任务。培养合作与沟通能力,学会与他人合作解决问题。
7	反思评价	引导学生对实验过程和结果进行反思和评价。让他们能够自我评估并改进自己的学习方法和策略,促进深度学习的发展。

通过采用这些深度学习策略,中学生在实验中能够获得更深入的学习体验。同时培养了他们的创新思维、解决问题的能力和跨学科思维。这样他们能够更好地应用学科知识和技能解决实际问题,为未来的学习和职业发展打下坚实的基础。

(二)基于融创教育理念的中学生物一体融通实验设计

基于融创教育理念的初高中生物实验教学一体融通设计旨在满足不同年级学生的学习需求,充分考虑他们的思维特点和理解水平,提高他们的实验技能和科学思维水平。以DNA提取为例，进行以下设计：

初中生阶段

初中生对DNA概念的认识还比较模糊，需要基于具象化的结果对实验过程和原理进行初步的思考。在初中生的实验教学中，应重点关注实验的步骤和操作，帮助他们建立对DNA提取过程的基本理解。设计如下：

引导学生了解DNA的基本概念和作用，通过简短的讲解和示意图呈现。

分组进行实验，让学生亲自参与DNA提取实验的各个步骤，如溶解细胞膜、释放DNA、沉淀DNA等。

引导学生观察实验结果，通过直观的观察和讨论，帮助他们理解提取DNA的实验过程和原理。

高中生阶段

高中生对DNA的概念有一定的了解，对实验过程和原理有更深入的思考能力。设计如下：

提供详细和全面的DNA提取实验的原理讲解，包括细胞溶解、DNA释放、DNA沉淀和纯化等步骤的解释。

引导学生通过实验数据和实验结果的分析和讨论，对实验过程和原理进行更深入的理解。

鼓励学生进行进一步的思考和探索，如DNA提取的应用、DNA测序的原理等。

以上基于融创教育理念的设计，充分考虑了初高中生的思维特点和学习需求。初中生注重实验步骤和操作的理解，高中生则注重实验原理和结果的解释和应用。同时，这种一体融通的设计也能够促进初高中生之间的交流和合作，增强他们的团队合作和沟通能力。通过有针对性和逐渐深入的教学设计，可以提高学生的实验技能、科学思维水平和跨学科能力。

（三）基于设计思维的生物实验教学一体融通设计

加强生物学实验教学是有效落实生物学核心素养的重要途径之一。通过实验教学的创新设计，将设计思维运用到生物学实验教学一体融通设计中，学生经历与体验解决新情境问题的探究过程，了解设计思维的表征，体悟创新思维的启动，提升创新思维能力，制定实验策略和实施实验过程，能更好地弥补实验教学思维认知领域的不足。

1.设计思维的定义

设计思维是通过新情境问题的触发,经创意联想和构思融合、原型迭代、测试反馈等思维支架投射及创新方法支持,结合原有的素材和最新的技术特征,用新创意解决新问题、创造物化产品和创新设计方案(思路、计划),创设结果的多种可能性。

常规的生物实验教学主要以验证性实验为主,实验教学模式较单一,教师首先介绍实验目的、实验原理、实验步骤、实验方法、实验器具应用及实验注意事项等,学生在教师指导下进行模仿式的实验操作,收集整理实验有效的数据和信息,课后完成实验报告手册,背诵记忆实验结果。学生始终在实验学习过程中处于接受式的学习状态,缺乏必要的自主学习意识。此类实验学习方式无法推动学生的思维发展,学生缺乏主动性和创造性,难以达成学生思辨能力培养和创新精神拓展的学习目标。落实生物学课程标准,将设计思维应用于实验教学模式,通过生命观念教育、科学方法训练、实验方案的评价和修订促进学生对实验内容的理解和掌握。让学生运用科学的方法和使用实验技能独立完成生物学实验、分析处理实验结果、收集实验数据并进行合理解释,创设多种的实验可能,通过多重结果求证,使学习深度发生,有助于提升学生发现问题及解决问题的能力,发展学生生物学核心素养。

2.基于设计思维的生物实验教学——以"探究·实践 DNA的粗提取与鉴定"实验为例

常态化实验教学,按部就班的操作难以激发学生的兴趣。基于斯坦福设计研究院经典的EDIPT模型["共情、(需求)定义、创想、原型(迭代)、测试"模型]的实验教学,围绕设计思维"共情、(需求)定义、创想、原型(迭代)、测试"五要素及生物学核心素养培养目标,确定形成具有设计思维特点的生物实验教学设计"依托课标,发展思维""求源溯本,明确认知""头脑风暴,实验验证""创新方案,结果论证""设计评价,优化组合"五个阶段与环节的模式框架(见图4-5)。学生将所学的知识和技能应用于实际问题的解决,能在很大程度上激发学习兴趣,为思维拓展提供不断前行的动力。同时,完成富有成效的创意与实施有趣的实验,也可为学生的自主学习与分享提供良好的素材。

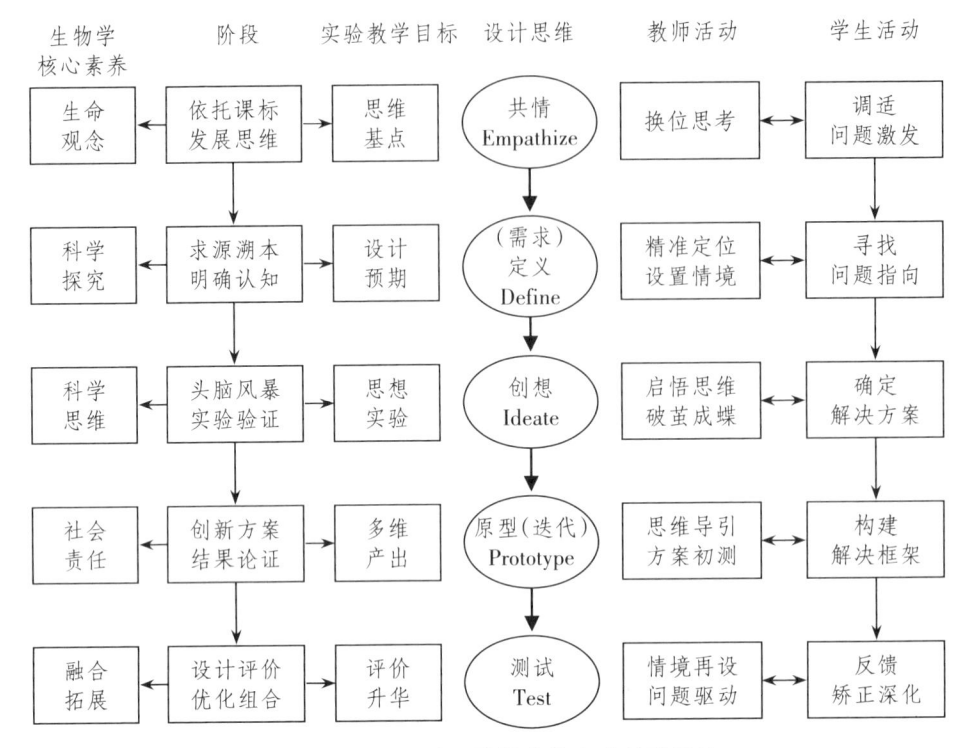

生物学核心素养	阶段	实验教学目标	设计思维	教师活动	学生活动
生命观念	依托课标发展思维	思维基点	共情 Empathize	换位思考	调适问题激发
科学探究	求源溯本明确认知	设计预期	(需求)定义 Define	精准定位设置情境	寻找问题指向
科学思维	头脑风暴实验验证	思想实验	创想 Ideate	启悟思维破茧成蝶	确定解决方案
社会责任	创新方案结果论证	多维产出	原型(迭代) Prototype	思维导引方案初测	构建解决框架
融合拓展	设计评价优化组合	评价升华	测试 Test	情境再设问题驱动	反馈矫正深化

图4-5 基于设计思维的生物实验教学设计

人教版高中《生物学·选择性必修3·生物技术与工程》安排有"探究·实践 DNA的粗提取与鉴定"实验，因此实验准备工作较繁琐，实验效果不明显，通常采用验证性实验的教学方式，或者让学生直接得到实验结果，探究实践常常是不了了之。其实，将设计思维与实验教学融合，让学生设计和体验DNA的粗提取与鉴定过程——采用对比实验帮助学生进一步了解DNA的理化性质，利用物质的理化性质进行有效的分离和高质的提纯，拓展研讨DNA的有效保存方案——整个过程是一个有效激发设计思维进行深度学习的良好载体。

(1) 共情：依托课标，发展思维

EDIPT模型对共情的定义要求教师站在学生的角度思考，以此获得对教学内容的共通感，确保教学设计目标符合学生的学习需求。共情是设计思维中强调以人(学生)发展为中心的最核心环节，其核心目标是了解学生学习的需求，为接下来的(需求)定义和情境问题的解决奠定基础。本案例根据课标要求，通过对DNA的粗提取实验过程的设计及操作，锻炼学生科学思维能力，培养学生实事求是的科学态度。围绕这一实验教学目标，从学生兴趣提升角度，换位思考，了解学生对实验目的、原理的理解程度和对原有的知识储备和技能要素的掌握情况,在特定情境下,让学生对实验问题进行思考并尝试解决,培养其独立思考和开拓创新的能力。基于此,教师拟定指导方案,指导学生思考实验原理,拓展对实验方案的创新设计和对实验过程的思考,梳理实验结果的应用领域等,优化学生的已有认知,使其构建客观的生命观念,促进创新思维的深度发展。

本案例中教师根据教材中介绍的"DNA不溶于酒精,但某些蛋白质溶于酒精,利用这一原理,可以初步分离DNA与蛋白质"来指导学生完成DNA的粗提取实验。学生对于不同生物材质提取的时间、实验试剂的应用、实验仪器的操作等普遍比较陌生,需要教师引导并搭建设计思维的培养平台。例如,怎样理解染色体由DNA和蛋白质组成?DNA和蛋白质是如何分离的?本实验可能会存在什么问题?如何设计实验来解决这些问题?此外,如实验材料选择的简易性、实验现象的可观测性、实验结果的科学性、实验时间的可控性、实验设计的自主性等问题,都能使学生在思考解决的过程中发展科学思维能力。

(2)(需求)定义:求源溯本,明确认知

(需求)定义是在共情分析和信息收集的基础上,精确定位学生学习的预期,使教学设计具有可操作性,以便在创想阶段寻找可行的解决方案。教师适时指导,及时调整预期目标,协助学生寻找问题,充分启发学生的思维,激发其学习欲望,在相互质疑、沟通交流中强化其知识融合,创新性地解决情境问题的能力。

学生通过问题解决策略(方案)寻找问题指向,来倒推所涉知识、先决条件、所需资源、技能。本阶段教师依据前面共情分析、溯本求源、明确设计预期,尝试创新创造。通过设计思维的科学探究,进行精准定位,设置设计情境,学生需要根据给定的实验题目和思考问题,进行课前的学习和讨论,进一步明确实验设计原则、实验设计内容、实验设计预期等。

本案例,学生在实验中能够了解细胞破碎的方法,掌握研磨、过滤、搅拌、离心等实验技能,接着可探析问题的指向,如提取的DNA要用什么方法保存。学生普遍对DNA抱有好奇心,很希望亲眼看到,甚至获得自身或亲人或各自喜爱的动植物的DNA。在实验中,可引导学生思考:在家里如何借助简单的工具,轻松地完成自己的DNA粗提取小实验?

(3)创想:头脑风暴,实验验证

创想是着手解决学习需求问题的关键,应根据学习需求进一步打破惯性思维,尽可能从不同角度提出解决问题的各种方法。此阶段为设计思维融于实验教学应用的重要一环。教师引导学生选择材料、确定解决方案;提出设计要求,引导学生采用头脑风暴的方式,初步设计实验方案论证自己的假设。以问题探究解决为载体,通过指导,使学生设计思维"破茧成蝶",最终确定解决方案,提升科学思维能力。

学生围绕问题的解决提出所需各种材料和方案,并预判实验方案(创想步骤)中可能存在的问题,模拟如何解决和处理这些问题,如何在设计方案中体现知识的应用以及技能的培养与提升,分析实验预期达成或未达成的原因。

本案例中,教师指导学生按照常规的实验步骤"研磨材料—过滤获取含DNA的上清液—冷却酒精析出DNA—DNA保存"进行实验方案设计,同时发挥学生的创新思维,让其思考研磨材料的选取、研磨液的用量、过滤材料的选择、上清液的获取、酒精析出DNA的处理方案、搅拌用具的选择、搅拌方向的确定、粗提取DNA的获取、粗提取DNA的保存方式、保存器具的选择等问题。

本环节学生通过创想探究方式习得了初始方案的相关知识,通过重视设计的深度,破规创新,强化发散思维,促进了科学思维的发展。

(4)原型(迭代):创新方案,结果论证

此阶段要求形成创想阶段的草案或原始作品雏形,以便于测试创想阶段提出的创新性解决方案,为不断迭代提供一个新的参照,再次迭代和递进。

此实验教学环节是设计思维教育理念的问题解决阶段,直指设计思维的核心要素,实验过程针对创新方案进行结果论证,将想法转变为现实。教师进行思维导引,进行方案初测(比较和优化),专注于问题解决,寻找优点与不足,破旧立新。DNA粗提取的核心是将DNA与蛋白质分开,通过学生的思考和分析,提出的创新改进方法如表4-8所示。

表4-8 DNA粗提取创新方案

序号	实验过程	注意事项
1	提前收集好的唾液,放置于一次性杯子中。	为确保获得更多细胞,可用消毒牙签轻轻刮取少量的口腔上皮细胞。
2	加入几滴洗洁精,用筷子搅拌。	搅拌要充分。
3	加入几滴新鲜的木瓜汁,搅拌。	可用牙签插取木瓜,搅拌要充分,使木瓜汁与唾液充分混合。
4	加少量食盐,搅拌。	搅拌要缓慢。

续表

序号	实验过程	注意事项
5	加入预冷白酒,用筷子搅拌。	加入白酒量要多于唾液量,用筷子搅拌要轻且同方向。
6	观察。	筷子上缠绕着的固体絮状物,就是粗提取的DNA。

通过教师搭建的任务与问题解决的学习平台,学生能熟练掌握和运用技术,不断提炼与反思,改进和完善,对创新方案进行整合和运用,多方案比较,从中得出优化成果,有效地实现多维产出,并提高社会责任感,将思维拓展引向学习的纵深处。此过程强调多维产出效能(实际结果与原型的差距),进行结果论证。

(5)测试:设计评价,优化组合

设计思维中的测试阶段是以设计的产品原型吻合度、目标需求达成率、情境问题解决程度、任务完成情况等为检测指标,进行符合性测试。测试阶段可能对原有的创想进行重新定义,甚至能发现新的问题。

以反馈检测、整合融合了解学生存在困惑的问题,进一步关注学生对知识的理解应用,提升其设计思维创新能力。

案例中提出的DNA提取方法可以让学生在家实施。提纯的方法不同:常规提纯是依据DNA于不同浓度的NaCl溶液中溶解度(0.14~2 mol/L)的不同进行提纯;在家提纯则是滴加木瓜汁(含木瓜蛋白酶)进行提纯。学生还选择了多种材料进行实验,结果显示口腔上皮细胞提取的DNA纯度最高,香蕉次之,洋葱最低,用离心的方法提取的DNA杂质比较少,用木瓜汁的提纯效果优于常规的提纯方法。

教师接着推出了新的问题情境,学生经设计评价和优化组合,设计了几种DNA保存方案:一是将粗提取的DNA保存于pH8.0的TE缓冲液中,-20 ℃保存即可;二是用乙醇沉淀后,离心,但不要去除乙醇,离心完毕直接冻存于-20 ℃;三是将DNA沉淀后冷冻干燥,然后保存。还进一步融合拓展了保存方案,如采用树脂封存方式保存,也可采用玻璃封口方式保存,改进的保存方法可以在常温下实施,还可以利用树脂、模具将DNA封存成自己喜欢的形状,做成各种各样的饰品。

基于设计思维的实验教学始终以问题意识为导向,教师从全局思维进行设计,创设新的情境,使学习得到拓展和延伸,对前期的实践学习进行综合分析,凸显学生的思维探究环节,通过互动、交流、分享,让学生设计思维能力得到进一步深化和提升。

基于设计思维模型的生物实验教学五个阶段并不是简单的线性关系,而是非线性的,应用过程可以根据实验教学目标的侧重来重复整个五环节过程或特定阶段(各阶段具备重复性和可调整性),通过科学的设计寻得教学设计与学生素养科学发展的契合点,帮助学生跳出思维的局限,提升思维品质,助力深度学习。[1]

---

[1] 石进德,谢雪锦.基于设计思维的高中生物学实验教学设计与研究[J].中学生物教学,2023(17):69-72.

第五章

主题融贯：中学生物教育内容创新

在中学生物教育中,可以通过主题融贯围绕生命与生活,环境、生态与环保,自然、社会与人文三个方面进行教学(见图5-1),以促进教育主题的创新。

1.生命与生活

利用学生的实际生活体验,探索生物与人类生活密切相关的内容,如食物链、食品安全、营养与健康等,是生物课堂的重要环节。通过引入各种案例分析,让学生了解疾病的发生机制和预防措施,能够有效地增强他们的健康意识。此外,引入生物技术在生活中的应用,如基因检测、生物制药等,可以激发学生的兴趣,使他们更加关注生命科学领域的发展。这样的教学方式,不仅能让学生更好地理解和应用生物学知识,还能培养他们的创新思维和实践能力,使他们能够更好地适应未来社会的发展和挑战。

2.环境、生态与环保

环境、生态教育是生物课堂中的重要内容,旨在帮助学生理解环境、生态系统的运作原理和环境平衡生态平衡的重要性,强调环境保护和生物多样性的保护。同时,也探讨人类活动对环境的影响,如工业化、城市化等,引导学生思考环保问题。为此,教师会教授环保知识和技能,如垃圾分类、节能减排、环境监测等,鼓励学生参与环保实践。这种教育方式不仅有助于提高学生的环保意识和环保技能,同时也为培养他们的创新思维和实践能力提供了良好的机会,以适应未来社会的发展和挑战。

3.自然、社会与人文

通过对自然环境的探讨,学生可以深入了解自然环境与人类社会、人文的相互关系,并探讨能源的种类、开发利用,以及可持续发展与能源转型的重要性。同时,分析环境问题的社会经济影响,讨论环境保护的政策法规和公民责任,有助于培养学生的环保意识和社会责任感。在教学过程中,采用项目式学习、探究式学习、实地考察等教学方法,使学生在实践中学习和体验,同时鼓励他们参与科学研究、社会服务等活动,培养创新思维和社会责任感。这样的综合教育不仅传授生物学知识,更引导学生关注现实问题,培养综合素质和终身学习的意识。

主题融贯教学的创新可带来以下优势:

一是增强学生的学习动机和兴趣:将生物学知识与学生的生活相关联,更贴近学生的实际需求和兴趣,其能增加学习的主动性和积极性。

二是培养学生的实践能力:通过实践活动,学生可以将所学的生物知识运用到实际生活中,培养实践和创新能力。

三是培养学生的问题意识和解决问题的能力:生活化的主题和活动可以激发学生的问题意识,培养他们解决问题的能力和创新思维。

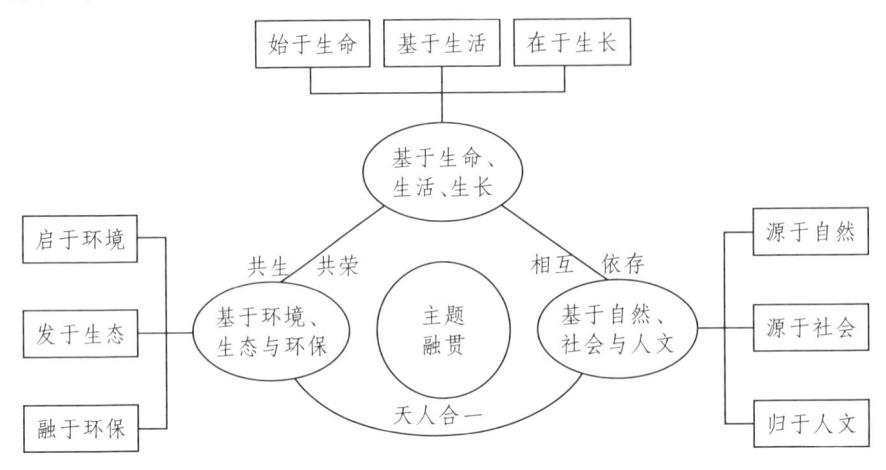

图5-1 主题融贯:中学生物教育内容创新体系

第一节 基于生命、生活、生长的中学生物教育

一 始于生命的中学生物教育与实践

(一)中学生物教育:始于生命

中学生物融创教育中,生命性是学生灵动与智慧的根基,是学生创造性地面对多彩生活的根本,而学生成为教学机体的"心脏"。

学生生命具有两种基本形态:一个是自然生命,它是生命能量的物质载体;一个是价值生命,它是生命存在的精神状态。一个健康的生命不仅承载着强大的物质能量,而且还承载着推动社会发展的正能量。[1]在中学生物教育生活创新体系中,生物教学要承担的首要使命是释放学生的内在潜能,让学生这一生命体真正"活"起来,这必然需要教师去激发学生的学习需要、学习兴趣,引导他们主动参与、自主活动;同时,生物教学的另一重要任务是让学生在生物学习中学会用高尚的价值与精神来引导、塑造自己的生命能量。发展生命、培育生命、张扬生命是生物教学活动的根本要旨与教育的本质核心,而自由自主的活动正是学生"生命"的生动体现。敬畏生命、尊重生命、依靠生命、激活生命是中学生物教育生活创新的根本教学理念,借助学生的生命活动把生物学知识教学渗透到学生生命层面中去正是中学生物教育生活创新理论的至高追求。[2]

中学生物教育与生命之间存在着密切的关系。生物教育是通过学习生命科学的知识和理解生命现象的过程来培养学生的科学素养和生命意识,使他们能够更好地理解和尊重生命,发展自身的技能和意识。

---

[1] 王爱玲.走向"生活·生成·生命":当代教学理论新趋向[J].教育学术月刊,2022(6):93.
[2] 王爱玲.走向"生活·生成·生命":当代教学理论新趋向[J].教育学术月刊,2022(6):94.

理解生命系统：中学生物教育帮助学生认识到生命系统的复杂性和多样性。学生学习生命科学的过程中，可以了解不同生物之间的关系、组织的结构与功能，以及生命的起源和进化等。

培养生命意识：生物教育有助于培养学生对生命的敬畏和尊重。学生通过学习生物科学的原理和实践活动，能够意识到生命的珍贵性和脆弱性，增强对生命的关怀和保护意识。

促进健康与环保：生物教育引导学生正确认识生命活动和生态环境的相互作用关系，帮助他们认识到自己的健康与环境的相互关系。学生可以通过学习生物的营养、健康和环境保护等知识，形成正确的健康观念和环境保护意识。

培养科学思维：生物教育通过引导学生进行实验、观察、分析和推理等科学思维过程，培养学生的科学思维能力。学生能够通过生物教育学习到科学方法和过程，提高自己的观察力、推理力和问题解决能力。

外展与社会参与：生物教育不局限于课堂教学，还可以通过实地调研、社区活动等方式，让学生亲身参与生命科学领域的探索和社会实践，加深对生命的理解和保护意识。

通过生物教育的学习与实践，学生能够更好地认识和尊重生命，提高科学素养和生命意识，为自身的成长和社会的可持续发展做出贡献。

中学生物教育的教学内容应该从生命起源和生命的基本特征介绍开始。首先，可以引导学生了解生命的起源和进化理论，如大爆炸理论和进化论等。学生可以学习到地球上最早的生命形式是什么，它们是如何演化和发展成为各种各样的生物的。然后，学生可以学习生物的基本构成，如细胞结构、遗传物质DNA和RNA等。学生可以了解到细胞是生物的基本单位，了解细胞内的各种结构和功能，以及遗传物质对生物的重要性。接着，学生可以学习生物的分类和多样性。他们可以了解不同生物种类的特征和分类方法，如植物、动物、真菌和原生生物等。学生可以了解到地球上生物种类的多样性和适应性。此外，学生还可以学习生物的繁殖方式和生命周期：他们可以了解不同生物的繁殖策略，如有性生殖和无性生殖；还可以学习到生物的生命周期，包括从受精到出生、成长和老化等各个阶段。最后，学生可以学习环境和生物的相互关系。他们可以了解到生物与环境之间的相互作用，了解食物链、生物圈和生态系统等。学生可以了解到生物与环境之间的平衡和依赖关系。总之，中学生物教育应该始于生命的起源和生命的基本特征介绍，通过介绍生物的分类、多样性、繁殖方式、与环境的关系等内容,帮助学生更好地理解生命的奥秘和生物世界的美妙。

(二)始于生命的中学生物教育实践

中学生物教育的实践内容也可以与生命问题相关。比如,糖尿病作为第三大非传染性疾病,随着人们生活水平的提高和疾病诊断技术的进步,其患者数量迅速增加,严重威胁人类健康。糖尿病的发病取决于多种因素,而摄入过多的脂肪被认为是促进糖尿病发病的原因之一。在闽南地区,花生产量丰富,然而每年农民收获后,花生根茎往往被视为"毫无价值"的副产品而被丢弃或作为肥料使用。一些农民饮用新鲜或晒干的花生根茎水煮液来治疗糖尿病。在网上进行相关实验的调查,但未能找到花生根茎水煮液降低血糖的相关实验研究报道。以此生命教育实践问题为主题,可以激发学生进行实验验证的欲望,以确定花生根茎水煮液对糖尿病的疗效。[①]而这样的想法一旦被证实,便会产生巨大的社会价值——将废弃的花生根茎转化为有益的资源,同时降低糖尿病药物开销,而学生通过实验反复论证这个过程也会激发学习生命教育知识的热情。从上面可以看出,中学生物教学中生命教育实践问题并不能凭空想象,它必须诞生于社会实践、社会生活之中,只有这样,探讨的问题才能有价值、才能有实践意义。

二 基于生活的中学生物教育与实践

(一)中学生物教育:基于生活

回归生活,是中学生物融创教育的基本立场,也是中学生物融创教育的终极使命。

中学生物融创教育教学不只是为了传递生物学知识,更是为了满足学生生活需要,为了促进学生未来生活质量的提升。"在教学世界中,所谓生活,其实就是经历学习者的活动并收获学习经验的过程,活动与经验交互生成构成了当代教学的立基点。"(王爱玲)学生主动参与生物课堂生活不仅是他们主动进入生物教学世界的体现,还是他们获取生物学知识、掌握生物学技能、发展生物学核

[①] 石进德.花生根茎水煮液对糖尿病小鼠血糖的影响[J].生物学通报,2018,53(5):50-51.

心素养的一种状态与方式。中学生物融创教育生活的主体就是形形色色的学生生活活动,正是"生活的活动"让学生的智慧在课堂中真正被激活、被发展、被展现,生物教学与生活活动间的适应关系决定着教学的效能。而"经验是学生探索性参与教学活动并从中获得自我发展、身心发展的过程"。[1]

  基于生活的中学生物教育是一种注重将学生的日常生活与生物知识相结合的教育方法。它强调将学习和实践相结合,使学生能够在实际生活中应用所学的生物知识。首先,教师可以引导学生观察和分析身边的生物现象。例如,他们可以组织学生进行植物或动物的观察实验,让学生亲自观察和体验植物的生长过程、动物的行为以及它们与环境的相互关系。其次,教师可以组织学生进行实地考察和探索。学生可以到自然保护区、公园或农田等地实地了解各种生物的栖息地、生活方式和生态环境。通过亲身参与和实践,学生可以更好地了解生物的多样性和适应性。同时,教师还可以引导学生进行生物实验和科学项目研究。例如,学生可以进行种子发芽实验、鸟类观察、昆虫收集和分类等等。这些实践活动不仅能够提高学生的动手能力,还能够培养他们的科学观察力和解决问题的能力。此外,教师还可以通过生物领域的案例分析,将学生的生活经验与生物知识相结合。例如,通过分析食物链和食物网的案例,学生可以更好地理解食物的来源和能量传递的过程;通过分析环境污染对生物造成的影响,学生可以认识到自己在环境保护中的责任和重要性。

  基于生活的中学生物教育将生物知识和学生的日常生活相结合,通过观察、实地考察、实验和案例分析等方式,让学生在实际生活中学习和应用生物知识,培养他们的科学素养和实践能力。这种教育方法能够激发学生的学习兴趣,提高他们对生物学科的理解和应用能力。

---

[1] 王爱玲.走向"生活·生成·生命":当代教学理论新趋向[J].教育学术月刊,2022(6):92.

(二)基于生活的中学生物教育实践——以"绿色驻阳台,学与种同行"为例[①]

基于生活的中学生物教育实践流程见图5-2。

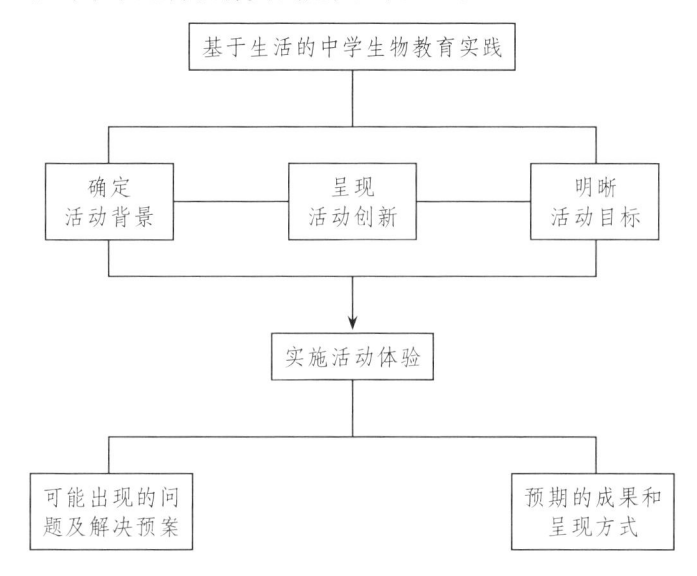

图5-2 基于生活的中学生物教育实践流程

1.确定活动背景

生物学学科核心素养包括生命观念、科学思维、科学探究、社会责任四个方面。在种植植物的过程中,学生可以体验生命历程,关爱生命,敬畏生命,践行生命观念;可以充分利用阳台种植植物,构建生态阳台,提高理性思维;还可以在活动中开展各项研究性学习活动,科学探究。本项活动既能为学生学习服务,又能增强学生的社会责任感。目前,高中生物实验教学主要是由学校、教师提供实验素材。在这个活动中,尝试通过学生自己栽种植物提供实验材料,并进行相关实验拓展,实现多样化实验教学,让学生感受成功的喜悦,体验劳动的艰辛。让学生在家就完成一定的社会实践与体验,栽种植物与生物学习并行,绿色驻阳台,学与种同行。

2.明晰活动目标

知识与技能:学生将自己学到的植物学、化学、数学、物理学、生态环境学等

[①] 谢雪锦.绿色驻阳台,学与种同行[J].中国科技教育,2017(3):28-30.

相关学科的知识综合应用到STEM项目实践活动中去,从而提高自身的综合素质与能力。学生通过查阅资料、学习、考察,了解我国的农业文明和农耕文化,理解与教材相关、各个季节可栽种的植物,以及植物生理、分类等相关知识,培养对自然科学的兴趣。通过考察自家阳台,学生能够了解各自的环境,了解适合自家阳台栽种的植物,为生物实验提供材料,增强对自然界生物结构、生命现象探索的兴趣,尝试发现问题、开展创新性实验,并提出解决方案。活动将系统地培养学生对数据的获取和处理技能,使其掌握科学研究方法,观察与分析技能。同时,学生在学习、生活、劳动中学会相互关心、相互帮助、相互爱护、相互尊重,健康成长。

过程与方法:动员、组织学生经历"搜集资料→欣赏→讨论→探索→实践活动→评价延伸"的全过程,让他们在实际经历和科学体验的过程中学习科学知识,掌握科学方法,树立科学精神,培养创新意识,激发学习科学的兴趣、保护生态环境的热情和对社会的责任感。

情感、态度与价值观:通过探究活动的开展,培养学生良好的科学素养和学习、合作、探究问题的能力;锻炼学生的毅力与意志,激发学生热爱科学的情怀;让学生树立环境保护意识。通过活动,学生能进一步贴近自然,感受自然,增强保护自然环境的自觉意识。活动能培养学生热爱家园、保护生态环境的美德和主人翁精神。活动可以引导学生从自我做起,争做环保小卫士,加强对生态保护的重要性的理解,增强社会责任感。

3.呈现活动创新

活动方式创新:通过对适合阳台栽种植物的研究活动,进行多个项目的拓展,吸引不同特质的学生参加,改变高中生物实验教学中教师讲实验、学生看(读或背)实验、学生真正动手实践的机会少的现状,体现了科技教育活动的创新性和普及性。

理念创新:围绕高中生物化学、数学、物理学、生态环境学教材的内容,针对适合栽种的植物,植物的形态、生理、栽培方式,以及植物为学习服务等问题开展探究性学习。学生带动家长,参与生态社区可持续建设,丰富生活,创造美好,拥抱环保新理念。

技术创新:探究不同的植物栽种方法,如土培、无土栽培、组织培养等技术的差异,力图比较植物在不同环境栽种的有效性、针对性和组合性。

方法创新:以对比实验探讨不同阳台植物栽种的共性和个性差异。学生进行自主探究,尝试发现问题、提出解决问题的方案、设计实验,从而培养学科综合创新意识和创新能力。

4.实施活动体验

(1)活动准备

进行思想教育,让学生熟悉活动流程,了解活动的常规要求和注意事项。成立活动小组,明确职责分工。把活动中的工作具体落实到每个人,设小组组长,制订活动计划。做好活动前的培训、指导。聘请高校、园林管理部门等单位科研人员对小组成员进行调查方法与技术指导。

(2)植物栽种专题知识学习

①农耕文化知识讲座:学生通过查阅资料、自主学习,通过科普讲座,了解我国的农业文明和农耕文化的发展过程。②植物栽种专题知识讲座:学生通过科技教师的科普讲座、宣传橱窗、自编的校本教材,收集、整理、学习植物栽种的相关知识。③适合栽种植物的知识学习:结合科技教师的集中讲座,通过自学学生初步了解一年四季可栽种的植物、与高中生物学习内容相关的植物、栽种植物的方法及植物分类知识。以上专题均组织知识竞赛以检测学习效果。

(3)走访、调查,学习与高中生物学习内容相关的适合栽种的植物

以小组为单位到园林部门走访,查阅资料,了解本地区适合栽种的植物,从中寻找与学习相关的植物进行栽种。每个学生实地考察各自的环境,做好观察、采集、访问、记录等工作,教师在各个环节中做好指导工作。学生学习与了解高中课程中与植物相关的知识、实验内容,理解生物学核心概念。

(4)绿色驻阳台,学与种同行

结合高中生物学等学科学习特点与高中生的个性特征,根据不同年级分组,依据植物生长时令,结合生物学教学进程由浅入深展开活动,共同进行四个主题活动。逐步提高,探究栽种植物为生物实验教学服务,让绿色驻阳台,学与种同行。最后进行交流与分享,提升与总结,并将此活动经验进行传承。

主题1:经历生命历程,关爱生命,敬畏生命,探究生命的奥秘,体验成功的喜悦(高一年级)。上学期主要栽种天竺葵、紫鸭跖草、菠菜、木耳菜、洋葱、葱、蒜、莴笋等,下学期主要栽种豌豆、小麦、向日葵、草莓等。选择栽种的植物开展实验验证,补充实验材料,丰富学生课外实验。实验包括离子、分子水平的实验验证、细胞水平的实验,组织、器官水平的实验。

主题2:经历科学探索的过程,感受科学实验的严谨,探究科学的奥秘,体验科学探究的乐趣(高二年级)。学生经过高一的学习,已对科学实验的具体规范要求和过程有了初步的了解,本主题活动主要引导学生结合之前学习进程,将植物的栽种与科学探索有机组合。

主题3:感受栽种植物乐趣,学与种同行,劳逸结合,提高学习效率(高三年级)。高三年级学习主要内容为现代生物科技专题,由于毕业班学习压力较大,本主题活动主要栽种生姜、茶树、水仙花、天竺葵、仙人球、人参榕、罗汉松、茉莉、芦荟、碰碰香、一叶兰、小型月季、蔷薇、铜钱草、花叶碧玉、珍珠泪、紫罗兰等。这些植物栽种和管理方便,活动有利于学生缓解紧张的学习情绪,提高学习效率。

主题4:学与种的升华,探究各自阳台植物栽种的模式。与生物学有关的职业之一"景观设计师"是一种新兴的职业,在高中生物知识的学习后进行简要介绍。通过前面三个主题活动,学生可以探究各自环境植物栽种的模式,争当一名小"景观设计师"。

(5)探究学与种的交互与及时分享

学生的参与时间和精力有限,种植植物和进行实验的过程相对较长。因此,我们可以通过制作科技微课的方式进行教学,每个小组制作微视频,以便及时交流和分享,解决困惑,交流心得,分享成果。

(6)成果展示和交流评价

成果展示可以采用多种方式,包括实物展示、PPT、微视频、标本、照片和实验报告等。同时,可以通过学生自评、互评和教师综合评定相结合的方式对成果进行评价,评价学生的参与度,评估过程的合理性、科学性和活动的有效性等方面。

5.可能出现的问题及解决预案

(1)学生学科知识储备不足。通过学科教学渗透与高校、科研机构指导相结合,有效提高学生的知识储备。(2)研究性学习活动实验条件,如经费、学习时间不足。对此应争取学生家长的大力支持,获取有力的外部条件支持保障。(3)学生研究方法、栽种技术不足。对学生进行科学研究方法的培训,指导学生进行栽种,并进行适当的训练。(4)资金问题。主要是活动会产生费用,特别是实验经费会存在不足的问题。采取的方法主要是向学校申请,以及争取科研单位支持。

6.预期的成果和呈现方式

(1)展现每个小组成员栽种的植物、PPT、微视频、论文、调查报告、实验报告等;(2)学生掌握植物栽种、科学实验、比较研究、调查研究等研究性学习方法;(3)可能撰写出具有一定研究价值的研究报告;(4)图片和栽种的植物、活动记录等;(5)成果发布会;(6)将完整的活动过程情况进行总结,撰写出实践报告,对全校师生进行宣传,并将活动成果进行整理参加科技创新大赛。

三 在于生长的中学生物教育与实践

(一)中学生物教育:在于生长

中学生物融创教育是师生在生活背景中围绕生物学学习材料展开互动、共创共生的过程。决定生物教学活动最终效果的是学生自己,其可以体现出学生自己学习活动的状态、质量与品质。生物教学是为"培养学生适应未来发展的正确价值观、必备品格和关键能力"提供生长性生物学信息、生物方法、条件、资料等的支持性服务活动。因此,应让生物教学建立在探究性、创造性,理性自由和智慧发展行动之上,这是中学生物融创教育实践回归本真的选择。生长是中学生物融创教育的本然构成,在教师精心预设的基础上,让学生借助自己的学习活动去精彩生成、自由生长,正是生物融创教育深度教学的显著特征。面对学生自由的生长与自主的建构,教师应通过对话积极应对,确保生物融创教育活动不断达成预定目标。

"在于生长"的中学生物教育是一种注重培养学生对生物生长和发展过程的认识和理解的教育方法(见图5-3)。它强调通过学习生物的生长机制和相关概念,培养学生发展和成长的能力。首先,教师可以引导学生学习生物的生长过程。他们可以教授生物的细胞分裂、细胞分化和器官发育等生长过程的基本原理。学生可以了解到生物是如何从一个单细胞发展为一个多细胞有机体的,以及各种生物在不同发育阶段的特征和变化。其次,教师可以组织学生进行生物生长的实验和观察。例如,学生可以进行植物种子的发芽实验,观察植物根系和茎叶的生长过程;或者进行动物幼虫的观察和触摸,了解它们的变态过程和身体结构的发育。同时,教师还可以引导学生了解生长过程中的调节机制和环境因素的影响。学生可以了解到生物生长是由遗传因素和环境因素共同作用的结果,例如光照、水分、温度等对植物和动物生长的影响。此外,教师可以通过培养学生的植物和动物养护技能,让学生亲自参与到生物生长的过程中去。学生可以种植植物、饲养小动物,同时记录和观察它们的生长情况。通过亲身参与和实践,学生可以更好地理解和体验生物的生长过程。

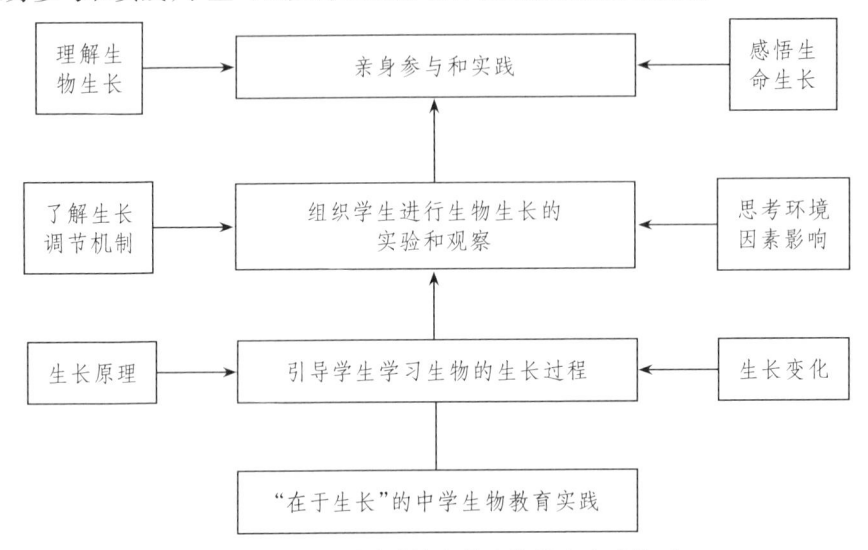

图5-3 "在于生长"的中学生物教育实践体系

关注于生长的中学生物教育旨在培养学生对生物生长和发展过程的认识和理解。通过学习生物的生长机制、实验观察和亲身参与,学生可以更深入地了解生物的生长过程,培养科学素养和实践能力。这种教育方法不仅能够增强学生的学习兴趣,还能够促进他们的自主学习和探究意识。

"在于生长"的中学生物教育,旨在让学生用最少的付出得到最多的学习收获,实现教育本真的回归。应教尽教、应学全学的高质量课堂教学,可促进学生核心素养的提升和在生命教育中的成长。

生长性中学生物教育代表着对生命成长的呵护,对生命教育的尊重,对学生成长的激励,要求教师能智慧地为学生提供生长的养料,使其激发成长的内需,释放生长的活力,进而获得自主生长的强大能量。

(二)"在于生长"的中学生物教育实践

1. "在于生长"的实践问题确定——以"探究蝴蝶科技教育活动的设计与实施"为例[①]

在审视中学生物教育中存在的问题时,笔者从厦门蝴蝶园的兴衰中找到一

---

① 石进德.探究蝴蝶科技教育活动的设计与实施[J].生物学教学,2018,43(5):57-59.

些线索。蝴蝶,作为自然界中的美丽精灵,它们的生存状态是生态环境健康与否的缩影。许多国家已经将蝴蝶作为生物多样性的重要指标生物,应用于生物多样性保护、土地利用规划、政策制定、教育和科研等多个领域。比如自2017年起,以蝴蝶为指标生物监测生态环境变化的活动在我国范围内逐步展开。厦门中山公园动物园内的蝴蝶园自2008年建立,本应成为生态教育的一个重要场所,却因种种原因在2012年停办。而厦门园博苑蝴蝶馆虽然在2018年重建,却面临着蝴蝶异地迁养存活率低的挑战。

这些问题引发了一个更深层次的思考:如何在公园中建立一个可持续发展的蝴蝶园,使之成为常设展馆和科普推广基地?

通过对比研究,我们可以发现,探索蝴蝶保护、利用和管理的新形式、新方法,是实现生态环境与生物多样性保护协调发展的关键。我们应当通过实践活动,如对厦门蝴蝶现状进行调查研究,从生态系统服务功能的角度出发,寻找促进蝴蝶保护与生态环境和谐发展的方式;让蝴蝶顺利度过蛹期,自然地回归到我们的周围,维持生物多样性的平衡。这样的实践不仅能够提升中学生物教育的质量,还能够增强学生的环保意识,培养他们成为未来环境的守护者。

2."在于生长"的活动目标确立

针对中学生物教育的目标,我们可以开展一系列有针对性的蝴蝶保护相关活动。首先,在了解蝴蝶的生命史和不同种类的基础上,我们可以探究蝴蝶与生态环境的关系,以及它们作为生态环境指示生物的目的、意义和研究现状。这样的学习将有助于增加学生对蝴蝶种类及动态变化的认识。

其次,了解蝴蝶的生活环境、多样性和种群密度等指标,也是一项重要的任务。通过探究蝴蝶生境、分类以及类群数等方面的信息,我们可以深入了解蝴蝶在生态系统中的各种作用,并进一步探究蝴蝶的指示作用。

此外,培育蝴蝶、放飞蝴蝶,保护生态也是非常重要的,可以让学生通过亲手操作,亲身了解蝴蝶生命历程,实现生态环境与生物保护的协调发展。同时,此项活动也可以进一步培养学生的观察力、操作技能和责任心,让学生体会到生态保护的重要性。

最后,我们可以在活动中寻找与蝴蝶相关的研究性课题或创意项目,并开展研究。蝴蝶是非常复杂而且多样的生物类群,其生物多样性尚未得到全面的阐释和研究。在启发学生对蝴蝶进行创新性探究的同时,可以培养学生的科学研究兴趣和能力,提升生物学科的教学水平。

3."在于生长"的活动过程实施

中学生物教育活动的目标是让学生通过系统地了解蝴蝶的生命历程、种类及其与生态环境的关系,培养科学探究能力和环保意识。具体可以分为以下几个步骤:

任务1:"盼蝶"——初识蝴蝶

(1)学习蝴蝶的形态特征、生活习性、分类及种类识别。掌握相关概念,如种群、物种多样性、物种丰富度等。

(2)了解蝴蝶作为指示生物的目的及意义、研究现状。学习蝴蝶的调查与标本制作方法。

(3)启发学生进行头脑风暴,拟定相应的研究计划和课题。

任务2:"探蝶"——深究蝴蝶

(1)组织学生到不同生境进行蝴蝶监测,观察记录种类、数量、活动等信息,了解种群动态变化。

(2)在校园及实验基地开展蝴蝶生命历程的实验观察,探究生境变化对蝴蝶的影响。

(3)分析实验数据,探讨蝴蝶作为生态指示生物的意义,为保护策略提供依据。

任务3:"赏蝶"——美蝶共赏

(1)制作蝴蝶标本,组建展览厅,让学生深入了解蝴蝶的形态多样性。

(2)鉴赏蝴蝶的色彩纹理,启发学生进行创新性设计。

(3)组织中期汇报,分享研究进展,提高参与感和责任心。

任务4:"蝶归"——引蝶归来

(1)编写蝴蝶生活史和种类名录,以加强知识积累。

(2)绘制蝴蝶绘本,增进公众对蝴蝶的了解和认知。

(3)培育蝴蝶幼虫,放飞成蝶,直接参与保护实践。

(4)通过宣传教育,引导公众关注环境保护,让蝴蝶重返我们的生活。

通过这一系列有机衔接的活动,学生可以在实践中全面了解蝴蝶,养成科学探究和环保意识,为生物多样性保护贡献力量。

第二节 基于自然、社会、人文的中学生物教育

一 源于自然的中学生物教育与实践

(一)中学生物教育:源于自然

源于自然的中学生物教育是一种注重让学生亲近自然、体验自然和关注自然的教育方法(见图5-4)。它强调通过观察、实践和体验,让学生感知和理解生物世界的奇妙与价值。

首先,源于自然的中学生物教育可以组织学生进行户外实地考察和观察。学生可以到自然保护区、公园或湿地等自然环境中,亲身体验和观察各种生物的栖息地、生活方式和相互关系。他们可以通过观察动植物的行为、听取自然声音、触摸自然质地等,来感知和了解生物的多样性和生态系统的脆弱性。

其次,源于自然的中学生物教育可以引导学生进行植物养护和动物保护行动。例如,学生可以参与植树造林、制作鸟巢和鸟食、建立蝴蝶花园等实践活动。通过亲身参与和实践,学生可以培养对自然的关爱和责任感,并了解到自己在保护生物多样性和环境可持续发展中的作用。

同时,源于自然的中学生物教育可以引导学生进行自然观察和记录。学生可以持续观察和记录自己周围的自然现象,如季节变化、鸟类迁徙和植物生长等。通过细致的观察和记录,学生可以发现自然的奥秘和规律,培养科学观察和探究能力。

此外,源于自然的中学生物教育还可以引入自然保护和环境意识教育。学生可以学习环境污染和气候变化等全球环境问题,了解人类活动对自然的影响和生态平衡的重要性。他们可以通过学习和参与相关保护活动,学会关注和维护自然环境。

总之,源于自然的中学生物教育通过观察、实践和体验,让学生亲近自然、理解生物世界的奇妙与价值。通过户外实地考察、植物动物保护行动、自然观察和环境意识教育等方式,学生可以培养对自然的关爱和保护意识,提高科学观察和探究能力,并积极参与促进环境可持续发展的行动。这种教育方法不仅能够丰富学生的知识,还能够培养他们的社会责任感和科学素养。

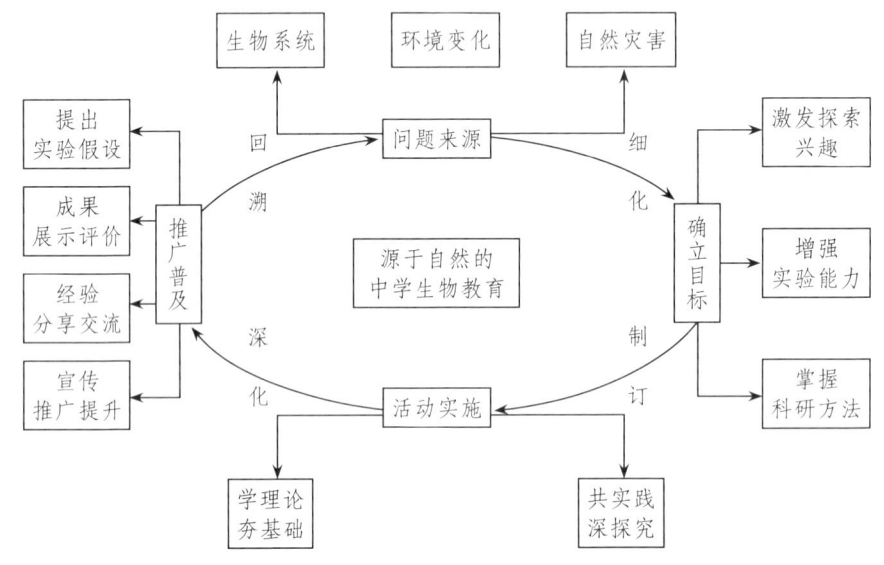

图5-4 源于自然的中学生物教育体系

(二)源于自然的中学生物教育实践

1.源于自然的问题设计——以"小苔藓大作为——探究苔藓的活动设计与实施"为例[①]

在源于自然的中学生物教育中,我们鼓励学生探索苔藓这一神秘而常见的生物。苔藓植物,以其独特的茎叶结构和较大的表面积,能够通过静电作用吸附空气中的尘埃,有效降低空气中大约75%的颗粒物。同时,它们能够吸收并利用粉尘中的硝酸铵作为生长所需的营养。

通过亲自动手种植苔藓,学生不仅能够深入了解苔藓的结构和功能,还能培养对劳动的热爱、增长知识、提升核心素养,并实践素质教育。这种实践活动,让学生从"准备"到"实践"再到"拓展"的三个阶段中,通过"搜集资料→讨论→探索→实践活动→评价延伸"的步骤,逐步培养科学素养和探索精神。

---

① 谢雪锦.小苔藓大作为——探究苔藓的活动设计与实施[J].中学生物学,2018,34(3):41-42,56.

在学习活动中,学生将利用苔藓作为监测大气环境的指示生物,通过自主探究,尝试发现问题、提出解决方案、设计实验,从而开展深入的研究。这样的活动不仅能够锻炼学生的意志和科学探究能力,还能激发他们保护环境的意识,使他们成为未来环境的守护者。

2.源于自然的活动目标

在源于自然的中学生物教育中,学生将探索苔藓这一生物的多样性与生态作用。通过学习,他们将掌握苔藓的分布、分类和生理功能,并观察、探究苔藓作为环境污染指示植物的证据。学生将开展创新性实验,将所学的各学科知识应用到实践中,尝试发现问题并提出解决方案。

在实践中,学生将提高观察生物结构的能力,激发对生命探索的兴趣,并增强实验操作能力,掌握科学研究的流程和方法。他们还将走出校门,利用所学知识与实践活动相结合,自主设计实验方案,树立环境保护的意识,并认识到人与自然和谐共处的美好。

整个实践过程将包括"搜集资料→讨论→探索→实践活动→评价延伸"的步骤,让学生亲身体验实践过程中的艰辛与乐趣。在这个过程中,学生将经历挫折锻炼,并在解决问题的过程中体会到团队合作和交流的重要性。通过这些活动,学生将进一步亲近大自然,享受到探索的乐趣和成功的喜悦。

3.源于自然的活动实施过程

活动1:学理论夯基础。

在源于自然的中学生物教育中,学习理论的重要性不言而喻。教师通过科普讲座、宣传橱窗和校本教材,传授苔藓的结构、生理、栽种等知识,为学生打下坚实的学习基础。学生在教师的指导下,通过搜集和整理资料,进一步自主学习,提升对苔藓的认知水平。在探究实验室中,学生通过实际操作初步了解和学习苔藓净化环境的实验技术,加深对所学知识的理解。

为了更好地组织这些活动,学校成立了活动小组并明确了分工和责任。每个小组参与不同的工作,如苔藓标本采集、栽种、管理、实验设计、记录、拍照、采访等,每个人都应清楚自己的任务。小组设立了组长,并制定了详细的活动计划。在活动之前,进行思想教育,让学生熟悉活动流程,同时邀请园林管理部门的科研人员进行调查方法和技术指导,确保学生了解活动的要求和注意事项。

这样的活动不仅提供了实践的机会,还培养了学生的团队合作精神和实际操作能力,促进了他们对自然的理解和保护的意识。

活动2:共实践深探究。

在源于自然的中学生物教育中,实践和深入探究是学习的核心。学生通过小组合作,利用科普资源、实地调查和实验室实验来深化对苔藓的理解。他们首先通过查阅资料、与园林部门交流,确定本地区的苔藓分布点,并实地考察其生存环境、种类和形态结构,以了解苔藓的生理功能。这种活动不限于课堂,鼓励学生在日常生活中继续观察和探索。

在栽植和管理阶段,学生亲自动手采集和栽植苔藓,选择合适的栽植场所,并学习如何通过不同的繁殖方式养护苔藓,如穴栽、片植、断茎繁殖或利用培养基进行孢子繁殖。在这个过程中,学生体验到劳动的乐趣,并培养了对植物生长的关注和责任感。

接着,学生进入制作微型盆景的阶段,通过各种创意方法制作苔藓微盆景,这不仅提高了他们的审美能力,也增强了他们的创造力和动手能力。

在探究保水功能阶段,学生通过设置实验组和对照组来探究苔藓的保水功能,使用粗测法和精测法来比较土壤含水率的变化。

最后,学生通过模拟实验来探究苔藓作为指示植物的证据,如模拟大气污染物二氧化硫对苔藓的影响、苔藓的滞尘实验和苔藓吸收硝酸铵的实验。这些实验旨在让学生学会科学方法,培养他们的问题解决能力和批判性思维。

通过这些实践活动,学生不仅能够加深对苔藓的认识,还能培养观察能力、实验技能和环境保护意识,这些都是源于自然的中学生物教育的重要组成部分。

活动3:广推行宽普及。

在源于自然的中学生物教育中,成果展示和评价是一个重要的环节。学生通过实物展示、PPT、微视频、苔藓微盆景、照片和实验报告等多种形式来呈现他们的学习和研究成果。评价方式结合了学生自评、小组互评和教师的综合评定,对学生在活动中的态度、实验设计的合理性以及探究的科学性等方面进行全面的评价。

经验分享交流是另一个关键部分。学生将实验的主要过程录制成微视频,如苔藓的栽培与管理、探究环境污染物对苔藓的影响、苔藓微盆景的制作等,并与同学和指导教师分享经验,互动交流个人的收获。通过课题答辩的方式,学生可以进一步交流小组的成果和体会。

宣传推广提升则是将学到的知识和技能应用到更广泛的社区中。学生可以在校园和社区内开展宣传活动,普及生态环境保护的基本常识,强调绿化的重要性,并将环境保护意识传递给家长。通过这种方式,学生不仅能够提升自己的科学思维能力、创新能力、写作能力、语言表达能力和社会交际能力,还能激发广大市民参与环境保护活动,推广绿化新理念的积极性。

整个活动过程中,学生将科学方法、科研精神和创新意识贯穿始终,通过亲身体验和感悟科学,提高创新能力,增强社会责任感。

二 源于社会的中学生物教育与实践

(一)中学生物教育:源于社会

源于社会的中学生物教育是一种注重将生物知识与社会问题相结合的教育方法(见图5-5)。它旨在通过学习生物的相关知识和理解社会问题之间的关系,培养学生的社会责任感和批判思维能力。

首先,源于社会的中学生物教育可以引导学生学习生物科技的应用和影响。学生可以了解到生物科技的发展与应用,如基因编辑、生物医药等领域的进展,并了解到其对社会的影响和伦理问题。通过了解生物科技的前沿知识和伦理问题,学生可以思考相关的社会价值和道德议题。

其次,源于社会的中学生物教育可以引导学生学习与生物相关的环境问题。学生可以了解到生态系统的破坏、物种灭绝和生态平衡等问题,以及人类活动对环境的影响。学生可以通过研究和讨论这些问题,思考自己对环境保护的责任和行动。同时,源于社会的中学生物教育还可以引导学生学习与生物资源和食品安全相关的社会问题。学生可以了解到生物资源的利用与管理、食品生产与消费的可持续性等问题,以及对人类健康的影响。学生可以通过深入调查和研究这些问题,了解相关的政策和行动,并思考自己对可持续发展的贡献和健康生活方式。此外,源于社会的中学生物教育还可以引导学生参与社会活动。学生可以通过参与环保活动、食品安全宣传、科学普及等,将所学的生物知识应用于社会实践,并发挥积极的社会影响。

```
                        ┌─ 生物科技发展与应用
          ┌ 学习生物科技 ─┼─ 生物进展影响与伦理
          │  的应用和影响  └─ 生物前沿价值与道德
源于社会的 │
中学生物   │
教育       │                ┌─ 生态系统破坏与平衡
          └ 学习与生物相 ──┼─ 环境保护责任与行动
             关的环境问题    └─ 生物资源与食品安全
```

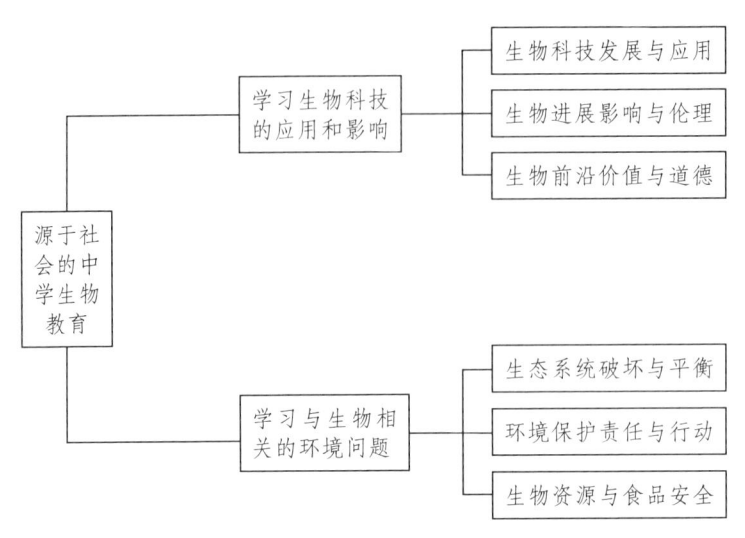

图5-5　源于社会的中学生物教育体系

总之,源于社会的中学生物教育通过将生物知识与社会问题相结合,培养学生的社会责任感和批判思维能力。通过学习生物科技的应用与影响、环境问题等社会问题,学生可以形成对社会的关注和贡献意识。通过参与社会实践活动,学生可以将所学的生物知识应用于社会实际,并发挥积极的社会影响。这种教育方法有助于培养学生的社会意识和全球视野,使他们成为具有社会责任感的公民。

(二)源于社会的中学生物教育实践——以"'探究大型土壤指示动物'科技教育活动的开展"为例[①]

1. 社会实践问题来源

在源于社会的中学生物教育中,我们关注的是土壤健康与污染问题。大型土壤指示动物,如蚯蚓、蜈蚣、马陆、鼠妇等,是土壤中肉眼可见、能指示土壤健康状态的动物,它们体长在 0.2 cm 以上。利用这些动物进行科学探究活动是一种新兴的教育方式,旨在帮助学生理解土壤污染及其安全隐患,并学会如何监测土壤健康水平。

---

① 石进德."探究大型土壤指示动物"科技教育活动的开展[J].生物学教学,2017,42(12):47-49.

现代工业发展常常导致土壤污染,但污染程度如何？是否存在安全隐患？如何进行监测？这些问题不仅出现在学术研究中,也常常被媒体报道,影响着居民的日常生活。通过大型土壤指示动物进行实时、有效的生态监测,可以获取可靠的数据和信息,及时发现和解决土壤污染问题。

在学习"种群和群落"的内容时,学生已经通过探究性学习内容对土壤动物类群丰富度研究有了一定了解。因此,我们可以确立"探究大型土壤指示动物"这个综合创新项目课题,将学生的生活体验、理解和感悟与现实社会问题联系起来,激发他们的主动性和积极性。通过这个项目,学生将从课堂走向自然和社会,学会自主探究,并运用所学知识解决实际问题。

2.活动目标

该活动旨在通过中学生物教育,提升学生对大型土壤动物在生态系统中作用的理解。活动目标具体包括：

（1）研究大型土壤动物作为生态指示生物的重要性：使学生掌握当前关于大型土壤动物作为生态指示生物的研究状态,理解其研究的目的和意义。

（2）探究大型土壤动物的生境和分类：通过实践活动,学生将深入了解这些动物的生活环境,学习其分类知识,包括不同类群的特点。

（3）评估土壤动物群落特征：学生将分析大型土壤动物群落的组成、个体密度和多样性指标,以评价土壤生态系统的健康状况。

（4）识别不同动物的指示作用：引导学生探索不同大型土壤动物的指示作用,理解它们在土壤生态监测中的应用。

（5）发现新的指示动物和特征：鼓励学生探索可能尚未被充分研究的大型土壤动物,并尝试找出它们作为指示生物的潜在特征。

（6）提供土壤监测和修复的参考：学生的研究成果将有助于为土壤生态环境的有效监测和健康修复提供科学依据。

（7）开展相关研究性课题和创意项目：激发学生创新思维,寻找与大型土壤动物相关的创新性研究课题或项目,并实际开展研究工作。

通过这些活动,中学生不仅能够增进对土壤动物学的理解,还能培养科学探究能力,同时激发对环境保护和生态修复的热情。

3.活动实施过程

活动1:理论学习先行。

在该活动中,学生们将通过一系列精心设计的过程来深入了解大型土壤动物作为生态指示生物的重要性。首先,他们将参加由教师主讲的讲座,学习土壤指示动物的分类、群落组成、物种多样性以及物种的多度和丰度等基本概念。此外,学生将了解指示生物的选择条件,并掌握大型土壤动物作为指示生物的目的、意义和研究现状。

为了将这些理论知识应用于实践,学生们将参与土壤动物的采集和调查方法的学习,并掌握土壤动物标本制作的技能。通过观看展示大型土壤动物实际应用的科普片,学生们能够更好地理解这些知识在现实世界中的应用。

接下来,学生将进行小组内部的讨论,利用头脑风暴探讨与大型土壤指示动物相关的研究课题,并提出初步的规划。随后,通过跨组交流,学生们将分享各自的想法,进一步完善研究课题的规划。

通过这一系列的学习、实践和讨论,学生们将全面掌握大型土壤指示动物的相关知识,并了解其在生态监测和修复中的价值。同时,他们也将培养创新思维,提出具有针对性的研究课题,为实际的生态保护和修复工作做出贡献。整个活动过程旨在激发学生的探究热情,培养他们的科学素养,为其未来从事环境保护工作奠定坚实的基础。

活动2:实验室初研究。

该活动旨在通过源于社会的中学生物教育,让学生在理论学习的基础上,利用学校生物学探究实验室进行实验研究。活动过程包括以下两个任务:

任务1:大型土壤动物标本制作。学生将尝试使用不同的采集装置采集土壤动物,并制作成标本进行分类研究。此外,学生还将分组对土壤动物采集装置进行改造和创新,通过对比分析得出最佳的采集方式。

任务2:探究生境改变后的影响。学生将模拟生境变化,并探究不同理化性质改变对土壤动物的胁迫效应,主要包括半致死效应、存活率、运动机能和应激性等指标。

此外,活动还包括以下案例研究:

案例1:实验室培养和繁殖。学生将采集不同种类的大型土壤动物,并在实验室进行培养和繁殖,观察记录生活史,以获得后续实验研究材料。

案例2：环境因子对土壤动物的影响。学生将探究不同土壤结构、土壤质地、土壤pH和土壤水分等环境因子对不同种类大型土壤动物的影响。

案例3：不同种类土壤动物的比较研究。学生将研究同种土壤结构、土壤质地、土壤pH和土壤水分等对不同种类大型土壤动物的影响。

案例4：常规杀虫剂对土壤动物的影响。学生将通过实验探究不同种类常规杀虫剂对不同种类大型土壤动物的影响。

案例5：重金属毒理污染实验。学生将模拟重金属毒理污染，探究重金属对不同种类大型土壤指示动物的效应和毒性影响，并进行生态毒理评价。

案例6：创新性研究。学生将以蚯蚓为研究对象，探究某种理化性质改变对其再生的影响，如"蜗牛足腺分泌物对蚯蚓再生的影响"的探究课题。

通过这些实验和研究，学生将在实践中深化对生物学知识的理解，同时培养科学探究能力和创新思维，为未来的环境保护和生态修复工作奠定基础。

活动3：校园生境研究。

该活动旨在通过源于社会的中学生物教育，让学生在实验室研究的基础上，运用自制的土壤动物采集装置，对校园内不同生境的大型土壤动物进行调查。通过分析均匀度指数、多样性指数、优势度指数、丰富度指数以及密度和类群数等指标，学生将了解校园不同生境中大型土壤动物群落特征的差异性，并探究不同生境对大型土壤指示动物的影响。

活动具体包括以下任务：

任务1：确定取样地点。学生需选择校园内土壤湿度和有机物含量较高的地方（如落叶或食物残渣较多的区域）、土壤湿度和有机物含量较低、土壤质地疏松的地方（如荒草地）以及土壤湿度居中和有机物含量较低、土壤质地相对紧密的地方（如新植草坪）等有较大差异的土壤环境作为取样地点。

任务2：准备实验用具和材料。学生需准备吸虫器和诱虫器、70%（体积分数）酒精、笔、塑料袋、花铲、瓷盆、标签、纱布、解剖针、镊子、放大镜、体视镜等实验用具和材料。

任务3：学生分组取样。学生将土壤取样地点分为三大组，每大组再分为四小组进行重复实验。实验时间段相同、取样地随机取样和取土量相同。学生需取同一土壤表层，以控制无关变量，减少偶然因素对实验结果的影响。同时，需标注采集者姓名、采样时间、采样地点和序号。

任务4:采集指示动物。学生采用简易采集法及诱虫器采集法采集大型土壤动物。

任务5:分析探究结果。学生需在教师的指导下,借助有关大型土壤动物的图谱进行观察,并做好统计与分析。通过探究不同生境中大型指示动物的差异,了解环境对它们的影响。

通过这些活动,学生将在实践中学习生物学知识,培养科学探究能力,并提高对环境保护的认识,为未来的相关领域工作打下基础。

活动4:校外生境研究。

该活动旨在通过源于社会的中学生物教育,让学生按照"组间同质、组内异质"原则分组后走出校门,到不同典型生境进行调查,以实地调查大型土壤指示动物种群结构、数量和大型土壤指示动物群落特征与环境变化的相关性等为主要内容。这个活动可以分为以下几个具体步骤:

步骤1:实地调查大型土壤指示动物。学生将分组到林地、公园、居住区、耕地及草地、污染区域和化工厂周边等典型生境进行实地调查。在调查中,他们将了解大型土壤指示动物的种群结构(组成、分布)、数量,并收集种类丰度、多样性等参数,以了解这些动物群落特征与环境变化的相关性,以及土壤生态系统的健康状况。

步骤2:监测土壤污染。学生将选择一种大型土壤指示动物(如蚯蚓)作为标志物,来指示污染物对土壤的半致死效应。通过研究污染物对动物个体水平上的影响,学生将监测土壤污染情况,并尝试建立一个早期预警系统,以在大型土壤指示动物群体发生衰减前发出警报。

步骤3:探究土壤修复。学生选定一个污染区土壤样本,将其隔离成两个样本区域,其中一个区域引入大型土壤指示动物。通过对比研究,学生将了解引入动物后的区域与对照区域在土壤物理结构、土壤肥力和有机污染物等方面的差异,以评估大型土壤指示动物对污染土壤修复的潜力。

步骤4:探究种群结构。学生将探究污染区域土壤中大型动物种群的数量和结构变化,并尝试分析新型指示动物的特征,以及建立土壤健康生物指标数据库。

步骤5:成果汇报展示。学生将进行中期汇报,展示他们的活动记录、项目活动使用的文献资料与原始数据。他们还将撰写结题报告,以论文、实验报告或创新设计的方式体现研究成果。

步骤6:完成课题答辩。学生将撰写心得体会,完成课题答辩,展示活动取得的成果。教师和学生将共同参与评审,评价研究成果的完整性和达成度,并评选出优秀个人和优秀班级。

步骤7:综合分析评价。教师将对学生的参与积极性、活动的合理性、科学性和有效性等方面进行评价。学生将分享研究成果,收集对活动小组的意见和建议,以便为未来的研究和活动提供改进的空间。

通过这些步骤,学生能够将课堂上学到的理论知识与实际社会环境中的生物学问题相结合,增强科学探究能力和环保意识。

三 归于人文的中学生物教育与实践

(一)中学生物教育:归于人文

归于人文的中学生物教育是一种注重将生物科学与人文思维相结合的教育方法。它强调生物学的人文关怀和伦理责任,通过学习生物知识与人文思考的结合,培养学生的人文素养和道德价值观。

首先,归于人文的中学生物教育可以引导学生关注动物权益和生物多样性保护。学生可以学习不同动物的生活特征、情感和行为,了解到动物也有权益和情感需求。他们可以通过研究和讨论动物保护的伦理问题,培养对动物权益的尊重和保护意识。

其次,归于人文的中学生物教育可以引导学生关注人类与自然的关系。学生可以学习生态学、环境科学等领域的知识,了解人类与自然的相互依存和相互影响关系。他们可以通过研究和探讨人类活动对自然环境的影响,思考人类的可持续生活方式和环境伦理问题。

同时,归于人文的中学生物教育可以引导学生思考生命的意义和尊严。学生可以学习生物伦理学的基本原理和道德问题,如生命的起源和终结、生物科技的应用和伦理考量等。通过研究和讨论这些问题,学生可以培养对生命价值和人类尊严的正确认知。

此外,归于人文的中学生物教育还可以引导学生将生物科学与文学、艺术等人文学科结合起来学习。学生可以通过文学作品、艺术作品等来了解生物的美和生命的意义。通过文学解读、艺术创作等活动,学生可以在感性和审美的层面上培养对生物学的思考和情感,表达对生命和自然的细腻感受。

总之,归于人文的中学生物教育通过将生物知识与人文思维相结合,培养学生的人文素养和道德价值观。通过关注动物权益和生物多样性保护、人类与自然的关系、生命的意义和尊严以及生物科学与人文学科的结合,学生可以培养文化品格和人文情怀,成为具有综合素养的公民。

(二)归于人文的中学生物教育实践——以"体验古法酿酱技艺、传承中华酱文化"为例

1.归于人文的问题来源

中华酱文化的起源和演变,展示了中国人朴素而悠久的酱盐情结,对中华酱文化的宣传有助于人们获得有益的生活知识和文化启示。

中华民族是人类历史上最早掌握发酵技术的族群。酱文化是中国饮食文化的重要组成部分。中国制酱的历史悠久,酱的品种及名物关系也很复杂。周礼对敬奉老人酱食的规定,是最能体现孝亲敬老的文化。周人还赋予了酱以明确尊卑之序、蕴意中和之道、敬祭鬼神之事的文化内涵。古人"不得其酱不食",让人看到了酱在周礼中的特殊地位和人们予以它的文化内涵。古时人们是以豆和麦面为原料,制曲后再加盐来制作"中华酱"的,这在人类发酵食品史上是独树一帜、极具魅力的。我国古代先人的这一伟大创新与发明,深深影响了中华民族的饮食生活数千年直至现在。并且也深深影响了整个东方世界广大地区的许多国家和民族,由此而形成了渊源久远、形态丰富、影响巨大的"中华酱文化"。开展"体验古法酿酱技艺、传承中华酱文化"创新教育活动,既有利于学生对发酵知识的认知,也有利于中华酱文化的传承。

2.活动目标

参观酱文化园,体验古法酿酱,采用比较等方式研究酱的发展与历史,传承中华酱文化;收集、分析和处理有关酱的分类、酱的衍生与演变、酱的传播、酱的流派、制酱工艺、酱的原料、酿酱添加剂等资料;学会古法酿酱的基本方法、体验DIY制酱、家庭酿酱,获得亲身参与实践的积极体验和丰富经验;运用所学的知识,比较古法酿酱与现代工艺酿酱的区别,学习识别好酱油和劣质酱油的区别;等等。解决现实生活中的实际问题,形成实际操作技能,培养动手能力。

3.活动内容

(1)活动准备、专题学习

做好活动前的培训,展示经典案例,讲解要求与注意事项;组织学习微生物发酵、食品发酵等基础生物学知识,了解古法酿酱工艺流程,包括酱的衍生与演变等知识。

(2)参观体验、比较传承

参观酱文化园、体验打酱油、DIY制酱。通过观色泽、品滋味、看浓度、摇瓶子等,学生居家完成酿酱过程,为家人酿制美味酱,传承和发扬热爱劳动、勤劳智慧的优良品质,传承中华酱文化。

(3)活动探究、创新研究

酿酱实践活动涉及的内容比较多,教师引导学生讨论、发现问题,填写实验观察表(见表5-1、表5-2),开展创新性探究实践活动。

表5-1 不同原料酿酱的比较

项目	原料					
	黄豆	青豆	黑豆	豌豆	蚕豆	其他
制曲过程霉菌种类						
发酵过程微生物种类						
制曲时间						
发酵时间						
其他						

表5-2 不同酱油的比较

项目	酿造酱油	配制酱油	化学酱油
原料			
制作工艺			
主要成分			
添加剂			
安全性			
其他			

探究1:探究不同因素(温度、湿度、容器的密封性)对酿酱的影响。

探究2:探究不同容器对酿酱的影响。

探究3:家庭酿酱为什么会生虫。

(4)比较研究、交流提升

从酱制作技艺的起源、发展历史,分析酱文化的含义和内容,并结合具体的案例,思索酱文化的挖掘和保护方法,传承中华酱文化。

比较酱的不同历史时期、不同地区酱的地位和文化象征意义,获取酱研究的各种资料;探究五味(视觉、嗅觉、味觉、听觉、触觉)体验,开展酱文化传承研究;加强与文化部门、酱的传承人及专家的良性互动,探寻酱文化传承的有效载体。

教师指导学生整理资料,提供资料记录模板,指导研究小组填写活动记录表,交流信息,资源共享,查漏补缺;指导学生做结题报告,各小组根据展示方案,形成文字材料,撰写活动报告;课题答辩,班级评比优秀活动个人(小组)、年级评比优秀活动班级;学生个人(或活动小组)进行自评和互评。

(5)内"传"外"宣"、传承拓展

撰写中华酱文化传承宣传文稿,开展校内外科普宣传。学生通过亲身参与和体验,了解古法酿酱的困难和艰辛,利用各种途径宣传食品安全保护的重要性,使人们充分了解酿酱历史、工艺、注意事项、营养价值和食用方法,教师指导学生设计和制作班级黑板报,介绍、宣传中华酱文化。

指导学生制作以"体验古法酿酱技艺、传承中华酱文化"为主题的科普宣传展板,展出宣传;利用节假日深入社区,访谈市民,面对面交流、普及酿酱知识,呼吁媒体,如报刊、电台进行广泛的中华酱文化教育传承宣传;比较古法酿酱及家庭酿酱方式,尝试撰写一份综合性研究报告,提出一份提高酿酱产率和安全性的方案。尝试提供建章立制建议和意见。

4.活动总结

本项目活动是"关于生活的教育",也是"为了生活的教育"。活动通过生活化的教育,拓展科普教育基地功能。通过学习识别劣质酱油等,提倡健康饮食;通过亲自参与酿酱,传承中华酱文化,体验研究性学习的乐趣,锻炼将理论知识应用于实践的能力。活动设计紧密结合学生的生活,提供不同难度的问题挑战,激发学生解决问题的热情。同时,通过实践验证理论,提高学生收集和处理信息的能力。活动还包括主题班会、汇报交流等,以提升学生综合素质,培养其信息素养和写作技能,使其学会发现问题和解决问题。通过严谨的酿酱过程,学生将培养科学态度和职业道德,树立不怕困难、勇于进取的精神。此外,通过体验传统酿酱技艺,传承酱文化,学生将学会感恩和形成热爱劳动的价值观念。

第三节 基于环境、生态、环保的中学生物教育

一 启于环境的中学生物教育与实践

(一)中学生物教育:启于环境

启于环境的中学生物教育是一种注重将环境与生物教育相结合的教育方法。它强调让学生通过实际参与和亲身体验来学习生物知识,并培养他们对环境保护和可持续发展的意识和责任感。

在启于环境的中学生物教育中,学生将环境和生物学知识联系起来,通过实地考察、实验观察和实践活动等方式,探索生物与环境相互作用的关系。他们可以通过研究自己身边的生物群落、植物、动物等,了解它们的生活环境和相互关系,学习到生物适应环境、生物地理分布、生态系统等生物学概念和原理。

在启于环境的中学生物教育中,学校可以组织学生参与生物保护和环境保护的活动,如参加志愿者活动、开展植树造林、做环保宣传等。通过这些活动,学生不仅能够将所学的生物知识应用于实际操作中,还能培养环境意识和环境责任感。

此外,在启于环境的中学生物教育中,可以采用多种教学方法和教学资源,如利用现代技术设备进行生物实验、使用多媒体教学资料开展研讨活动等。通过这些教学方法和资源,可以激发学生的学习兴趣,提高他们的观察、实验和分析问题的能力。

启于环境的中学生物教育旨在让学生了解生物与环境的密切联系,培养他们对环境的尊重和关心,激发他们的环境意识和环境责任感。同时,通过具体的实践活动,启于环境的中学生物教育也可以培养学生的实践能力和创新精神,为他们将来开展相关领域的科学研究和环境保护工作奠定基础。

(二)启于环境的中学生物教育实践

中学生的课余生活比较单调,但他们活泼、好动、好奇心强,又喜欢动手,针对这一特点,在学完生物学中植物茎的结构知识后,可以开展水仙花雕刻和水育的实践活动并进行比赛。学生利用所学知识,在教师指导下,观察、认识鳞茎的结构特点,并亲自雕刻和参与水育管理。让学生将所学知识应用到实践中,更好地培养观察能力、思维能力和动手实践能力,为以后从事科学研究做好准备。校园范围较大,花草树木多,在学习完植物分类知识后,可以组织学生给每种树木、花草挂植上牌或立个牌,写上名称,标明所属科和主要用途。学生能通过此活动学习植物分类知识,并美化绿化校园环境,激发爱校护校情感。

比如鹅掌柴是热带、亚热带地区常绿阔叶林一种常见的植物,中国广东、福建等地有大量种植。其既是一种重要的观赏绿化苗木,具有美化环境的作用,还具有药用价值。不过平时在扦插鹅掌柴时由于扦插枝条不易生根而不易成活,而落地生根这种植物却很容易生根生长,因此可以通过实验来探究落地生根是否含有影响植物生长的物质,如果其含有的假设被确定,就可以将此结果应用于鹅掌柴等环境植物的栽培,可以产生很好的社会价值和经济价值。可以通过对比实验、重复实验、观察、比较、分析,了解落地生根中是否含有促进扦插枝条生根、植物生长的物质。

1.实践一——"鹅掌柴"的生根和生长

1)活动目的

(1)提高信息收集和处理能力,学会科学设计实验、观察和记录的方法。

(2)培养环保意识和热爱生命的品质,让学生认识到科学研究在解决实际环境问题中的重要性,增强保护环境、热爱生命的意识。

(3)通过生物科学实验活动,深入学习科技知识和科学思想,培养科学精神和团队协作精神,为将来的发展奠定基础。

通过实验操作、数据收集、结果分析等过程,学生不仅能深入了解植物繁育技术的科学依据,还能增强动手实践、合作探究的能力。同时,能培养学生的环境爱护意识,让学生认识到科学研究在解决实际问题中的重要作用,热爱生命,进而主动参与到保护环境的行动中去。

2)实践活动情况

活动分为四个阶段：

阶段1：组建生物兴趣小组，查阅资料，并向专家教授或园艺师请教。

阶段2：准备实验材料，包括采集和选购植物材料，如落地生根、鹅掌柴、洋葱鳞茎、绿豆、豌豆等，以及准备实验器材，如烧杯、锥形瓶、玻棒、枝剪、剪刀、量筒、研钵、漏斗、滤纸、细沙、培养皿、小塑料桶、食品粉碎机等。

阶段3：实验实施过程，配制不同浓度的落地生根提取液，将植物插条和种子分别在不同浓度的溶液中处理，并进行水培和沙培。实验室温度控制在20 ℃±5 ℃，光照使用日光灯进行控制，重复进行3次。

阶段4：实验管理，包括每日更换水培组中各容器的溶液，沙培组依次滴注相应浓度相等体积的落地生根提取液，保持良好的温度和湿度，定时观察、测量和记录。

实验结果表明，在1%至5%的浓度范围内，落地生根提取液能显著促进植物的生根和生长，而高于5%的浓度则会抑制生根和生长。这表明落地生根确实含有影响植物生根、生长的物质，低浓度下具有促进作用，高浓度下则有抑制作用。

在应试教育向素质教育的转变过程中，我们可以利用生物环境探索活动，引导学生不断地将所学生物学知识应用于生产生活实际，使学生亲身体会生物学与环境的密切关系，体验到生物学的趣味性，从而培养学生的生物学兴趣，促使学生掌握更多的生物学知识。

2.实践二——"文昌鱼"的环境调查

文昌鱼是无脊椎动物进化到脊椎动物的过渡类型，在分类地位上是现存的最接近脊椎动物的物种，可以说是脊椎动物始祖的代表。[1]文昌鱼是进化发育生物学研究的经典实验模式动物，在科学研究中备受重视，素有"活化石"之称，具有极其重要的科学研究价值。文昌鱼含有人体必需的8种必需氨基酸，与非必需氨基酸含量之比为0.77，蛋白质氨基酸营养价值较高；文昌鱼各种维生素特别是维生素B_1和B_2含量丰富。因此文昌鱼具有较高的营养价值和开发价

---

[1] 张士璀,吴贤汉.从文昌鱼个体发生谈脊椎动物起源[J].海洋科学,1995(4)：15-21.

值。[①]因此,以文昌鱼为研究对象,开展"厦门海域文昌鱼的环境调查"项目活动,可以引导学生了解厦门海域文昌鱼产业的发展历史和现状,对其保护情况产生强烈关注。这个过程旨在通过实践活动提高学生的科学素养和人文关怀意识,促进学生对生物多样性和环境作用的认识和理解。

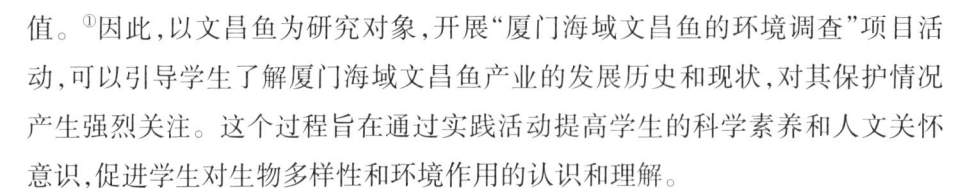

1)活动目标

该项目活动旨在综合培养学生知识与技能,过程与方法,情感、态度与价值观等多方面素养。

在知识与技能方面,通过学习、调查、查阅资料和实地考察,学生将深入了解有关文昌鱼的生活习性、生存环境、科学价值和保护现状,培养对自然科学的兴趣并提高自然科学技能。同时,学生将熟悉文昌鱼典型生境,了解其经济价值和学术价值,初步掌握动物标本采集、分类、制作和保存的基本方法,以及文昌鱼繁育和染色体研究知识,培养对自然界生物结构和生命现象的探索兴趣和思维。

在过程与方法方面,指导学生通过文昌鱼环境状况调查,及时获取信息并加工运用,培养学生在实践过程中勤于思考和探索,发现问题并解决问题的能力。学生将学会野外科研工作的基本方法,提高科学观察能力、创新意识和社会实践能力,以及团队协作和适应不良环境的能力。

在情感、态度与价值观方面,通过项目活动的开展,培养学生正确的科学素养和合作探究问题的能力,激发学生热爱科学的情怀。同时,使学生树立环境保护意识,培养其珍爱生命、保护环境、担当社会责任的品质。通过贴近自然、感受自然,培养学生热爱家乡、保护生态环境的美德,引导学生从自我做起,做环保小卫士,加强对文昌鱼资源保护重要性的理解,提出合理化建议。这一过程将激发学生对环境问题的研究热情,培养其珍惜自然资源、关爱生态环境的意识,使他们成为积极参与环保行动的社会责任担当者。

2)活动过程

在这项中学生物教育活动中,学生在教师的指导下认真参加课外环境调查与实践,细心观察,做好记录,独立思考,严格遵守纪律,完成实习任务。他们向相关管理部门申请,在专业人员的带领下实地采集文昌鱼标本,并调查文昌鱼的保护现状。

[①] 转引自:翁朝红,张雅芝,刘贤德,等.福建沿海文昌鱼的分布及其资源保护对策[J].海洋科学,2010,34(8):35.

学生参观了厦门大学和海洋三所等科研机构,了解了文昌鱼遗传学研究现状,进行详细记录。他们熟练应用探究活动中的各种仪器、仪表和测量工具,培养操作技能,并能观察、分析、总结,发现问题并提出解决方案,形成有力的文昌鱼保护措施。学生们实地了解公众对文昌鱼保护的意识,并协助环保部门宣传环境保护的政策与法规。

学生们比较了不同保护区域内文昌鱼的种类、数量和环境差异,探究了人类生产生活对文昌鱼保护的影响,以及人工繁育可持续开发利用方面的技术。通过设计探究实验,如文昌鱼饵料培养实验研究、种间杂交试验和染色体研究等,学生们增强了对科学探索的兴趣和思维的自觉性。

另外,学生们被鼓励将文昌鱼保护问题与其他环境问题结合起来分析,并提出合理化建议,为市政建设提供参考。这样的活动有助于学生形成全面的知识结构,提高学科综合运用知识的能力,培养创新意识,并成为具有社会责任感的环境保护者。

3)活动项目

项目活动1:活动准备阶段。

进行思想教育,让学生熟悉活动进程,了解活动的常规要求和注意事项。同时,成立活动小组,明确职责分工,确保每个学生都能参与到活动中,如标本采集、记录、拍照或摄像、采访等。此外,设小组组长,制定活动计划,并在活动前进行培训和指导,包括聘请科研人员对小组成员进行调查方法与技术指导。

项目活动2:文昌鱼专题知识学习及厦门海域文昌鱼自然保护区法律法规等知识学习。

通过科技教师的科普讲座和校本课程学习,了解文昌鱼的形态特点、分布特征,以及文昌鱼的经济价值和学术价值。同时,通过教师传授和自学相结合,学习厦门海域文昌鱼自然保护区的法律法规知识,并通过知识竞赛检测学习效果。

项目活动3:搜集资料、调查访问。

利用双休日时间,组织学生访问老渔民、厦门市海洋发展局,了解文昌鱼的生活习性、生活环境和科学价值。到厦门现有文昌鱼海域进行实地调查和采集,特别关注刘五店文昌鱼资源的变化,做好观察、采集、访问、记录等工作,撰写调查报告。

项目活动4：访问专家,了解文昌鱼的保护措施。

通过访问专家,了解保护文昌鱼的措施,如加强管理、保护、人工繁殖、幼体培育、放流等,并探讨实施这些措施的重点和难点。

项目活动5：开展文昌鱼的调查行动。

在实地考察的同时,走访周边社区和农村,了解文昌鱼继续生存的可能性。

项目活动6：采集标本、分析比较。

向相关部门申请,利用节假日组织兴趣小组同学到三个现有文昌鱼海域采集标本,进行比较分析,撰写调查报告,并与专家讨论得出结论。

项目活动7：创新活动。

进行不同海域文昌鱼种群差异性比较研究、文昌鱼繁殖生物学探究、文昌鱼染色体的研究、围填海及滩涂湿地变迁对文昌鱼的影响研究、文昌鱼种间杂交试验研究、文昌鱼饵料培养研究、文昌鱼的人工繁育与开发利用研究等创新活动。

项目活动8：成立文昌鱼保护宣传和文昌鱼自然保护区环境保护志愿者团队。

通过亲身参与和体验,了解人类活动对环境的影响,提升科学思维能力、创新能力、写作能力、观察能力、语言表达能力、社会交际能力。与环保部门合作,宣传和解答文昌鱼生存环境的严峻性及保护的艰巨性,普及自然保护区管理及环保相关法规,发动市民参与环境保护活动。

项目活动9：尝试为政府建言献策、提供建设性建议和意见。

尝试撰写综合性调查报告,提出综合开发利用文昌鱼资源的方案,提供更合理的建章立制建议和意见,完善对文昌鱼保护区和文昌鱼的保护方案。

项目活动10：撰写活动报告并进行成果评价。

每位成员完成相应的活动报告,以小组为单位撰写完成实验报告,对成果进行客观的综合评价。

二 发于生态的中学生物教育与实践

(一)中学生物教育：发于生态

发于生态的中学生物教育是一种以生态教育为基础的教育方法。它强调了解生态系统的相互依存关系,培养学生对生态环境的保护和可持续发展的意识。

在发于生态的中学生物教育中,学生将在学习生物学的同时,学习生态学的基本原理和概念。通过实地考察、实验观察和生态模拟等方式,学生可以了解生物之间、生物与环境之间的相互关系。他们可以研究生物群落的结构与功能、生物适应环境的方式、生态系统的能量流动和物质循环等内容。

在发于生态的中学生物教育中,学生将被鼓励参与生态保护和可持续发展的实践活动。学校可以组织学生参与环境保护项目、参观自然保护区、开展生态修复活动等。通过这些实践活动,学生可以亲身了解生态系统的脆弱性,理解环境污染和人类活动对生态系统的影响,并探索保护生态环境的方法和策略。

此外,在发于生态的中学生物教育中,可以采用多样化的教学方法,如问题导向的学习、合作学习、小组讨论等。通过这些教学方法,学生能够积极参与学习,培养批判性思维、问题解决能力和合作精神。

发于生态的中学生物教育旨在让学生了解生态系统的复杂性和脆弱性,培养他们对生态环境的重视和保护意识。通过实践活动和多样化的教学方法,发于生态的中学生物教育也可以培养学生的实践能力、创新精神,为他们完成相关领域的科学研究和生态保护工作打下基础。

(二)发于生态的中学生物教育实践

1.实践活动背景

在生物水土保持实践活动中,借助水土保持生态科技园的资源,学生可以观测不同土地利用方式和防治措施对水土流失的影响,包括径流量、泥沙流失量、土地水分和肥力的变化,从而探寻水土流失的规律。

在实践活动中,学生可种植水土保持草,并开展草种的适应性对比试验,通过建造根箱来观测草种的根系生长情况。这些实验旨在帮助学生了解水土保持过程中生物多样性的变化,并将他们在学校学习的地理、生物等学科知识及相关实验技能应用到实际的研究中。

通过这些实践活动,学生不仅能够将理论知识与实际应用相结合,还能培养观察能力、实验技能和创新思维。同时,他们也将学会如何系统地研究水土流失对生物多样性的影响,发现问题并探索解决问题的方法。这种跨学科的学习和实践,有助于学生形成综合性的科学素养,并增强他们对于生态环境保护的责任感和使命感。

2.项目活动目标与要求

从目标看：

(1)通过对水土保持和生物多样性的了解及实验分析，让学生进一步认识到水土保持的艰辛和生物多样性各要素的特征与变化规律。

(2)让学生认识到人类活动对自然资源、生态环境和生物多样性的严重影响，进而意识到建立人类与自然界和谐共生关系的重要性，树立保护环境、爱护自然的科学发展观。

(3)让学生将所学的各学科知识应用到实践中，提高综合素质和创新能力，培养获取、加工和应用信息的技能，掌握科学研究方法。

(4)通过实践探究的困难与挑战，培养学生的团队合作精神和健康人格，提高其科学素养。

(5)综合分析水土保持与生物多样性的关系，提出防止水土流失，保护生物多样性的建议。

从要求看：

(1)在教师指导下，学生认真参与课外实践活动，发展独立思考能力，严格遵守纪律。

(2)学生熟练运用各种实验仪器和技术，能够观察、分析和总结，发现并解决问题。

(3)学生能够整理资料，进行数据分析，撰写项目活动报告。

总之，这类活动充分体现了以生态为导向的中学生物教育，旨在培养学生的科学素养、实践能力和环保意识，为构建人与自然和谐共生的可持续发展道路奠定基础。

3.实践活动人员组成

活动以小组形式展开，由高一和高二年级各15名学生组成一个小组，小组选组长和副组长各1名。每个小组有2名指导教师和2名专业科技辅导员。此外，活动还配备了1名校医。这种配置确保每个小组在参观和探究过程中有足够的指导，以提高学生的参观学习和实验质量。

4.实践活动重点及难点

活动的重点在于水土保持中生物多样性的调查、分类研究，以及生物多样性变化的监测和分析。学生需要将高中生物、地理、化学等学科知识应用到实践活动中,实现理论与实践的结合。通过活动的开展,学生将能够运用课堂所学理论知识,观察和分析水土保持过程对生物多样性的影响,比较不同水土保持方式对生物多样性保护的效果,并体验水土保持及生物多样性保护的困难和紧迫性。

活动的难点包括生物多样性变化的监测和水土保持与生物多样性关系的评价。在探究水土流失规律和水土保持处理与生物多样性关系的过程中,学生需要找到适合自己小组的课题。

5.实践活动实施过程

活动1:活动准备。

在开始实践活动之前,进行思想教育,确保学生了解活动的常规要求和注意事项。明确活动小组的职责分工,制定详细的活动计划,并分配具体的工作任务。此外,进行活动前的培训和指导,聘请水土保持(水保)生态园的专家对小组成员进行调查方法和实验技术的指导,确保学生具备进行实地考察和实验研究的基本技能。

活动2:水土保持及生物多样性知识学习。

通过听取生物、地理教师的讲座,收集相关资料,学习水土保持和生物多样性的基本知识。学生需要自学,并结合水土保持生态园专家的集中讲座,深入理解水土保持和生物多样性之间的关系。组织知识竞赛来检验学生的学习效果,确保他们能够掌握关键概念和理论。

活动3:考察水土保持生态园、水保站。

实地考察水土保持生态园和水保站,让学生感性体会生物与水土保持的关系。在考察过程中,引导学生对自己感兴趣的问题进行深入探究,并提出解决问题的方案。这一步骤旨在激发学生的兴趣和好奇心,让他们在实践中发现问题,并思考解决方案。

活动4:根据前期学习、参观,分项目研究。

基于对水土保持生态园和水保站的考察,以及对水土保持与生物多样性关系的知识学习,学生可以根据自己的兴趣和特长,分项目进行深入的调查、实验和研究。这些项目可能包括比较不同水土保持措施对生物多样性的影响,调查水土流失区植物群落的物种多样性变化,监测水土保持治理前后生物多样性的变化,以及研究不同水土保持生态修复方案的有效性等。

活动5:水土保持与外来生物入侵。

通过实地调查和查阅资料,了解防止水土流失过程中引入的外来物种对生态系统的潜在影响。重点关注本地物种与引进物种在水土保持中的作用差异,以及思考如何有效地控制水土流失,同时减少对外来物种的引入。

活动6:不同水土保持草种与生物多样性研究。

利用科技生态园种植的不同水土保持草种,进行草种适应性对比试验和根系观测,探究不同草种对生物多样性的影响。这一研究有助于学生了解不同草种在水土保持中的作用,以及它们如何影响生物多样性。

活动7:创新拓展活动。

在实践活动过程中,鼓励学生根据前期的研究结果,提出新的研究性问题,并设计实验方案进行研究。这有助于学生发展创新思维和提升解决问题的能力,同时也能够培养他们的科学探究技能。

活动8:成立水土保持与生物多样性保护宣传志愿者团队。

通过参与实践活动,学生能够亲身感受到水土保持和生物多样性保护的重要性。鼓励学生成立志愿者团队,通过各种途径宣传生物多样性保护的重要性,提高公众的环保意识。与环保部门合作,参与社区宣传活动,设计制作宣传材料,以吸引更多人关注和参与保护活动。

活动9:尝试为政府建言献策、提供建设性建议和意见。

基于实践活动中的观察和研究发现,学生可以尝试为政府提供关于水土保持和生物多样性保护的建议和意见。这有助于学生将所学知识应用于实际问题的解决,同时也能提高他们的社会责任感和公民参与意识。

活动10:撰写活动报告并进行成果评价。

在教师的指导下,学生需要撰写活动报告,总结他们的观察、发现和结论。每个项目组需要精选3—5篇研究报告,汇总形成本课题的总实践报告。通过成果评价,学生能够反思自己的学习和实践过程,进一步提高科学素养和实践能力。

三 融于环保的中学生物教育与实践

(一)中学生物教育:融于环保

融于环保的中学生物教育是指将环境保护和生物学教育有机地结合起来,通过生物学科的学习和实践活动,培养学生对环境保护的意识和责任感,推动学生积极参与环保行动,为环境可持续发展做出贡献。

融于环保的中学生物教育概念包括以下要点:

环保意识培养:通过教育,让学生认识到环境保护的重要性,了解生物多样性对生态系统的重要作用,培养学生对环境问题的关注。

环保知识的传授:教授学生相关的环境保护知识,包括生态系统、生物多样性、气候变化、资源利用等方面的知识,帮助学生了解环境问题的成因和解决方法。

实践活动的组织:组织学生参与各种实践活动,如校园环境整治、垃圾分类、植树造林等,通过亲身参与环保实践,增强学生的环保意识和行动能力。

创新思维的培养:鼓励学生发展创新思维,通过实践活动和课堂讨论,培养学生解决环境问题的能力,促使学生提出创新的环保解决方案。

合作与交流:鼓励学生合作与交流,共同为环境保护目标而努力,促进学生之间的互助和协作,培养学生的团队意识和合作精神。

融于环保的中学生物教育概念旨在通过生物学科的教学,引导学生关注和参与环境保护,培养他们的环保意识和行动能力,为可持续发展做出贡献。同时,这种教育模式还能够提高学生对生物多样性的认识和保护意识,促进学生对生态环境的尊重和保护。

融于环保的中学生物教育可以通过以下方式进行。

情境创设:创建一个环保教育的情境,例如建立一个以环保为主题的小型生态园或者设立一个环保学习角落,让学生身临其境地感受环保意识的重要性。

环保实践活动:安排学生参与各种环保实践活动,例如校园清洁、垃圾分类、植树造林、节约能源等。这些活动能够使学生亲身感受环保行动的意义和作用,激发他们对环保的责任感。

生物多样性保护:重点介绍和讲解生物多样性的重要性和其面临的威胁,引导学生思考如何保护和维护生物多样性。让学生观察和学习各种生物物种的适应性和对其的保护方式,激发学生对生物的热爱和保护意识。

环境问题的探究:引导学生对环境问题进行探究,例如空气污染、水资源短缺、气候变化等。通过研究这些问题的成因和解决方案,培养学生思考和解决环境问题的能力。

收集和分享环保信息:鼓励学生主动收集和分享与环保相关的信息,包括科学研究、新闻报道和社会活动等。通过展示和交流,增进学生对环保知识的了解和认识。

环保观念的培养:通过教学和讨论,引导学生形成环保观念,明确自身在环境保护中的责任和义务。通过个人行动和参与社区活动,培养学生的环保意识和积极参与的能力。

通过将环保融入中学生物教育中,能够增强学生的环保意识、培养环保行动的能力,同时也能提高他们对生物多样性保护的认识和善于探究的能力。这样的教育模式不仅有助于学生的综合素质提升,也可为培养未来社会负责任的公民做出贡献。

(二)融于环保的中学生物教育实践

融于环保的中学生物教育实践体系见图5-6。

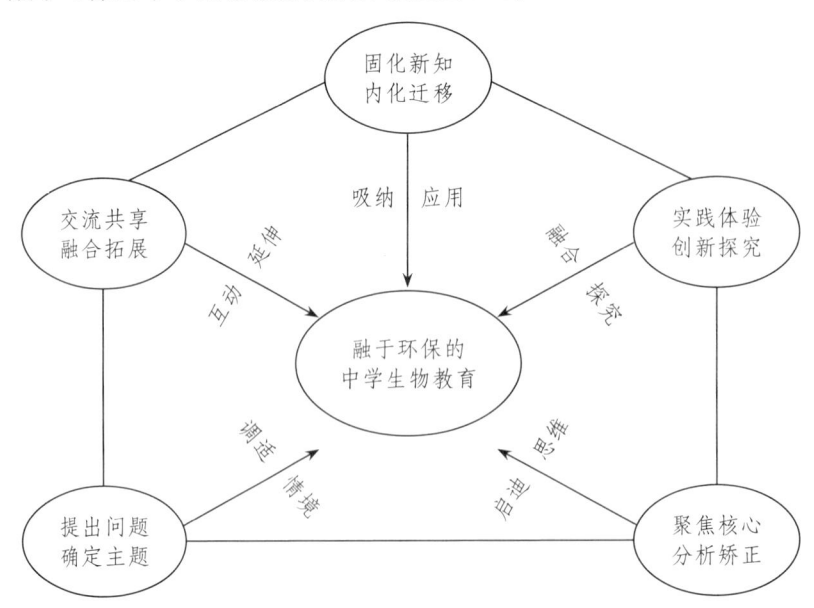

图5-6 融于环保的中学生物教育实践体系

1.可以依托课堂教学内容,充分挖掘各种资源,围绕问题解决来开展

(1)提出问题,确定主题

教师围绕探究项目学习,创设问题情境。此阶段通过问题驱动,从学生已有认知出发,设置有现实意义的社会生活情景,促使学生自我认知的内驱力提高,培养科学素养和技术素养,提升质疑能力,构建正确的生命观念。教师可设置"落叶是否因土壤微生物的作用而腐烂?"和"土壤微生物对淀粉的分解有何作用?"两个导入问题,引发学生思考:结合探究堆肥(指垃圾被分解后变成深色且富含营养的物质)的形成问题,如何设计实验来解决这些问题? 教师再次发问,预设本实验需考虑实验材料选择的简易性、实验现象的可观测性、实验结果的科学性、实验时间的可控性、实验装置的合理性等问题,确定项目研究的主题,引发学生新的思考,让其尝试设计实验方案。

(2)聚焦核心,分析矫正

本阶段,教师依据前面学生设计的方案,分析学生已有的知识经验,启迪学习的意象图式理论探究思维,诱发思考形成认知的共鸣。学生通过联想与关联,强化了学科的有机渗透,通过发散思维产生新的思考,确定项目的理论科学探究,分析实验装置的合理性和工程建设规范性,矫正非科学的思路,将科学与技术进行有机的融合,明确了具体的实施方案。

为直观体现观察效果,最终选定2 L的可乐瓶为实验装置,探究校园土壤微生物对杂草、树叶、落花、蔬菜、果皮、马铃薯等的分解影响;改课外实验为课内实验,在教室中寻找适合的位置固定实验装置——可随时关注实验进程,解决课时不足的困境;设计一个对比实验,实现多重探究目的。教师引导学生修正实验方案,促进学生的思考和领悟,在科学探究中培养了学生的科学素养和技术素养,提升了学生的生物学思辨能力。

(3)实践体验,创新探究

此阶段为深度学习的重要一环。学生以问题探究解决为载体,在教师指导下,正确地运用技术手段,构建工程装置,进行技术操作、深入探究、分析与解释、验证,培养求证的生物学科能力,提升科学思维能力。项目中,教师指导学生制作处理装置,进行实验操作和观察。此过程涉及融创学习中的一系列问题。科学问题有:实验过程产生异味的原因是什么? 技术问题有:可乐瓶中土壤、待分解物如何选择? 如何减少异味产生? 如何通过可乐瓶中观测到的马铃薯的形状变化和腐烂程度体现土壤微生物对淀粉的分解作用? 在相关科学认知的基础上,学生已有一定的思路与想法,尝试通过一定的技术手段进行预设的实验操作。要强调操作过程中科学知识的基础性和科学技术的指导性,强化反思性科学思维能力。工程问题有:实验组和对照组如何选择和设定?为什么要在可乐瓶侧面垂直方向间隔0.5 cm打孔?马铃薯块如何选择和放置?如何设置实验场地?这些问题的解决可以进一步培养学生的工程素养,教师要充分考虑实验的简洁和实用、材料的易取,强调团队的合作意识,引导学生分析落叶分解和淀粉分解等的原理、分析装置优化方案等。数学问题有:可乐瓶内物质高度如何随时间的改变而变化,具体原因是什么?可乐瓶中材料完全分解需要多长时间?分解所需时间与微生物存在何种关联?可乐瓶是否需加水?加水量如何确定?教师引导学生通过推断和有效交流发现、表达、解释和解决问题,可培养学生的推理和运算等能力,提升学生的数学素养。学生在本环节通过创新探究方式习得了相关知识,通过观察马铃薯块的变化来体验土壤微生物的分解,不断地收集证据,强化结论的说服力,实现了科学素养、技术素养、工程素养与数学素养等的有机融合培养,以及生物学深度学习能力的发展。

(4)固化新知,内化迁移

此教学环节是体现融创教育理念,直指生物学深度学习的教学设计核心。围绕"土壤微生物是否有分解作用,分解作用如何",学生感知问题、分析问题、解决问题,获得新知,积极思维,基于证据开展深入的推理学习,通过解释与检验固化新知。学生利用实践,通过"影响土壤微生物分解速度的因素"问题的思考来内化所学知识;通过个性思维与集体智慧,求同与创新,内化迁移;通过教师搭建的任务与问题解决的学习平台,熟练掌握和运用技术,不断提炼与反思,改进和完善,对迁移知识进行整合和运用,培养技术素养与工程素养,并提高社会责任感。

(5)交流共享,融合拓展

此过程强调深度学习的探究项目学习始终以问题意识为导向,教师再次从全局思维进行设计,以新的情境创设,使学习得到延伸和拓展,对前期的学习信息进行综合分析,凸显学生的调查探究、合作交流、反复验证、自我反思、创新应用等环节。学生通过不同小组的交流和分享,运用科学、技术、工程与数学等跨学科知识和技能,进一步深化跨学科思维能力,提升元认知能力。中学生物学深度学习本质上是一个循环反复、不断递进、升华生物学科能力的过程,设计"实验证明光照、水分、温度、空气等对土壤微生物的分解作用的影响"等相关联的项目,帮助学生深度认知事物的特性,进一步深入感悟学习过程的严谨性,达成清晰认知事物本质的效果。学生在循环往复的学习过程中,建构具有个人特色的知识结构,推动生物学深度学习实现。

中学生物探究课程的设计与实施应注重培养学生的科学思维和实验技能,激发学生的兴趣和动手能力,通过实际操作和探索,让学生亲自参与科学知识的建构和应用。同时,教师应起到引导者和指导者的角色,提供必要的支持和引导,促进学生的自主学习和合作探究。

2.通过开发融创课例来开展——"以"教室空气生态净化装置设计与使用"为例"[1]

美国国际技术与工程教育学会提出的6E设计型学习模式是有效落实融创教育的活动模式之一。以6E学习模式理论指导下的生物学科背景的融创课例开发与实践,能充分体现融创教育的情境性。可通过创设的新情境来触发学生探究问题的欲望,教师可以利用技术链接科学与数学知识,让学生完成自主设计的工程项目活动任务,利于其进行科学探究、提升工程设计能力、促进技术和数学方法的学习,更好地推动生物学融创课程的深入开展。

基于6E设计型学习模式开发生物学融创课例,创设跨学科活动的新情境,以项目活动为载体,发挥学生主体性,引导学生通过自主探究来构建拓展创新思维,运用跨学科的知识进行科学探究,完成工程设计实践,创造性地解决项目挑战任务,形成对科学概念的理解,是融创教育中较为适切的课程设计模式,如图5-7。

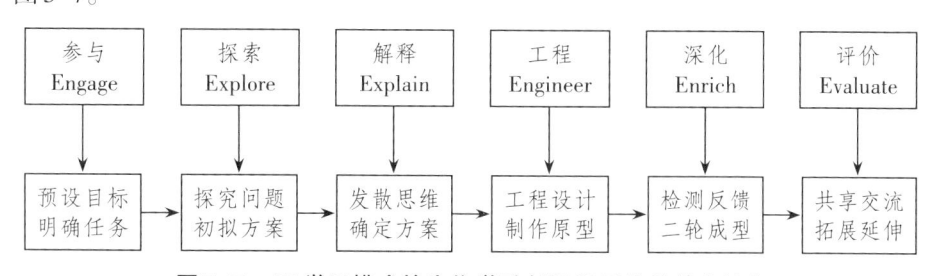

参与 Engage	探索 Explore	解释 Explain	工程 Engineer	深化 Enrich	评价 Evaluate
预设目标 明确任务	探究问题 初拟方案	发散思维 确定方案	工程设计 制作原型	检测反馈 二轮成型	共享交流 拓展延伸

图5-7 6E学习模式的生物学融创课程开发的基本流程

---

[1] 石进德,谢雪锦.基于6E学习模式的生物学STEM课程开发——以"教室空气生态净化装置设计与使用"为例[J].生物学通报,2020,55(7):17-20.

(1)参与(Engage)→预设目标、明确任务

融创课程开发能引发学生对社会热点的关注,创设一定的融创项目问题情境,启发学生通过思考认识解决项目相关问题所需的知识背景及其蕴含的核心概念,能与学生已有的知识储备和生活经验相匹配,并与同预设的融创学习目标建立连接通道,通过合作学习的方式产生一定的组织架构体系。

首先,创设融创问题情境,激发学习动机。

权威机构的研究表明,一些学校存在空气质量差等问题。专业机构在多处校园实地考察检测得到结果:教室内的空气污染比室外更糟,尤其是在街道附近的学校,更易有呼吸系统疾病问题。学生一天的大部分时间在教室度过,室内空气质量问题不容忽视,目前有个别学校或家长集资为教室添置装置,但出现学校电网负荷过重,市场上的空气净化装置没有安全标准,产品质量直接影响空气净化效果和二次污染等问题,多数学校为避免产生安全隐患等,基本上不安装空气净化装置。如何保持教室空气清新、环境安全,尤显重要。以此作为融合课程设置的问题情境,容易引起学生的好奇心,激发学习动机。

其次,了解核心概念,掌握必备知识:

根据项目需求,确认项目核心概念,如表5-3。

表5-3 融创因素与核心概念细目表

融创因素	项目核心概念
科学因素	空气污染源、空气监测、空气污染与生态净化关系、生涯规划
技术因素	空气污染处理方案、生物种养和生态循环方案
工程因素	空间造型、工程三维制图、教室空气生态净化装置构建、教室空气生态净化对比装置
数学因素	装置成本、浓度和体积

实施项目必备知识:造成教室空气污染的污染源成分、来源与危害;教室空气污染物的降解技术;室内空气污染物植物生态吸附过程和特点;室内空气净化比较。

再者,分析融创因素,预设学习目标,如表5-4。

表5-4 融创因素与学习目标细目表

融创因素	学习目标
科学	1)了解空气污染现状,理解空气污染来源、成分、类别及危害、空气监测原理 2)了解应用生态因素解决空气污染的相关知识 3)了解解决空气污染的相关研究;了解空气生态净化的应用领域及前景 4)制定空气生态净化规划,成立空气生态净化探究小组

续表

融创因素	学习目标
技术	1)了解处理空气污染的思路及科学原理 2)了解空气净化的主要方法(植物净化、吸附净化、光催化净化),制定并实施教室空气净化生态解决方案 3)撰写生物种养、生态循环、工程设计与实施等方案及研究报告 4)设计宣传广告视频,利用海报展示团队的设计方案和产品
工程	1)从造型、空间、观赏性、教室的氛围和生态环保功能等方面进行教室空气生态净化装置设计 2)设计并绘制教室空气生态净化装置三维图 3)应用相关的知识和技术,构建教室空气生态净化装置 4)设计教室空气生态净化对比实验装置 5)空气监测技术的应用
数学	1)测算装置成本 2)测量教室可用空间和装置大小,并进行适配性分析 3)按生态净化装置生物生存所需计算培养液的浓度和体积,配制营养液 4)空气净化过程有关数据的收集、处理和分析 5)使用不同装置对空气质量影响的对比监测

最后,主动参与思考,明确融创任务。

教师发放活动手册,引导学生明确项目学习目标与学习过程,掌握学习活动手册的使用方法,指导学生掌握生物学融创学习模式,强调活动中应注意的安全问题。组建项目活动合作小组,做好分工,明确职责和任务如下:尝试制作智能化的生态空气净化装置,打造一个集智能、景观和科普、探究于一体的教室空气生态净化装置;制定生态循环方案,通过创客活动制作教室空气生态净化装置,体验创客的乐趣,探索生物的生命奥秘(教室空气生态净化装置的创意设计评比,空气净化生态循环过程的调整,大气污染物的收集和处理)。

(2)探索(Explore)→探究问题、初拟方案

课程设计中教师为学生提供一定的学习材料并指导理论探究活动,以问题串形式引导学生进一步了解和明确项目活动任务,唤醒学生已有的储备知识,引导学生思考解决新情境下的问题所需要的新知识,将新旧知识进行整合,建立学科间的联系,提出解决这些问题的多种方法和可能的规划,由此展开头脑风暴。鼓励首创性的奇思妙想,提示学生围绕问题和设定的条件开展组内和组间讨论,及时记录各成员的想法,初步拟定项目活动方案。

本案例中,教师提供论文《室内空气污染现状及防治策略研究》《室内空气

污染现状及其防治研究》和专利《室内空气生态净化循环花盆》《一种养鱼养花生态系统》，组织学习，明确设计和制作教室空气生态净化装置的焦点问题（见表5-5）和条件要求。

表5-5　设计和制作教室空气生态净化装置的焦点问题

组织架构	明确团队组成与成员分工
想要设计什么？	1）设计制作一个安全、高效，便于管理和养护的教室空气生态净化装置 2）设计教室空气生态净化装置的生态循环养护方案
为谁设计	初、高中学生及青少年活动中心
需要解决什么问题？	1）绿色植物可有效减少室内空气污染，如何选择合适的栽培植物？ 2）根据本校的教室特点选择哪种植物作为空气生态净化装置配置比较合适？ 3）选择何种材质构建空气生态净化装置？ 4）在空气生态净化装置使用过程中，如何养护植物？如何清除装置中的污染物以避免二次污染？ 5）如何确保所设计的装置实现生态循环和安全、节能、高效？ 6）如何对空气生态净化装置进行优化和改进？ 7）教室空气生态净化装置造型如何设计才兼具科学性和观赏性？ 8）怎样设计教室空气生态净化装置，以便于管理和养护？
目标客户影响设计因素	考虑设备的智能化、科普性和探究性、外观的新颖性和观赏性、管理和养护的便捷性
产品的标准是什么？	1）有害污染气体经本装置处理后，各项污染物指标达标 2）成本合适，不造成学校、家长过重经济负担 3）设备材料来源易得，能循环使用 4）外观造型美丽大方，与教室环境融为一体，具有一定的观赏性 5）设备性能稳定，不造成二次污染，系统能支持植物正常生长，完成生命周期 6）该设备净化空气的效果应好于单纯物理净化的系统或设备
有什么限制？	1）学校提供的资金条件：每组200元活动经费 2）其他材料：根据各自设计方案实施需要确定，也可采用募集方式提请家长或家委会赞助 3）学校探究实验室、资料室为设计和加工产品提供相关条件支撑 4）列出需要请教的专家及可能用到的实验仪器设备、参考资料、数据
后期目标是什么？	进一步完善装置结构体系，各小组根据实际情况进行适度调整
初步设计方案	略

(3)解释(Explain)→发散思维、确定方案

根据组内和组间讨论的初步方案,分组探讨探究过程的必备条件,可能存在的问题,预期的研究思路和研究技术路线,明确后续研究的可持续发展思路;教师引导学生用新知识对方案进行进一步阐述和说明,启发学生发散思维,通过思辨认识事物之间的联系、规律、确定变量,最终明确项目活动方案。

在本案例中,根据探究的多种方案,在活动小组或指导教师的引导下,学生对教室空气生态净化装置的设计及生态循环养护方案逐步达成共识,最终选择最行之有效的方案。

(4)工程(Engineer)→工程设计、制作原型

融创项目方案的有效落地最终由工程设计、产品的制作来实现,本阶段学生要了解工程设计的一般步骤,根据明确的项目工程制作程序开展制作活动,教师提供必要的工程程序支架,讲述制作产品的方法及注意事项,强调设计的概念,注意引导学生运用所学知识和工程思维,优化设计结构,对学生工程制作进行全程监控,让学生能够根据设计的工程方案顺利地初步完成工程设计原型。

本案例中学生开始尝试设计"教室空气生态净化装置"原型,依据工程学原理画出模型构建流程图和结构模式图,设计好生态养护方案;利用身边的简易材料,初步制作完成作品的原型。所有团队成员在这个过程中,可根据实际活动情况对方案进行修订和完善,也可另行设计再创作。

(5)深化(Enrich)→检测反馈、二轮成型

本阶段的课程设计是对前述方案和原型的进一步深化和完善。各组构建理论支持体系和理论联系,整合学科间的知识,初步将作品应用于实践。采用量化评价和口头评价相结合的方式,学校师生测评原型是否达到原有的预设标准,能否符合预期目标,小组及时收集反馈意见,并结合实际测试加以综合分析,对产品原型进行检测和反馈,确认如何改进原型、重新订正和修改,最终完成作品。此过程重点在于关注如何提高现有设备的功能,根据新要求提出新方案(或重新设计或改造)。构建二轮工程设计模型,进行融创教育的实践性学习:倡导动手实践,运用直接经验,在做中学习。

(6)评价(Evaluate)→共享交流、拓展延伸

在融创课程开发中,针对预设的学习目标和达成度,应设计一定的评价标准,从自主性、探究性、挑战性、创新性等方面,及时对项目的实施过程和结果进行自评、互评、师评三维度的学习评价。教师指导学生保留项目活动研究原始

资料,并根据展示方案,形成文字材料,撰写活动报告。各组交流与分享研究成果,并收集意见和建议,为该项目的后期进一步完善和拓展提供设计延伸空间。

基于6E学习模式的生物融创课程开发,围绕环境保护新情境,通过项目问题的科学探究,6个环节层层推进又相互交融,以工程设计实践活动开展,在任务解决过程中学习技术的应用,融合数学与科学知识,促进学生主动、积极地投身于融创项目活动去完成探究任务,能很好地落实融创项目能力目标的达成,能多层次满足社会发展需求和学生需求。

第六章

技术融入：中学生物教育方法创新

面对信息技术的更新迭代,教师要提升技术赋能学科教育的能力。近年来,大数据、云计算、互联网、物联网等信息技术的发展日新月异,不仅催生了全新的商业模式和运行机制,也大大改变了人们的社会生活样态和思维方式。与之相对,中小学的变化却显得格外保守。对此,教师要敏锐抓住教育数字化转型的契机,驱动教育与技术的深度融合,让信息技术真正赋能教育、赋能学校、赋能师生成长。

教育数字化转型与其说是一场技术变革,不如说是教师课堂教学组织文化的变革。[1]教师要立足于学生学科素养发展整体规划做好规范化设计,打通技术与学科教学之间的壁垒,精选合适且有意义的技术融合项目。要推动信息技术和教育教学的深度融合。信息技术赋能学科教学改革,要"用数字技术重构组织和业务,要对教育装备、课程、师生需求、教育活动、服务流程、组织结构、家校社协同育人链等教育核心要素整合,要对学校全方位育人模式等进行数字化再造"[2]。

中学生物教育方法创新涉及基于智能化的中学生物革新课堂、基于数字化的中学生物智慧课堂、基于虚拟化的中学生物实验课堂等方面,见图6-1。

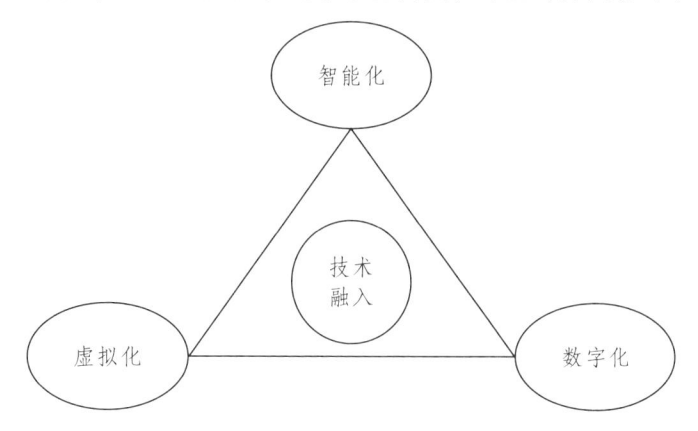

图6-1 中学生物教育方法创新

---

[1] 刘莉莉.新时代校长领导力提升的价值意蕴与路径探析[J].中小学管理,2023(3):14.
[2] 余胜泉.教育数字化转型的层次[J].中国电化教育,2023(2):57.

第一节 基于智能化的中学生物革新课堂

一、智能化的中学生物革新课堂概述

(一)智能化的中学生物教学革新

智能化的中学生物教学革新是指将智能化工具应用于中学生物教学中,以提升教学效果、激发学生学习兴趣和创新能力,推动学习方式和教学模式的转变。

智能化的中学生物教学革新有以下特点:

(1)教学资源数字化:将教学资源进行数字化管理和存储,包括教科书、教学课件、实验视频等,让学生通过在线平台进行随时随地的学习。

(2)虚拟实验和模拟场景:利用虚拟实验室、模拟场景等技术,使学生能够进行仿真实验和虚拟观察,提供更多的实践机会和实践经验。

(3)个性化学习和自主学习:通过智能化教育平台和个性化学习系统,根据学生的兴趣、能力和学习进度,量身定制学习内容和学习路径,激发学生的主动学习和自主探究能力。

(4)数据驱动教学:利用学习分析和数据挖掘技术,对学生的学习数据进行分析和评估,为学生提供有针对性的个别指导和反馈,帮助学生更好地提升学习效果。

(5)远程教学和协同学习:利用网络和视频会议等技术,实现远程教学和跨校教学资源共享,促进学生之间的协同学习和团队合作,打破地域限制,提供更广泛的学习机会。

(6)人工智能辅助教学:结合人工智能技术,设计智能化辅助教学工具和智能化教育机器人,帮助教师更好地进行教学和学生管理,提供个性化的学习指导和智能化的学习环境。

通过智能化的中学生物教学革新,能够提供更丰富、多样化的学习资源和学习方式,激发学生的学习兴趣和创新能力,促进教学和学习的互动和合作。同时,也能够提升教师的教学效果和管理能力,实现教育的个性化和智能化发展。

智能化的中学生物教学革新实现途径包括:

(1)创设多媒体教学资源:利用现代科技手段,如人工智能、虚拟现实、增强现实等技术,制作生动有趣的多媒体教学资源,包括视频、动画、实验模拟等。这些资源能够帮助学生更直观地理解生物知识,激发他们的学习兴趣。

(2)搭建网络教学平台:构建生物学科的网络教学平台,将课程资源、教学视频、习题库等教学资料进行整合,便于学生自主学习和教师在线辅导。同时,利用大数据技术分析学生的学习情况,为教师和学生提供个性化教学方案。

(3)引入智能教学系统:利用智能教学系统在线答题、自动批改、学习进度跟踪等功能,提高教学效率。此外,智能教学系统还能够根据学生的学习情况为学生推荐适合的学习路径,实现个性化教学。

(4)开展探究式教学:鼓励学生通过实验、课题研究等方式主动探索生物知识,培养学生的创新能力和实践能力。同时,利用人工智能技术辅助实验操作和数据分析,提高实验效果。

(5)加强跨学科融合:将生物学与其他学科如化学、物理、数学等进行跨学科融合,帮助学生建立全面的知识体系。例如,利用人工智能技术分析生物数据,探索基因与疾病之间的关系。

(6)提升教师信息化素养:加强对教师的信息化培训,提高教师运用现代科技手段进行教育教学的能力。教师应掌握一定的信息技术,能够将智能化手段融入日常教学,提高教学质量。

(7)强化学生创新能力培养:通过智能化手段,如基因编辑、生物三维打印等技术,让学生深入了解生物科学的发展趋势,培养学生的科学精神和创新能力。

总之,智能化的中学生物教学革新旨在发挥现代科技的优势,改革传统教学模式,提高教育教学质量,培养学生的创新精神和实践能力。在实际教学中,教师应根据具体情况,灵活运用智能化手段,实现生物教学的现代化转型。

（二）智能化的中学生物革新课堂

智能化的中学生物革新课堂是指利用先进的教育技术和智能化工具，以创新的教学理念和教育模式，对中学生物课堂进行革新和改进。

智能化的中学生物革新课堂特点见表6-1：

表6-1　智能化的中学生物革新课堂特点

序号	特点	具体内容
1	差异化和个性化教学	利用智能化教育技术和学习管理系统，根据学生的学习能力、兴趣和知识水平，量身定制学习内容和学习路径，满足不同学生的学习需求。
2	互动式教学	通过使用互动教学平台和学生响应系统，促进课堂互动和师生互动，让学生参与到课堂讨论和问题解决中，激发学生的思考和创新能力。
3	虚拟实验室和模拟场景	引入虚拟实验室和模拟场景等教育技术，使学生可以进行虚拟实验、模拟观察和模拟实践，增加学生的实验和实践机会。
4	多媒体和数字资源	利用多媒体技术和数字资源，丰富课堂教学内容，包括图片、视频、动画等，提供生动、直观的学习材料和案例，促进学生的理解和记忆。
5	数据分析和学习管理	借助学习管理系统和数据分析技术，实时收集和分析学生的学习数据，为学生提供个别指导和反馈，帮助学生提升学习效果和自主学习能力。
6	远程学习和协作学习	通过使用在线学习平台和远程教学技术，实现跨校教学资源共享和远程协作学习，打破时空限制，扩大学生的学习范围和提供更多的学习机会。

智能化的中学生物革新课堂旨在提供更灵活、多样化和个性化的学习环境，培养学生的创新思维、合作能力和信息素养，提升学生的学习效果和综合素质。同时，也为教师提供更强大的教学工具和管理支持，推动教育领域的创新和发展。

智能化的中学生物革新课堂实现途径见表6-2：

表6-2　智能化的中学生物革新课堂实现途径

序号	途径	具体内容
1	利用智能化教育技术设备	引入智能化教育技术设备，如智能投影仪、电子白板、电子实验器材等，提升课堂互动性和图像呈现效果。教师可以利用这些设备展示生物实验、模型、图像、视频等多媒体资源，帮助学生更好地理解和记忆生物知识。

续表

序号	途径	具体内容
2	教学资源数字化	将教材、习题、教案等教学资源数字化,通过电子平台或移动应用软件提供给学生。学生可以在课后通过电子设备自由学习和复习,根据自身的学习进度合理安排时间。
3	创设虚拟实验环境	利用虚拟实验软件,为学生提供安全、便捷的实验环境。学生可以在虚拟实验中进行生物实验操作,观察实验现象,测试和验证假设,培养实验探究能力。
4	引入智能教学系统	利用智能教学系统,对学生的学习情况进行智能化监测与评估。系统根据学生的学习表现提供个性化的学习资源和教学建议,帮助学生自主学习和提高学习效果。
5	合作学习和项目学习	通过合作学习和项目学习的方式,培养学生的团队合作和问题解决能力。学生可以利用智能化工具进行在线协作和资源共享,共同完成学习任务和项目研究。
6	推行个性化学习	基于学生的学习特点和需求,为每个学生提供个性化的学习内容和学习方法。教师可以利用智能化系统对学生进行学习跟踪和分析,根据学生的学习进度和学习能力调整课堂教学策略,满足每个学生的学习需求。
7	教师专业发展和提升	为教师提供相关技术培训和专业支持,提高教师在智能化教学方面的专业能力。教师需要掌握相关教育技术和智能化教学方法,灵活运用智能设备和教育软件,为学生提供更好的学习环境和体验。

实现智能化的中学生物革新课堂需要充分利用现代教育技术手段,提供丰富多样的教学资源和实践机会,同时注重教师的专业发展和教学能力提升。只有通过综合应用各种智能化手段,才能促进学生对生物知识的深入理解和实际应用能力的培养。

二 智能化的中学生物革新课堂实践

(一)拓展基本工具智能化

拓展基本工具智能化是指将人工智能和智能化技术应用于现有的基本工具和设备中,提升其功能和效能,使其具备更智能化、自动化和高效化的特点。通过拓展基本工具的智能化,可以提高学习生活的便利性、效率和智能化水平,为人们提供更智慧、舒适和智能化的学习生活和工作环境。

显微镜是生物学研究中最常用、最基本的观察工具,是研究微观世界、探索生物奥秘最基本的载体。基于校本化的中学生物教学革新中,可开展"生物显微探秘"相关融创教育活动[1],拓展提升显微镜的应用。

1.智能化"生物显微探秘"革新课堂活动背景

手机入校,许多学校虽然没有明令禁止,但不准学生在课堂上使用手机,课前放入"班级手机袋",课后取回。但是这些举措总的来说收效甚微。通过"手机数码显微镜"创客活动,对手机管理改堵为疏,真正做到"我的手机我做主",弥补课堂显微镜使用的不足,通过融创教育探秘生物显微世界,从传统实验室显微镜式观察拓展到移动自助创客显微观察方式,满足学生探索微观生物世界的好奇心,使其获得更丰富的观察素材。

2.智能化"生物显微探秘"革新课堂活动目标

科学目标:学习和掌握显微镜的使用,探究生物显微世界,进行实验与现象的分析。

技术目标:了解创客意义,自己动手利用身边简易的材料进行创客制作,DIY建构,创造出独具特色的便携式"手机显微镜";利用自制的"手机显微镜"探究生物显微世界,学以致用、加深对生物学的认知;掌握拍摄技术、成像技术,学习如何对图像进行美化。

工程目标:通过DIY制作,掌握工程材料的特性,学会工程的相关知识和技术。

数学目标:运用便携式"手机数码显微镜",替代实验室高倍显微镜,观察生物显微世界和进行微距拍摄,通过对"手机显微镜"拍摄的照片添加标尺,估算标本的体积和大小等。

3.智能化"生物显微探秘"革新课堂活动实施过程

活动1:手机变便携式数码显微镜、DIY创客活动阶段。

显微镜学习与使用。结合高中生物教材教学,学生学习掌握高倍显微镜工作原理,使用高倍显微镜观察细胞,利用手机直接拍摄高倍显微镜下的细胞图片。

---

[1] 石进德.从STEM到STEAM的生物显微世界探秘[J].中学生物学,2019,35(3):70-71.

DIY创客方案设计。DIY制作显微镜支架,让手机变成便携式"手机数码显微镜",替代实验室高倍显微镜来观察生物显微世界和进行微距拍摄。

DIY创客材料选择。借用通用教室现有的电钻和钻头,每组准备尺子和铅笔各1把、有机玻璃2块(10 cm×25 cm和15 cm×25 cm)、胶合板1块(15 cm×25 cm)、微型放大镜(可从激光笔上拆下来的对角镜头)1个(或根据需要配置)、螺栓5个(配套螺母、垫圈)、小型LED灯1个。

DIY创客作品制作。步骤1:在胶合板(有机玻璃)上用直尺和铅笔划出螺栓点位。步骤2:在胶合板和有机玻璃上利用电钻钻出螺栓孔位和放大镜孔位。步骤3:有机玻璃上固定放大镜,胶合板对应的位置安装LED灯。步骤4:螺栓固定有机玻璃。

调整、实践、应用。尝试用自己DIY的"手机显微镜"拍摄细胞等显微结构,进行演示,师生共同观赏,根据使用的效果对存在的问题进行处理,对结构进行微调,最终完善装置。

拍摄制作显微图片。利用自制的便携式"手机数码显微镜",学习拍摄、美化图像、制作显微图片。

活动2:我的手机我做主、探秘生物显微世界。

认识和远离螨虫、保护好身体:为确定"床上的被褥螨虫数量极多"的说法是否正确,采用便携式"手机显微镜"观察螨虫、认知螨虫、增强除螨决心、保护身体健康。

认识青霉与曲霉、垃圾不落地:以果皮容易滋生霉菌为案例,利用"手机显微镜"观察放置于教室储物柜上的果皮上的青霉与曲霉菌群,从本质上理解果皮垃圾等易滋生病菌,精准直观地宣传教育"垃圾不落地"的意义并让学生自觉执行和落实。

观察蛙胚胎发育、激趣识真知:学生对青蛙的受精卵分裂和分化过程特别感兴趣,但都只是停留在教师的讲授和网上图片的介绍。高中学生课时紧,没有多余的时间长期到实验室进行观察和体验。可充分利用学生课余时间、采用自制的便携式"手机显微镜"在教室让学生直观感受蛙的胚胎发育,观察受精卵→2细胞胚→4细胞胚→8细胞胚→桑椹胚→囊胚等动态过程;直观地理解DNA的总量随着细胞数目的增加而增多、所有细胞的体积之和不变或略有减小、核质比变大等。

探究教室微生物、节能保健康:夏天学生喜欢将空调教室门窗紧闭。采用对比实验,用便携式"手机显微镜"比较普通教室、空调常闭教室、空调间断开闭教室培养的微生物菌群,投影给同学观看,直观体现不同条件下教室中微生物菌群差异,学生讨论填写不同教室微生物比较表(见表6-3),理性认识到教室保持清新空气流通的必要性。

表6-3 不同教室微生物比较表

比较项目	场所		
	普通教室	空调常闭教室	空调间断开闭教室
菌落特征			
菌群种类			

引导学生采用自己DIY的放大倍数较大的便携式"手机显微镜"观察手机上的细菌,认识手机上的微生物,让它们"现身"说"法",教育其他同学远离致病微生物,预防传染病等。

留住精彩实验瞬间:中学生物教材多个实验用到显微镜,老师经常为赶进度将实验合并,每个同学实际操作使用显微镜极少,使用便携式"手机显微镜"能让学生更好地体验显微镜的使用及领会显微镜的原理,并将显微实验的过程、结果等精彩瞬间留住,以期学生更好地学习和回顾。

补充科学教学资源:生物学是以实验为基础的自然学科。自己动手制作便携式"手机显微镜",拍摄生物显微图片,与老师、同学共享成功智慧,分享创客成果,能增进对微观生物世界的认知、加强直观感受,还能获得成功的体验和成果应用的成就感,进一步激发学习科学的积极性和主动性。

活动3:从融合到创新、求真赏美。

融创教育是学科教育的有机整合。在前期DIY创客制作,学习拓展基础上开展深入的STEM教育活动,围绕科学(实验与现象)、技术(拍摄技术、成像技术、美化技术)、工程(DIY制作)、数学(通过对"手机显微镜"拍摄的照片添加标尺,估算标本的体积和大小等),在活动中融合创新,认识真和美的内涵,获得真和美的体验。

求真:科技教育追求求真务实的科学态度,体验真实的科学情境,获取科学真知。通过自制的便携式"手机显微镜"拍摄显微生物世界,从不同的侧面、不同的角度比较,结合数据分析,力求还原生物世界的真实面目。

不同显微镜拍摄、对比出真知:将"手机显微镜"拍摄的图像与常规显微镜拍摄的同一生物图片进行比较,对比图像出真知。

静态图变动态图、视觉之比较:将便携式"手机显微镜"拍摄的静态图像制成动态图,这种动态的照片更能吸引学生兴趣。

赏美:对便携式"手机显微镜"拍摄的生物显微图片,进行显微生物美学研究,增强了科学与艺术的结合。

分门别类艺术创作:收集整理拍摄的显微生物照片,对其进行分类识别并存档,探究其美学价值;分析显微生物作品图片,探究其生理学意义,将显微生物作品的启示用于各种手工作品的图案设计,开展有关显微生物作品的创新性课题研究。

创作显微生物绘本:显微生物作品具有生态的美,以拍摄的生物显微作品为蓝本,进行绘画创作,形成显微生物绘本手册和显微生物剪纸,内容含生物名称和创作的作品名称,通过绘本让人们认识和欣赏生物显微作品之美。

创客与艺术的升华:指导学生在创客活动中保留研究原始材料,整理活动照片,完成活动记录表,总结活动结果,交流信息,资源共享,查漏补缺;完成结题报告,撰写活动报告;进行课题答辩,展示探究成果。

活动4:拓展延伸阶段。

引导学生在活动中自主学习、互相质疑、拓展延伸、寻找与生物显微作品创作相关的研究,使本项活动可持续发展。进一步采用分组或个人研究方式,开展新的高中生物显微作品创客拍摄活动创新性课题研究;围绕前期高中生物显微作品创客拍摄研究成果,开展头脑风暴进行奇思妙想,设计新的创意项目,开展深入的研究,并尝试高中生物显微作品创客与数学建模研究,拍摄显微创客作品参加各种创新比赛。

(二)延伸项目教育智能化

将先进的教育技术和智能化工具应用于延伸项目教育中,以提升学生的学习参与度、创新能力和综合素养。通过延伸项目教育的智能化,可以提供更灵活、个性化和协作化的学习环境,培养学生的创新能力、合作精神和解决复杂问题的能力。同时,也提供了更多的教学资源和支持,为学生的自主学习和创新项目的开展提供有力的支持和指导。下面以某校"堆肥、育种探究实验"为例,进行阐述。

1.活动目标

以校为本,融通发展:通过实践,学生了解堆肥、育种等,开展种养劳动,进行厨艺的展示与交流,从理论学习到生活的体验,进行学习拓展和延伸,达成生命教育的艺术升华。

项目整合,融合提升:学生亲身体验融创教育,从个人到班集体到整个项目组,融为一体,增强集体主义观念,协同配合,创造出丰富多彩的成果,有利于培养动手能力、精益求精的工匠精神,体验创客活动,共同缔造美好生活。

拓展创新,融贯发展:在各分项目活动中进行拓展创新,进一步融贯发展,增强对生物学科的兴趣,提高科学探究的能力,培养高中生物核心素养。

2.活动内容与实施过程

本项科技教育活动如图6-2所示,由四个阶段、七个融创项目组成,分项目递进融通实践活动,逐步分层推进。

第一阶段:顶层规划设计

总体协调、融通规划:围绕"学校有特色,教师有专长,学生有特长"的特色教育办学目标,学校成立分管副校长任组长的融创教育工作领导小组,结合专家引领,明确责任分工、团结协作,使融创活动能得到组织保证。建立融创科技特色学校规章制度,健全导向和激励机制,结合学校现有的管理制度、教育科研、师资培训、班级管理、学生管理及教师考核评价等方面进行相关的改革和调整,使管理机制与学校的特色教育目标思路相匹配,成为保证学校融创科技特色教育形成的有效运行机制。

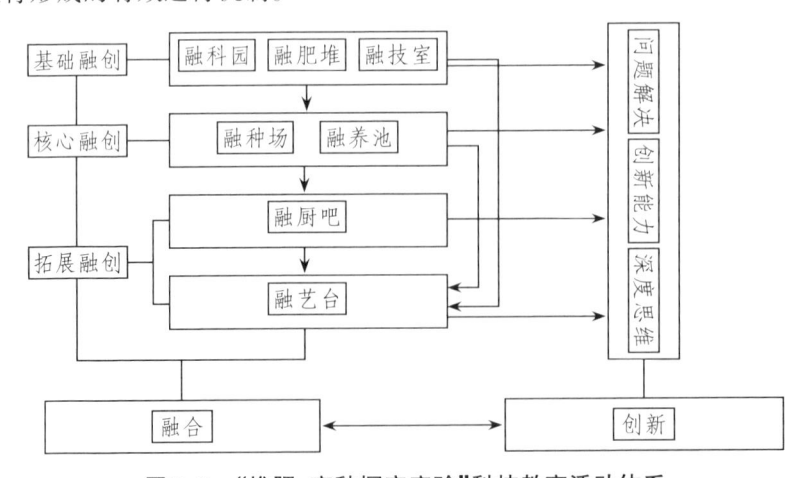

图6-2 "堆肥、育种探究实验"科技教育活动体系

专业提升、融合保障：注重融创科技教育指导教师的专业素养提升，进行跨学科融合教育，培养融创科技教育辅导员，同时注重新老帮扶与传承，本活动由市工作室领衔人主导，高一备课组全体生物学科教师参与共同指导。

学校统一组织宣传，介绍本校优秀科技创新实践活动案例，学生充分认识开展融创科技活动与创新思维发展的重要性和必要性，在此基础上发动学生积极主动地参与融创科技活动，了解活动要求、活动过程、活动注意事项等。

专题学习、融洽指导：由融创科技教育辅导老师利用每周的校本选修与研究性学习时间，以开设讲座等形式组织学习融创科技项目活动等基本知识；同时结合讲座思考与融创科技项目活动有关的研究课题，指导教师适时指导学生提出具体可行的规划（见表6-4），引发学生深入思考。

表6-4　融创研究规划表

拟研究融创课题		
小组成员		
融创分工		
融创计划		
拟解决的问题		
可能遇到的融创问题		
预期融创成果		
需要请教的专家		
可能需要用到的融创材料及设备		
导师的指导意见		

第二阶段：基础融创

融科园——气象科普园。实际气象观测，提供数据，科学助种。

充分利用学校为全国首批16所气象特色学校之一、区气象科普示范基地的优势，将市、区级气象观测站设置成为融科园，指导学生跟踪记录气象变化（制作数据表格），观察空气的湿度、温度，进行pH测定。学生动手操作，实地进行气象观测的体验，了解地理环境，提高地理实践力，为后续重点融创阶段的种植与养殖实践研究提供科学细致的生存生长环境条件，进一步再拓展农业气象小课题研究。

融肥堆——有机肥料堆。有机肥料制备，废物利用，保护环境。

利用校园中的落叶和杂草等堆肥，能让它们变成营养丰富的有机肥料，为土壤增加了营养成分，较大的粒径有助于增加土壤的空隙，让土壤变得松散，有利于植物的呼吸。

融肥活动（1）：常规堆肥实践活动。

选用较大的空花盆、空木箱或用砖块堆砌成固定的方形结构，直接于底层铺满树叶树皮树枝等，表面覆盖一层薄土。过几个月后，里面就是很肥沃的土壤了。种植蔬菜时，按园土、树叶渣、旧盆土各1/3比例混合，即为有营养又安全的肥沃种菜土了。

有机肥料用于追肥或充当覆盖物，能够保持水分并减少杂草丛生，也可像土壤一样使用。使用时需要保持堆肥温度（杀死病原体和杂草种子需要较高的温度），湿润但不湿透，还需要翻动堆肥以增加空气循环并混合潮湿的堆肥材料。

融肥活动（2）：堆肥探究拓展实验。

落叶的堆肥是模拟自然界中，微生物等把有机物材料腐化分解成腐殖质的过程。在堆肥过程可拓展进行探究土壤与叶子堆肥最适合厚度（见表6-5）、相同材料堆肥最适合的湿度和天数（见表6-6）等系列实验。

表6-5 探究土壤与叶子堆肥最适合厚度

叶子厚度/cm	土壤厚度/cm	结果（叶子变化、土质量变化、土壤颜色变化）
5	0.5	
10	1.0	
15	1.5	
20	2.0	
25	2.5	

表6-6 探究相同材料堆肥最适合的湿度和天数

发酵天数/d	湿度/%	结果（叶子变化、土质量变化、土壤颜色变化）
10	10	
15	20	
20	30	
25	40	
30	50	
35	60	
40	70	

融技室——组培育苗室。培育菜种,科学护苗,健康生长。

按标准组培实验室配备,分为准备室、缓冲室、无菌操作室、植物培养室。培养室供植物组培苗培养和观察使用。

融技活动(1):常规组培实践活动。

利用组培实验室,进行种植苗的组培,室内配基本的分子生物学实验仪器和设备,供学生对作物进行组织培养,让学生学会植物组织培养的基本操作技术并独立操作,如母液的制备、取材、消毒、培养基的制备、无菌操作、诱导培养、增殖培养、生根培养、试管苗的移栽与管理等,了解各种植物的生长规律。

融技活动(2):拓展组培探究实验。

融技室中也可拓展探究植物激素不同配比影响(见表6-7)、不同植物分化幼苗时间(见表6-8)。

表6-7　生长素和细胞分裂素的不同配比对组织分化的影响

生长素/细胞分裂素的不同配比	分化结果
1∶1	
1∶2	
1∶3	
2∶1	
3∶1	

表6-8　不同植物分化幼苗时间

植物	分化幼苗时间
豌豆	
玉米	
胡萝卜	
香菜	
花菜	

第三阶段:核心融创

劳动教育的时间与场地的局限是目前学校全面、全员、全方位落实劳动教育的最大障碍。核心融创阶段分类种植与分区生态养殖是有效解决这一问题的最佳途径。此阶段的活动与融科园密切联系。

融种场——劳动种植场。开展多样种植实践,因地制宜,全员劳动。

利用学校劳动实践教育基地,进行劳动实践,结合前期的统一规划,分传统种植与创新种植两类。围绕生物教育、生活教育、生命教育的"三生"教育,让学生认识、了解更多不同季节的蔬菜、水果,学习生物生长的基本规律等科学常识,掌握一些种植管理的技术。

融种活动(1):常规种植劳动实践。

传统种植区,用于分块分班种植对比作物。传统种植区分为12 m^2的温室(温室主要进行试管苗的移栽与管理,由班级的骨干成员进行,为植物的种植提供保障)和自然生长区。学生根据自己的兴趣,自由选择自己喜欢的植物进行种植,按不同生长成熟期开展种植实践活动。

融种活动(2):创新种植劳动实践。

创新种植区一片,尝试进行立体农业创新设计。充分利用生物间的相互关系,兴利避害,充分利用空间把不同生物种群组合起来,多物种共存、多层次配置、多级物质能量循环利用。通过不同高度和密度的种植,使作物于水平结构和垂直结构方面产生差异,以提高土壤水分的利用率和光能利用率。

引导学生在幼龄果树下套种花生、大豆等豆科作物,以期增加产量、增加收益,并提高果园肥力,促进果树生长;进行花菜幼龄期套种油菜等的实践尝试。

融养池——生态养殖池。多区养殖比较,因池而设,生态发展。

首先,充分利用校园内的养殖池"秋水塘",将其分区,以融种生产的蔬菜下脚料与残羹剩饭为主要喂食饵料,开展四大家鱼等的养殖实践活动。

其次,通过引导学生学习,使其了解制约生态水产发展的主要因素是池塘生态系统的物质转化效率和成本问题,发展生态养殖必须解决生态系统运转效率问题,必须就地解决粪污和残饵的再利用问题。随着养殖中后期污染加重、水质老化、物质转化效率低下,采用生态浮床种植水生植物进行水体修复,水中大部分氨氮以营养源形式被良性循环利用,缓解了环保污染压力,充分利用并提升了池塘天然生产力(天然生产力不足时再补充辅助生产力,显著提升水质稳定性)。

第四阶段:拓展融创

融厨吧——厨艺表演吧。种养成果享用,厨艺展现,劳动再现。

本阶段将收获融种与融养成果,结合厨艺创客比拼活动,让学生体悟"粒粒皆辛苦"的道理,培养劳动素养。学生利用种植的蔬菜、养殖的鱼进行烹饪,展示自己的拿手好菜。厨艺创客比拼活动将艺术与科学实践结合在一起,更好地培养了学生的创造能力和创新思维,让学生体验到劳动的喜悦与快乐,提升劳动能力,树立正确的劳动观念与培养节约粮食的良好品德。

融艺台——创艺展示台。融创成效表达,启思创新,艺术升华。

融创教育通过启思导行,融合实践,创新拓展。在活动过程中必能形成各种不同的物化成果,如各种烹饪创意产品、食材雕刻、创意方案,实践过程收集整理的图片、视频、文本材料和总结反思等。在融创科教活动的最后环节,将创意与艺术融合进科学实践,培养学生的创造能力和创新思维,以艺术的形式来展现各种融创成果。

第二节 基于数字化的中学生物智慧课堂

一 基于数字化的中学生物智慧课堂概述

（一）数字化的中学生物智慧教学

数字化的中学生物智慧教学是将现代科技与教学相结合，利用信息技术和数字工具来提升教学质量和学生的学习效果。

数字化的中学生物智慧教学的特点和具体内容（见表6-9）：

表6-9 数字化的中学生物智慧教学的特点和具体内容

序号	特点	具体内容
1	教学资源的数字化	将教材、课件、实验视频和模拟程序等教学资源数字化，使学生能够随时随地访问和学习，扩展学生的学习时空。
2	个性化学习	利用智能化技术和学习管理系统，根据学生的个性化需求和学习进度，提供个性化的学习内容和学习路径，帮助学生在适合自己的节奏下学习。
3	互动与合作学习	借助网络平台和在线课堂，促进学生之间的互动和合作学习，通过讨论、在线小组活动和项目合作等形式，提升学生的参与度和创新能力。
4	数据分析和个性化评估	利用学生的学习数据和学习分析工具，对学生的学习情况进行实时监测和分析，并给予个性化的评估和反馈，帮助学生了解自己的学习情况和发展方向。
5	虚拟实验和模拟仿真	利用虚拟实验平台和模拟仿真软件，提供生物实验和观测的虚拟环境，使学生能够进行实验操作和模拟观察，加深对生物概念和实验原理的理解。
6	科学探究和问题解决	通过在线资源和科研工具，引导学生进行科学探究和问题解决，培养学生的科学思维和创新能力。

数字化的中学生物智慧教学实现途径(见表6-10):

表6-10　数字化的中学生物智慧教学实现途径

序号	途径	具体内容
1	使用教学平台和在线资源	搭建一个教学平台,可以在其中分享教学资源,如电子板书、视频、动画、实验模拟等。可以让学生在平台上自由观看和学习,还可以提供在线图书馆等课外学习资源,提供个性化的学习支持。
2	推行在线学习和互动	利用在线学习平台和互动工具,例如在线讨论平台或社交媒体,鼓励学生在课后进行有针对性的问题讨论和知识交流。教师可以通过在线平台对学生的学习进度和讨论贡献进行监控和评估。
3	利用虚拟实验平台和模型	创建虚拟实验室和模型,通过计算机模拟和虚拟现实技术(VR),学生可以进行各种实验,观察和测试生物现象,提高实验和观察技能。
4	引入个性化学习系统	引入个性化学习系统,收集学生的学习数据并分析,为学生推荐适合他们学习需求和学习风格的资源和学习路径。个性化学习系统可以提供智能化的学习建议和反馈,以帮助学生更好地掌握生物知识。
5	采用测评工具和智能化评估系统	利用在线测评工具和智能化评估系统,对学生的学习进行定期评测和评估。系统可以根据学生的答题情况和学习数据提供个性化反馈和进一步改进教学策略。
6	开展远程教学活动	利用视频会议工具和远程教学平台,与其他学校或专家进行远程教学活动,如在线讲座、教学演示和专题讨论等,开阔学生的视野并加深其对生物知识的理解。
7	教师专业发展和培训	提供教师培训和专业发展机会,使教师能够熟练掌握和应用数字化教学工具、教学平台和在线学习资源,提高教学质量和技术能力。

数字化的中学生物智慧教学借助现代科技的力量,提供了更为灵活、精准和个性化的学习方式,同时也为学生提供了更多的学习资源和合作机会。采用数字化的教学方法,可以激发学生的学习兴趣,提升他们的学习效果和综合能力,推动中学生物教育的智慧化发展。

(二)数字化的中学生物智慧课堂

基于数字化的中学生物智慧课堂是利用数字技术和智能化设备,将传统的生物课堂转化为具有互动性、个性化和实践性的学习环境。它旨在提高学生参与度、激发学习兴趣和加强学习效果。

首先，数字化的中学生物智慧课堂可以利用智能化设备和软件来展示生物概念和现象。教师可以通过电子白板、投影仪等设备，利用动态图像、实验视频和模拟情境展示生物模块，帮助学生更直观地理解和体验生物知识及生物学的抽象概念。

其次，数字化的中学生物智慧课堂可以利用在线学习平台和教学应用程序来提供个性化学习和实践机会。学生可以通过在线学习平台进行自主学习和交流讨论，利用教学应用程序进行有针对性的练习和复习。

同时，教师可以根据学生的个体需求和学习水平，提供定制化的学习资源和评估方法。

此外，数字化的中学生物智慧课堂可以促进学生的实践和合作。教师可以引导学生使用数字设备和软件进行生物实验的模拟和数据分析，培养他们的实践能力和科学思维。同时，教师可以设计项目式学习和合作探究活动，通过团队合作和讨论，增强学生的问题解决能力和创新思维。要实施基于数字化的中学生物智慧课堂，学校需要配备先进的数字技术设施和网络环境，为教师和学生提供有效的学习资源和工具。同时，教师也须具备相应的信息技术应用的能力和知识，以充分利用数字化教学工具和资源来提升教学质量。

总之，基于数字化的中学生物智慧课堂通过利用智能化设备、在线学习平台和教学应用程序等，提供互动性、个性化和实践性学习环境。它可以激发学生的学习兴趣，培养他们的实践和合作能力，并提高生物教学的效果和质量。同时，学校和教师的支持和投入也是实现数字化教学的关键。

二 数字化的中学生物智慧课堂实践

随着智慧学校发展，校园内目前主要有电子白板类基础型、机房和平板电脑类智慧型、3D/VR类空间型等三种类型的智慧课堂。特别是学校的空间型智慧课堂，能充分利用互联网技术优势，通过手机和网络平台，让学生围绕自己的研究项目进行有选择的学习，弥补常规教育技术的不足。下面的"厦门医学院百草园"的课堂实践对中草药植物的生长过程、科研专家的研究、科普讲座等进行实时传输和资源共享，通过电子书包与科技活动互动，拓展教学时空，调动学生自主学习的积极性、满足其个性化学习需求。

（一）借助平台、探寻新径

厦门医学院百草园是一个集教学、科研、生产、科普、校园文化展示和观赏游览于一体的综合性实践教学基地。该园区利用数字化技术，如全面的监控覆盖、智能化的灯光和音乐控制以及全自动的植物浇灌系统，为学生提供了一个高度智能化的学习环境。

《普通高中生物学课程标准（2017年版2020年修订）》强调了实验教学的重要性，包括动手操作和探究性学习。这样的数字化园区非常适合作为中学生生物学课程的实践教学基地。百草园提供了丰富的植物资源，涵盖了草本、灌木、乔木、藤本等多种类型，同时还有喜阳、喜阴、水生、沙生等不同生境的特色植物，为学生的实践活动提供了良好的场景。

此外，百草园还设有温室大棚，有一些药用兰科植物、观赏兰科植物等特色植物。这些丰富的植物资源为学生的研学活动提供了良好的素材。《教育部等11部门关于推进中小学生研学旅行的意见》强调了研学活动的重要性，将其视为学校教育和校外教育衔接的创新形式。利用百草园作为研学实践基地，学生可以开展与中草药相关的系列科技活动，真正做到"研"和"学"相结合，而不是单纯的"游"。

总之，这个数字化的中学生物智慧课堂，不仅拥有先进的数字化设施，还集科研、生产和科普于一体，为学生提供了一个丰富多彩、科技含量高的实践教学平台。这种结合课内教学和课外实践的教学模式，有助于培养学生的综合素质和实践能力，更好地实现生物学课程的教学目标。

（二）确立目标、有据可循

这个实践活动目标是通过智慧课堂与深度学习的结合，引导学生从课堂走向百草园，通过感官观察和接触中草药，种植中草药，体验中药的魅力。这种融合有助于学生更好地理解和应用中医药知识。

在智慧课堂的助力下，学生可以深入了解中药的历史和文化，通过亲自动手种植培育中草药，培养动手实践和精益求精的工匠精神，同时体验创新与实践的重要性。

厦门医学院充分利用百草园，将中医药文化引进校园，进行常态的、自然的、有保障的和持续性的STEM项目活动。这有助于打破学科界限，促进学科融合,使课堂成为汲取中医药知识的主阵地[①]。

从草到药、从药学到医理、从医疗到文化,这一系列的活动有助于学生学以致用,从课堂走向自然和社会。通过这样的实践活动,学生能够更好地理解中医药知识,培养实践技能和科学素养,同时也能够增强对自然的认识和尊重。这种融合了数字化技术的智慧课堂,为学生提供了一个充满活力和创新的学术环境,有助于他们全面发展和成长。

(三)明晰重难点、体现创新

这个案例活动重点是中草药及医理探秘活动,旨在让学生体验中草药的魅力。难点在于如何将智慧课堂与科技教育活动融合,以拓展中草药研学探究活动。

创新点包括:主题活动与学生智慧课堂学习紧密联系,通过课堂知识学习启发和课外研学活动探究延伸,实现理论结合实践;充分利用医学院百草园、生物探究实验室等学习环境,让学生观察、接触中草药,体验中草药的魅力;智慧校园和智慧课堂与科技教育活动有机融合,中药药理科学论证研究深入开展;改变参观式研学模式,实现实践研究与学习活动的有机结合,让学生将学习的知识应用于生活实际中。

通过这些创新点,学生不仅能够深入理解中草药的理论,还能通过智慧课堂和科技教育活动,将所学知识应用于实际生活中。这种融合了数字化技术的智慧课堂,为学生提供了一个充满活力和创新的学术环境,有助于他们全面发展和成长。

(四)实践体验、智慧活动

实践活动共分为智慧课堂学习、初识中草药,种养实践体验、亲近中草药,由生理至医理、探秘中草药,研学实践拓展、赏析中草药等四个阶段。

活动1:智慧课堂学习、初识中草药。

数字化的中学生物智慧课堂是利用平台、系统、资源、空间、师生等多个要素的协同应用,通过移动智能终端的智能管理和科学决策,采集中草药生长与

[①] 曹咏慧.一株中药树一份中华情——深圳宝安区坪洲小学中医文化进校园活动侧记[J].中小学德育,2017(6):59.

实验自然数据并进行大数据分析,普及智能学习终端的使用,促进个性化学习和学校科学治理等深度建设。

在中草药专题知识学习方面,学生可以通过智慧课堂查阅资料、自主学习,初步了解我国中草药的发展史、中草药资源的开发利用现状、中草药的经营管理、中草药市场的供求关系、中草药的生产等常识。

在中草药专题知识讲座方面,学生可以利用电子白板类基础型的智慧课堂,通过医学院中药系专家的科普讲座和闽南中草药校本教材,收集整理资料,初步学习基础的中草药医药理论,了解中药的药理和药性,认识民族药、民间药和海洋药,并对中药的四气(寒、凉、温、热)有初步了解,了解中药提取的有效成分。

在中草药植物栽种相关知识方面,学生可以通过智慧课堂学习,结合中药系教师的集中讲座和网上课程学习,初步了解中草药的栽种方法和分类知识,并通过医学院中药系专家的讲学和点评,初步学习辨识常见的中草药。

在中药称量方面,学生可以利用中药系课堂实践基地,了解中药的称量器具、称量单位、称量方法和称量误差等知识,学习掌握使用"戥子",并了解古代衡器的发展,掌握中医药称量单位的知识。

在中草药植物辨识知识方面,通过医学院药学系植物学专家的讲学,学生可以初步学习植物的分类知识,拓展学习中草药的辨识知识,并结合医学院的中草药标本室,在人工智能环境下使用校园网进行辨识,初步掌握常见中草药的辨认。

最后,利用智慧课堂进行中草药专题知识测评,组织分析中草药药性、分类和中草药辨认等竞赛活动,可以使用机房和平板电脑类智慧课堂,检测学习效果并加强巩固。

活动2:种养实践体验、亲近中草药。

与厦门医学院中药系合作,开展数字化的中学生物智慧课堂,通过"大手拉小手"项目,让学生走进百草园进行中草药的实践学习。在每周的研究性学习时间,学生将认养中草药,在百草园种植中草药,并通过3D/VR类空间型的智慧课堂进行远程观察和互动交流。这样的活动不仅让学生体验中草药的魅力,传承中医文化,也让他们的校园生活充满中华情怀。

在种植中草药方面,学生分组进行种植,每组有一个小组长。学生学习种植各种常见的中草药,并每周观察记录所种中草药的生长情况,每月进行评比和小结。

学生通过认养的方式，进行中草药植物和其他植物的养护管理。这样的活动不仅让学生进一步提高对中草药的认知，也让他们通过与大学生和导师的互动，深入探究中草药的生长习性和养护方式对药效的影响。

此外，学生在家里也可以通过购买种子或采用移植的方法，在阳台种植中草药，进一步学习和掌握中草药知识。在阳台栽种中草药植物时，学生需要考虑植物性质、视觉效果和阳台结构，并了解阳台栽种的中草药植物的生理情况。

通过这样的百草园学习和在家种植中草药，学生可以充分体验成功的喜悦，记录和关注中草药的生命历程，并学会关爱和敬畏生命。

活动3：由生理至医理、探秘中草药。

本阶段主要在医学院的中药学课堂（其课堂有现成的上千种中药）和各个实验室进行，变量操纵由学生通过智慧校园远程完成。学生对中草药开展深入的药理研究，探究中药的药理科学依据。

（1）比较不同中草药降血糖研究。表6-11展示了闽南常见中草药对糖尿病小鼠血糖的影响。学生利用智慧课堂远程实验，通过APP与专家互动（可以解决难有时间经常外出进行实验活动等问题）。通过实验数据，学生可以比较不同中草药对糖尿病小鼠血糖的影响，从而为后面的中草药药理研究打下基础。

表6-11　闽南常见中草药对糖尿病小鼠血糖的影响

中草药（种类）	糖尿病小鼠(♀)				糖尿病小鼠(♂)			
	灌胃前（M±SD）	灌胃（M±SD）	血糖差值（M±SD）	最适浓度	灌胃前（M±SD）	灌胃（M±SD）	血糖差值（M±SD）	最适浓度
鬼针草 Bidens pilosa								
车前草 Plantago asiatica								
桑叶 Folium mori								
葛根 Pueraria lobata								

（2）比较不同栽种方法或不同栽种时间的闽南常见中草药成分差异研究。该研究选择一年生，同时能适应水培和土培方法的中草药，或采用三个月、半年、一年等不同培育时间的中草药。借助医学院的气相色谱分析仪器，进行成分的对比分析，了解不同栽种方法对中草药成分的影响。

(3)探究土壤pH、土壤水分、土壤质地、土壤结构等环境因子对闽南常见中草药的影响。

(4)探究不同温度对闽南常见中草药的影响。

(5)探究中草药的腊叶标本和浸制标本的制作。引导学生利用周末或假期，在老师或家长的带领下到野外开展寻找、辨认常见中草药的活动，采集标本，带回学校后，在医学院专家指导下制作相应的腊叶标本和浸制标本，标注采集时间、地点和中草药名等信息。这有助于学生对中草药有更深入的了解和认识。

活动4：研学实践拓展，赏析中草药。

本阶段通过数字运用，赋能创新教学，提升学生对中草药知识的理解和应用能力。

(1)编册留史、弥补空缺

学生通过智慧课堂，搜集、整理和归类民间的药方，编著闽南常见中草药图册和民间方剂集。进一步体验中草药的种植，并记录种植过程、研究成果等，通过智慧课堂与老师和同学分享，以增强学习体验。参与编著本地区的中草药研学校本教材，补充科学教学资源，通过智慧课堂展示中草药图片和研究成果，激发对科学的兴趣。

(2)创作绘本、艺术升华

学生以百草园中草药植物为蓝本，进行绘画创作，形成中草药植物绘本手册，通过绘本展示中草药的药名、药理、药性等。

(3)科学用药、学以致用

学生根据医学院专家的指导和学习，对生活中常用中草药进行科学用药的研究，通过比较和数据分析，提出合理的中草药使用建议。

(4)评价反思、激趣鼓励

教师指导学生整理研究原始材料，通过智慧课堂完成活动记录表和总结报告，进行自评、互评和师评，以提升学生的反思和评价能力。学生撰写活动心得体会，进行课题答辩，展示探究活动的成果，由专家评审和同伴点评。进行班级和年级的评比，激励学生。

(5)课程开发、提高普及率

将中草药研学纳入学校的课程开发体系，形成校本化的课程特色。

通过这些活动，学生不仅能够学习到中草药的知识，还能通过实践和创作，深化对中草药的理解，并培养对科学的兴趣和探究精神。

第三节 基于虚拟化的中学生物实验课堂

基于虚拟化的中学生物实验课堂是一种利用计算机技术和虚拟现实技术模拟真实的生物实验环境,让中学生通过电脑、平板或虚拟现实设备参与生物实验,解决实际问题的教学模式。

一 基于虚拟化的中学生物实验课堂概述

(一)虚拟化的中学生物实验教学

虚拟化的中学生物实验教学使得学生能够通过模拟实验环境进行实践操作和观察,从而获得生物实验的相关经验和知识。这种教学方法不使用实际的实验器材,而是借助计算机软件或虚拟实验平台,让学生在虚拟的实验环境中进行实验操作和观察。

虚拟化的中学生物实验教学具有以下特点(见表6-12):

表6-12 虚拟化的中学生物实验教学特点

序号	特点	具体内容
1	安全性	虚拟实验排除了实验中可能存在的危险因素,避免了潜在的伤害风险,保障学生的安全。
2	经济性	虚拟实验不需要购买实验仪器和材料,能够节省成本并减少资源的消耗。
3	方便性	学生可以随时随地进行虚拟实验,不受时间和地点的限制,能灵活安排学习时间。
4	重复性	学生可以反复进行虚拟实验,加深对实验原理和操作过程的理解。
5	互动性	虚拟实验通常具有模拟真实实验的操作界面和操作过程,学生可以与虚拟实验进行互动,提高学习的参与度和兴趣。

虚拟化的中学生物实验教学能够提供丰富多样的实验场景,让学生通过模拟实验操作和观察,提高他们的实验技能和科学思维水平。虚拟实验还可以结

合多媒体和动画等形式,提供生动直观的展示效果,增强学生对实验过程和结果的理解。此外,虚拟实验还可以通过数据分析和模拟实验设计等功能,培养学生的数据处理和实验设计能力。

综上所述,虚拟化的中学生物实验教学为学生提供了安全、经济、方便和互动的学习方式,促进了学生对生物实验的深入学习和理解,并培养了他们的实验技能和科学思维。

(二)虚拟化的中学生物实验课堂

在虚拟化的中学生物实验课堂中,学生可以通过模拟的实验室环境和虚拟化的仪器设备进行各种生物实验,也可解决虚拟情境的问题。这种模式可以提供安全、可重复的实验环境或虚拟情境,使学生能够自主探索和实践生物学的基本概念和原理。

具体来说,虚拟化的中学生物实验课堂可以包括以下内容:

虚拟实验室环境:通过计算机图像和虚拟现实技术,学生可以在虚拟实验室中进行各种实验。虚拟实验室可以模拟真实的实验场景,如实验室的布局、仪器设备和操作台等,提供一个逼真的实验环境。

虚拟实验情境设置:通过虚拟技术与实验场景设置,学生可以在虚拟情境中进行各种实验设计,如方案的设计、实验问题的预设和解决、知识模型的构建。

虚拟化的仪器设备和实验材料:学生可以通过虚拟化的仪器设备进行实验操作,如使用显微镜观察细胞结构、进行药物和酶的实验等。同时,虚拟化的实验可以提供各种生物样本和材料,如不同类型的细胞、遗传物质等,供学生进行实验。

实验步骤和指导:虚拟化的中学生物实验课堂可以提供实验的详细步骤和指导,帮助学生进行实验操作。这些步骤和指导可以以图文形式呈现,同时可以提供语音或视频指导,使学生更好地理解实验过程和操作方法。

实验数据记录和分析:学生可以在虚拟化的中学生物实验课堂中记录实验数据,并进行数据分析和结果展示。通过虚拟化的实验平台,学生可以方便地记录实验数据并进行图表处理、统计和比较分析。

团队合作和交流:虚拟化的中学生物实验课堂可以支持学生之间的合作和交流。学生可以在虚拟实验环境中组队进行实验,共同分析数据和讨论实验结果。同时,虚拟实验平台也可以提供实验教师的指导和评价。

虚拟化的中学生物实验课堂具有许多优点,如提供安全的实验环境、节约实验材料和设备成本、增加学生对生物实验的参与度和兴趣等。然而,虚拟化的实验也无法完全替代真实的生物实验,因此,仍需要结合实际实验来促进中学生的全面发展。

基于虚拟化的中学生物实验课堂可以有多种类型,根据实验内容和教学目标的不同,可以设计以下几种类型的虚拟实验课堂(见表6-13):

表6-13 虚拟中学生物实验课堂类型

序号	类型	具体内容
1	演示型	通过视频或虚拟实验平台的实验演示功能,教师进行实验操作,并详细解释实验原理和步骤。学生观看演示视频或在虚拟实验平台上模拟教师的实验操作,理解实验过程和结果。
2	显微观察	学生在电脑屏幕上模拟使用显微镜观察细胞结构、微生物等,无需实体显微镜。
3	虚拟实验	植物生理学实验:例如光合作用和呼吸作用的虚拟实验。 动物行为学实验:虚拟实验可以让学生模拟动物的行为模式,如动物迁徙、觅食等,理解动物行为与环境的关系。 遗传学和进化实验:遗传密码的解读、遗传病的模拟诊断等。 生态学和环境科学实验:可以模拟生态系统中的物种相互作用、食物链、能量流动和生态平衡等。 分子生物学和生物技术实验:了解DNA提取、PCR扩增、基因测序等现代生物技术流程。 解剖学实验:在三维环境中探索人体或动物的内部结构,进行虚拟的解剖操作。
4	实验设计	在虚拟环境中设计自己的实验,包括选择实验方法、设置变量、分析结果等,培养实验设计能力。
5	虚拟实践仿真	通过虚拟现实技术,提供身临其境的生物实验场景和任务,让学生参与虚拟实验过程中的实践操作,解决问题。学生可以使用手柄、头盔等设备,与虚拟实验场景进行交互进行各种生物学实验。
6	在线互动	在线平台提供互动式生物学实验,建立团队合作的实验环境,学生可以分工合作,并与同学或教师进行交流和讨论,共同完成复杂的实验任务。

通过虚拟化的中学生物实验课堂,学生可以进行安全、可重复和即时的实验学习,提高对生物学概念和原理的理解。不同类型的虚拟实验课堂可以根据教学目标和学生的需求进行选择和设计,弥补实验资源不足和实验条件限制的问题,促进学生的科学实践和实验技能的培养。

二 虚拟化的中学生物实验课堂实践

（一）基于虚拟化的中学生物实验课堂：技术虚拟

技术虚拟是一种常见的基于虚拟化的中学生物实验课堂模拟方式。技术虚拟利用计算机技术和在线教育平台，通过视频、模拟软件和在线实验平台等方式，实现对中学生物实验的模拟和教学。

1.技术虚拟的中学生物实验课堂特点（见表6-14）

表6-14 技术虚拟的中学生物实验课堂特点

序号	特点	具体内容
1	视频实验演示	通过录制和播放实验过程的视频，学生可以观看真实的实验操作和结果展示。这种方式可以让学生对实验步骤和过程有更直观的了解，帮助他们理解实验原理和技巧。
2	模拟软件	借助计算机软件，中学生可以进行虚拟的生物实验。这些软件可以模拟实验操作过程，提供实验设备、试剂和材料的选择，还可以计算实验结果和分析数据。学生可以通过软件进行实验设计、操作和分析。
3	在线实验平台	一些在线教育平台提供虚拟化的中学生物实验课堂，通过网页和云平台，学生可以进行远程的生物实验。这些平台提供在线实验设备、模拟材料和实验指导，学生可以在云端进行实验操作和数据收集。
4	交互与反馈	在技术虚拟的中学生物实验课堂中，学生可以与模拟软件和在线实验平台进行交互。他们可以根据需要选择实验设备和材料，执行实验步骤，并收集、分析实验数据。虚拟化的实验平台可以根据学生的操作和表现，提供及时的反馈和指导。
5	自主实验设计	技术虚拟的中学生物实验课堂可以鼓励学生进行自主实验设计和探究。学生可以利用虚拟化的软件和平台，设计自己的实验方案和目标，并根据实验结果进行数据分析和结论的推断。

技术虚拟的中学生物实验课堂为中学生提供了更灵活、普及和可控的实验教学方式。学生可以在任何时间和地点进行虚拟实验。同时，技术虚拟也可以弥补实验设备和资源不足的问题，提供更多样化和丰富的实验体验。但与此同时，技术虚拟也无法完全替代真实的生物实验，因此，综合使用技术虚拟和实践实验，能够更好地培养学生的科学素养和实践能力。

2.技术虚拟的中学生物实验课堂实践

基于虚拟化的生物细胞分裂实验课堂中,可以通过各种技术手段实现(见表6-15)。

表6-15 基于虚拟化的生物细胞分裂实验课堂

序号	手段	具体内容
1	虚拟实验软件	使用一款虚拟实验软件,模拟细胞分裂的实验过程。软件会提供显微镜等虚拟仪器设备、细胞样本,学生可以通过鼠标操作进行实验步骤的模拟。
2	实验指导	学生会获得关于细胞分裂实验的详细指导,包括实验的目的、步骤和相关知识点。指导内容包括细胞的观察、分裂过程的观察记录和细胞生命周期的分析等。
3	模拟实验操作	在虚拟实验软件中,学生可以选择细胞类型,实时观察不同阶段的细胞分裂过程。学生可以利用虚拟显微镜观察细胞核、染色体和细胞质等结构变化。
4	数据记录分析	学生在虚拟实验软件中记录实验数据,包括细胞分裂的各个阶段的观察记录。软件也可以提供数据分析功能,例如计算细胞分裂的时间、分配染色体的方式等。
5	反馈和讨论	虚拟实验软件会根据学生的操作和结果给出实时的反馈和评价。同时,学生可以在软件中与教师和同学进行讨论,并分享实验结果和观察体会。

这个虚拟实验实践案例可以帮助学生深入了解细胞分裂的过程和机制,理解细胞生命周期的重要性。通过虚拟实验的模拟操作和数据分析,学生可以获得实验实践的经验,提高科学实验设计和数据解读的能力。同时,这种虚拟实验也能够解决实验材料和设备的限制问题,提供更多样化和灵活的学习机会。

(二)基于虚拟化的中学生物实验课堂:情境虚拟

基于虚拟化的中学生物实验课堂中,情境虚拟也是一种常见的模拟方式。情境虚拟通过虚拟现实技术等,基于虚拟的情境需求,创造一个类似真实的环境,让学生能够在虚拟场景中进行生物实验和设计。

1.情境虚拟的中学生物实验课堂特点(见表6-16)

表6-16 情境虚拟的中学生物实验课堂特点

序号	特点	具体内容
1	实验情境模拟	情境虚拟可以模拟各种生物实验的情境,让学生感到置身于真实的实验场景中。例如,通过虚拟现实技术,学生可以在生物实验室中观察和处理细胞、动植物组织等样本,体验类似真实的实验过程。
2	实验操作指导	在虚拟实验环境中,学生可以自主操作虚拟的实验设备,执行实验步骤。同时,虚拟实验平台可以提供实验指导的文字、图像或视频,帮助学生理解实验原理和操作方法。
3	实验数据记录分析	学生可以在虚拟实验平台中记录实验数据,如观察结果、测量数值等。虚拟化的中学生物实验课堂也可以提供数据分析工具,帮助学生进行数据分析、图表绘制和结果解释。
4	交互与反馈	学生可以通过虚拟实验环境中的交互手柄或触控屏幕进行实验操作,并得到及时的反馈。虚拟实验平台可以根据学生的操作和实验结果,提供相应的反馈和提示,帮助学生进行正确的实验操作。
5	虚拟场景变化	虚拟实验平台可以提供多种实验场景和情境,学生可以根据实验需求选择不同的虚拟场景进行实验。同时,学生也可以根据自己的兴趣和研究课题,在虚拟实验平台中定制自己的实验情境。

在情境虚拟的生物实验课堂,学生可以通过虚拟现实设备,如VR头盔、手柄等,进入虚拟实验室中进行实验操作,促进理论和实践的结合,培养科学探究的能力和兴趣。同时,情境虚拟也可以弥补实验资源不足的问题,提供更多的实验机会和学习资源,促进学生的综合素质的提升。

2.情境虚拟的中学生物实验课堂实践——以"杂交育种与诱变育种"教学为例[1]

基于虚拟化的杂交育种与诱变育种课堂实践,可以通过各种方法手段实现。

结合"太空微重力环境下"空间站试验载荷约束条件的创意科学实验方案项目,设计"搭载活体蝶蛹"实验方案,尝试以融创教育整合理念,在复杂的虚拟情境中,以数学为基础工具,利用生物学相关技术,通过虚拟情境问题的解决认

---

[1] 谢雪锦.基于STEM教育的高中生物项目导学教学实践——以"杂交育种与诱变育种"教学为例[J].中学生物学,2019,35(11):54-55.

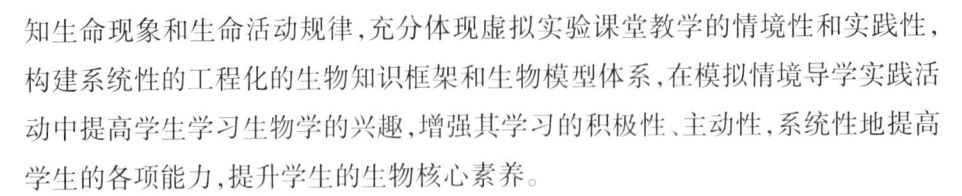

知生命现象和生命活动规律,充分体现虚拟实验课堂教学的情境性和实践性,构建系统性的工程化的生物知识框架和生物模型体系,在模拟情境导学实践活动中提高学生学习生物学的兴趣,增强其学习的积极性、主动性,系统性地提高学生的各项能力,提升学生的生物核心素养。

(1)创设情境、确定目标

《普通高中生物学课程标准(2017年版2020年修订)》对课程目标的描述是,"学生通过本课程的学习,能认识到生物学在坚持人与自然和谐共处、促进科技发展、社会进步和提高人类生活质量等方面的重要贡献;树立生命观念,能够运用这些观念认识生命现象,探索生命规律;形成科学思维的习惯,能够运用已有的生物学知识、证据和逻辑对生物学议题进行思考或展开论证;掌握科学探究的思路和方法,形成合作精神,善于从实践的层面探讨或尝试解决现实生活问题……"。情境虚拟的中学生物实验课堂实践首先要确定核心素养目标,再进一步细化项目导学目标,围绕不同的项目目标创设对应的教学情境,思考如何在达成目标的情境中锻炼或培养学生相应的生物学素养。

"搭载活体蝶蛹"方案设计活动主要围绕育种知识的学习设置融创目标,有效地激发学生的学习兴趣。

科学目标:了解杂交育种与诱变育种的概念,理解杂交育种方法的优点和不足等知识。

技术目标:举例阐述杂交育种与诱变育种技术在生产中的应用,掌握遗传和变异规律在生产实践中的应用。

工程目标:杂交育种与诱变育种知识体系模型构建和空间站搭载蝶蛹实验方案设计处理。

数学目标:搭载实验方案设计蝴蝶杂交实验遗传比例、化蝶成功率等的测算。

(2)导学实践、构建体系

确立目标后,教师思考:达成相应目标学生需要解决什么问题?解决这些问题其已具备哪些知识,还需学习哪些新的知识?这些知识对应的情境如何设计?通过怎样的方式达成目标?如何促使学生思维能力提升?对这些问题的思考是项目导学实践开展的基础。

本案例主要通过五个项目活动,完成导学实践。

活动1:巧获蝶蛹。

课前学习指导、准备资料:介绍搜集资料的途径,引导学生搜集育种事例,从遗传和变异角度了解我国育种实践方面的知识,初步认识遗传和变异原理在生产实践上的应用。

课上引发回忆、导入新课:教师启发学生复习、回顾已学习的遗传和变异知识,接着提供学习资料"生物群体在没有自然选择作用下,一般是显性个体数多于隐性个体数。现有绿眼、紫翅蝴蝶与白眼、黄翅蝴蝶亲本,已知绿眼、黄翅更适应失重环境,且蝴蝶的绿眼和紫翅是显性性状,白眼和黄翅是隐性性状",设置问题:选择育种中"选择"的定义是什么?选择育种有哪些优点和不足?搭载实验方案设计中如何选育相应的品种(蝶蛹)?依据的遗传学原理是什么?为了实现选育目标,应如何操作?

学生小组交流、讨论:学生代表上台介绍说明,教师进而引导学生间的质疑、互动、交流,使其逐步理解杂交育种概念,完成育种方案,形成共识。

教师继续追问:利用杂交育种获得能稳定遗传的纯合子蝶蛹至少需要多少年的时间?师生共同分析,得出结论。

活动2:巧护蝶蛹。

了解蝴蝶的育种方案后,思考蝶蛹送入太空时应如何保护,由小组汇报选择的蝶蛹处理方案。教师启发学生从生物学角度(如温度、湿度、杂交类型等),或者从材料选择的角度(如经济性及适合太空环境)等,或者从工程学角度(如整体协调性)等进行设计,实现综合性思维的培养。

活动3:深究护蛹原理。

教师追问:"蝶蛹处理方式的考虑因素主要是什么"?引导学生思考,得出蝶蛹运送到太空中可能受到辐射、失重等影响的猜测,抛出诱变育种的话题,引入诱变育种的探究活动,分析诱变育种的影响因素,归纳诱变育种包括物理和化学两类方法,让学生了解我国在农作物诱变育种方面取得的成果,适时进行爱国主义思想教育。

活动4:构建知识网络。

设置探究:现有纯系绿眼黄翅和白眼紫翅蝴蝶品种,其中绿眼(Y)对白眼(y)是显性,紫翅(R)对黄翅(r)是显性,根据空间站"搭载活体蝶蛹"需要,如何从这两种亲本中选育纯合绿眼紫翅蝴蝶,学生结合杂交育种的概念、杂交育种

的优缺点展开思考,用遗传图解表示,用文字、箭头等简要归纳总结杂交育种流程图:

P　　　　　　　　YYrr　　　×　　　yyRR
　　　　　　　　（绿眼黄翅）　　　（白眼紫翅）
　　　　　　　　　　　　↓
　　　　　　　　　　　YyRr
F_1　　　　　　　　（绿眼紫翅）
　　　　　　　　　　　↓⊗
F_2　　　绿眼紫翅　　绿眼黄翅　　白眼紫翅　　白眼黄翅
　　　　　（9/16）　　（3/16）　　（3/16）　　（1/16）

教师检查,评析书写过程和结果,进一步构建本项目相关的知识网络。

教师与学生共同分析基因突变的特点,教师指导学生说出诱变育种的局限性并让其说明克服这一局限性采取的办法。

活动5:完成方案。

通过前期五个项目活动,教师引导学生在课后进一步复习本项目的相关知识,形成完整的搭载实验设计方案。

(3)反馈评价、达成目标

在顺利完成相应的活动目标后,教师引导学生拓展学习,进一步学习掌握本活动的相关学科知识,提升高中学生的生物核心素养。

评价反馈:教师提供本节课的导学案,组织学生完成课堂小结,及时予以反馈。学生对本节的学习进行互动交流评价,对几种育种方法展开比较,总结杂交育种与诱变育种的原理与优缺点。

拓展延伸:组织学生课后学习美国太空蝴蝶资料——美国国家航空航天局第一批进入太空的帝王斑蝶幼虫变成蛹后,于2009年11月30日在国际空间站上变成蝴蝶,课外探究比较蝶蛹进入太空后与自然状态下的孵化情况,制作完成孵化率数据曲线图,提高数学素养,更好地理解诱变育种等;开展实验研究,对蝶蛹返回地球后的变化进行定量和定性实验;要求学生利用课后学习袁隆平杂交水稻育种的相关成就,增强学生的爱国情怀。

第七章

评价融汇：中学生物教学评价创新

中学生物教学评价融汇指的是将不同的评价方法、手段和指标整合融合在一起,形成一个全面、综合的教学评价体系,它强调对各种不同的评价元素进行有机的结合和融合,从而产生新的综合评价效果。这样的评价体系可以充分考查学生各个方面的能力和素养,包括知识掌握、实践能力、思维能力、合作能力等。通过融汇不同的评价方法,可以更全面地了解学生的学习状况,从而提供精准的教育反馈和指导。同时,融汇评价也可以促进教学方法的创新和优化,使教学更加灵活和个性化。

中学生物教学的评价融汇(下文也称"融汇评价")创新主要体现在以下几个方面(见表7-1):

表7-1 中学生物教学的评价融汇创新点

序号	创新点	具体内容
1	综合能力的评价	评价不再仅仅关注学生的生物知识掌握程度,而是开始注重学生的综合能力,如实验操作技能、数据分析和处理能力、团队协作能力等。
2	过程性评价的重视	教学评价更加关注学生在学习过程中的表现,如课堂参与度、作业完成质量、实验操作熟练度等。
3	个性化评价的实施	根据学生的不同特点和学习需求,实施个性化的评价方案,以适应学生的个体差异。
4	多元化评价方式	除了传统的笔试和口试,评价方式还涵盖实验报告、小组项目、口头演讲、在线测试等多种形式。
5	同伴评价和自我评价的引入	鼓励学生进行同伴评价和自我评价,提高学生的自我反思能力和批判性思维。
6	技术与工具的运用能力评价	利用现代教育技术,如在线学习管理系统、学习分析工具、虚拟实验室等,收集和分析学生的学习数据,以更准确地评价学生的学习效果。
7	反馈的及时性和有效性评价	通过在线平台或课堂讨论,及时回应学生的学习问题,并提供有效的反馈,帮助他们改进学习方法。
8	与课程目标的关联度评价	确保教学评价的内容与课程目标紧密结合,使评价结果能够真实反映学生的学习成就。

中学生物教学融汇评价体系见图7-1。通过创新的教学评价方式,可培养学生的学习兴趣和自主学习能力,推动学科的发展和学生的全面成长。同时,也为学生提供了更多的展示和发挥自己创新能力的机会。

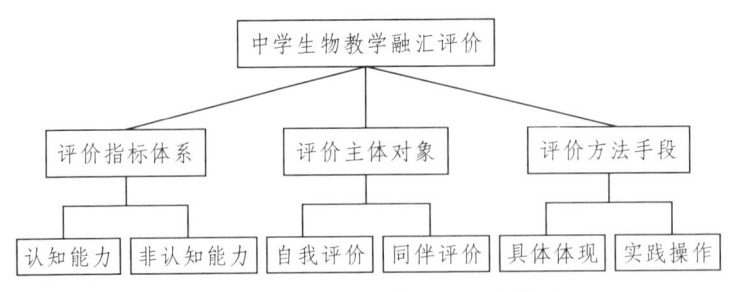

```
                    中学生物教学融汇评价
           ┌───────────────┼───────────────┐
      评价指标体系        评价主体对象        评价方法手段
      ┌─────┴─────┐    ┌─────┴─────┐    ┌─────┴─────┐
   认知能力  非认知能力  自我评价   同伴评价   具体体现   实践操作
```

图7-1 中学生物教学融汇评价体系

第一节 中学生物融汇评价的指标体系

一 中学生物认知能力评价体系

（一）中学生物认知能力

中学生物认知能力指的是中学生对生物学基本概念与原理的理解、应用和思考能力。它主要包括以下几个方面。

1. 生物学基础知识掌握能力

指中学生能够熟练掌握生物学的基本概念和原理，并能够准确描述和解释相关的生物现象和问题的能力。中学生物学部分基础知识见表7-2。

表7-2 中学生物学部分基础知识

序号	要点	具体内容
1	细胞结构与功能	中学生应当了解细胞的基本结构和功能，包括细胞膜、细胞质、细胞核等组成部分的结构和功能，以及细胞的基本生物化学过程如蛋白质合成、物质运输和能量转化等。
2	遗传与进化	中学生应当了解遗传的基本知识，包括基因、基因型、表型、遗传变异和遗传变异的传递规律等，以及进化的原理和证据。
3	生物分类与系统学	中学生应当掌握生物分类的基本原则和分类体系，了解不同分类级别的特点和分类方法，以及掌握一些常见的生物分类群的特征和代表物种。
4	生物多样性与生态系统	中学生应当了解生物多样性的概念和重要性，理解生物在不同生态系统中的相互关系和相互作用。
5	生物地理与技术	中学生应当了解生物在地理环境中的分布规律和适应特征，以及生物技术在生物领域中的应用和意义。

提高中学生的生物基础知识掌握能力，可以通过系统的教学计划和教学方

法进行,例如通过课堂教学、实验教学、项目研究等方式,激发学生的学习兴趣,加强学生对基础知识的掌握和理解,同时注重培养学生的运用和思考能力。此外,学生也可以通过自主学习和阅读相关的生物学教材和科普书籍来巩固和扩展自己的生物基础知识。

2.生物学实验技能

指中学生在生物学实验中所需要掌握和运用的技能和能力,包括实验设计、观察和记录实验现象、数据处理和结果分析等(见表7-3)。

表7-3 中学生物学实验技能点

序号	技能点	具体内容
1	实验准备	中学生应当具备实验准备的能力,包括阅读实验操作指导、准确理解实验目的要求、了解实验材料和仪器的使用方法等。
2	实验设计	中学生应当具备基本的实验设计能力,能够根据实验目的和问题,制定实验步骤、确定实验变量和控制变量,以及安排实验对照组等。
3	实验操作	中学生应当熟练掌握实验操作的技能,如操作实验仪器、称量和配制溶液、进行实验样品的处理和制备等。
4	数据观察和记录	中学生应当具备观察和记录实验数据的能力,包括准确记录实验过程中的现象、数据和实验结果等。
5	数据处理结果分析	中学生应能进行简单的数据处理和结果分析,如绘制图表、计算平均值和标准偏差,以及根据实验结果得出结论等。
6	实验安全和卫生	中学生应当了解实验安全知识和实验室卫生要求,遵守实验室的安全规则和操作规程,正确使用实验器具和化学品,保证实验的安全和卫生。

为了培养中学生的生物学实验技能,教师可以通过实验指导和演示,引导学生进行实验操作和观察,及时给予指导和反馈。学校也可以提供实验室设备和材料,并组织实验技能培训和实验研究活动,帮助学生掌握实验技能并培养解决问题的能力。此外,学生可以通过参加科研项目等相关科学活动,拓宽实验技能的应用范围,提升科学水平。

3.生物学应用能力

指中学生能够将所学的生物学知识应用于实际生活、解决问题和解释生物现象的能力(见表7-4)。

表7-4 中学生物学应用能力点

序号	能力点	具体内容
1	生活应用	中学生应能运用生物学知识解释生活中的生物现象,如饮食与健康、疾病的预防、生长发育等。
2	科学探究	中学生应具备提出生物学问题、设计实验、收集数据、分析结果和得出结论的能力,以解决实际问题和开展科学研究。
3	环境保护	中学生应了解生物多样性、生态系统和环境污染等方面的知识,并能运用这些知识参与环境保护活动,提高环保意识。
4	农业生产	中学生应能运用生物学知识分析农业生产中的问题,如作物病虫害防治、优良品种选育和农业生产优化等。
5	生物技术	中学生应了解生物技术的基本概念和应用领域,如基因工程、细胞工程等,以及其在农业、医药和环保等领域的应用。
6	健康与医疗	中学生应能运用生物学知识解释人体生理功能、疾病预防和治疗等方面的现象,培养良好的生活习惯和健康意识。

为了提高中学生的生物学应用能力,教师应增强教学内容与生活、生产的联系,引导学生运用所学知识解决实际问题。学校也可以组织科普活动、创新实验、科研项目等,为学生提供实践和应用的平台。此外,学生可以通过阅读科普书籍、参加学术讲座和参观实验室等方式,拓宽知识面,提高生物学应用能力。

4.生物学思维能力

指中学生对生物学知识进行逻辑推理、分析和判断的能力,中学生应从多角度思考生物学概念和原理,形成自己的观点并进行逻辑推理(见表7-5)。

表7-5 中学生物学思维能力点

序号	能力点	具体内容
1	理解生物学概念	中学生应能理解生物学的基本概念和原理,如细胞结构、遗传规律和生态系统等,并能够准确描述和解释相关的生物现象。
2	分析生物学问题	中学生应能运用生物学知识分析实际问题,如疾病的预防、农业生产和环境保护等,并提出合理的解决方案。
3	逻辑推理	中学生应能运用逻辑推理方法,对生物学现象和问题进行分析和判断,如通过实验设计和数据分析等方法,得出合理的结论。
4	批判性思维	中学生应能对生物学知识和观点进行批判性思考,如对生物学实验结果进行评价、对生物学理论进行质疑等,以培养独立思考和创新能力。
5	跨学科思维	中学生应能将生物学知识与其他学科知识相结合,进行跨学科的思维,如将生物学知识与物理学、化学和地理学等学科知识相互关联,形成系统的知识体系。

为了提高中学生的生物学思维能力，教师在教学中应注重培养学生的分析、判断、推理和批判性思维能力，引导学生运用所学知识解决实际问题。学校也可以组织学术讲座、科普活动和科技创新比赛等，为学生提供展示和锻炼思维能力的平台。此外，学生可以通过阅读科普书籍、参加学术讲座和参观实验室等方式，拓宽知识面，提高生物学思维能力。

5.生物学创新能力

指中学生在生物学领域表现出的创造性思维和能力，中学生应能提出新的问题、设计独特的实验方案和解决方案，并能够进行探究性学习和创造性思考（见表7-6）。

表7-6 中学生物学创新能力点

序号	能力点	具体内容
1	问题提出	中学生应能观察生物现象，从中提出有趣的研究问题，并具备对问题进行合理界定和明确目标的能力。
2	实验设计	中学生应具备独立设计实验的能力，能够制定实验步骤、确定实验变量和控制变量，采集数据并进行数据分析和解释。
3	数据处理	中学生应能熟练运用各种数据处理和分析工具，如图表绘制、数据统计和推导等，为解决问题提供有力的支持。
4	创新思考	中学生应具备创新思维，能够从不同角度思考问题，提出创新的解决方案，并能够结合相关原理进行推理和验证。
5	跨领域应用	中学生应具备将生物学知识与其他领域的知识相结合，进行跨学科创新思考和应用的能力，如将生物学与技术、工程、医学等领域相结合，提出新颖的想法和方案。

为培养中学生的生物学创新能力，教师在教学中要注重培养学生的独立思考能力和问题意识，鼓励学生设计创造性的实验方案和研究方案。学校也可以组织科技创新竞赛、科学项目研究等活动，为学生提供展示和发展创新能力的平台。此外，学生还可以通过参加科学实验室培训、与科研机构合作、阅读科学文献等方式，不断拓宽知识面，加强创新思维的培养。

(二)中学生物认知能力评价设计

1.中学生物学基础知识掌握能力评价

中学生物学基础知识掌握能力评价是指对学生在生物学基本概念、原理、方法和技能等方面的掌握程度进行评估和分析,以了解学生对生物学科知识的理解、记忆和应用能力。中学生物学基础知识掌握能力评价点见表7-7。

表7-7　中学生物学基础知识掌握能力评价点

序号	评价点	具体内容
1	知识掌握程度	包括对生物学基本概念、原理、理论的掌握程度。学生是否能准确描述和解释生物学相关知识?包括细胞结构与功能、遗传与进化、生物分类、植物与动物的生理特征等。
2	能力运用	学生能否运用所学知识解决生物学问题?包括观察和实验技能,如观察生物现象、进行实验设计和数据分析;问题分析和解决能力,如分析生物学问题并提供合理的解决方案;科学推理能力,如运用科学原理进行逻辑推理。
3	知识整合和应用	学生能否将所学知识应用于解决生活和实际问题中?例如,能否理解健康生活的基本原理,如饮食均衡、运动与健康的关系,以及环境问题与生物多样性保护的相关知识?
4	学习兴趣	学生是否对生物学感兴趣并积极主动地学习?是否愿意主动探索和了解生物学的最新研究进展?

评价这些能力可以通过考试、作业、实验报告、项目展示、口头答辩等方式进行。同时,还可以通过教师的观察记录、学生参与讨论的程度、团队合作能力等多个角度综合评价学生的生物学基础知识掌握能力。

2.中学生物学实验技能评价

中学生物学实验技能评价是对学生在生物学实验中表现出的实验设计、观察和记录实验现象、数据处理和结果分析等技能进行分析和评估的过程(见表7-8)。

表7-8　中学生物学实验技能评价点

序号	评价点	具体内容
1	实验设计能力	是否能够合理设计实验?包括确定实验目的、选择合适的实验方法与工具,设计实验步骤和控制变量等。
2	实验操作技能	是否能够熟练操作实验仪器和设备,准确测量、配制试剂和样品等?
3	数据分析能力	是否能够准确记录实验数据、整理和分析实验结果,掌握统计方法,对实验结果进行合理解释和判断?
4	问题解决能力	是否能够独立分析和解决实验过程中出现的问题,有较强的实验批判与判断能力?
5	实验安全意识	能否遵循实验室安全规范,正确使用个人防护装备,识别实验风险并采取预防措施?

续表

序号	评价点	具体内容
6	团队合作能力	是否能够与他人合作进行实验工作,有效地沟通、协调和分工合作?
7	学习创新能力	是否对新的实验技术、方法和理论有较强的学习能力,具备实验的创新思维和实践能力?

评价上述技能通常通过实验报告、实验记录、实验数据分析、实验过程表现等来进行综合评价。同时,实验教师会进行定期或不定期的实验技能考核或实验操作考试。

3.中学生物学应用能力评价

中学生物学应用能力评价是指对学生在生物学领域的知识掌握情况、技能和素养进行评估(见表7-9)。

表7-9 中学生物学应用能力评价点

序号	评价点	具体内容
1	理论知识掌握	评估学生对生物学基本概念、原理和理论的掌握程度。可以通过笔试、课堂问答、小组讨论等形式进行考查。
2	实验操作能力	考查学生在实验室操作中的技能水平和安全意识。可以通过实验报告、实验操作考核等途径进行评价。
3	数据分析与处理	评估学生对生物学数据的理解、分析和处理能力。可以设计数据分析、案例分析等题目,让学生运用生物学知识解决实际问题。
4	科学素养	评价学生在生物学领域的科学素养,包括科学思维、科学伦理和科学交流等方面。可以通过论文写作、科普演讲、小组讨论等环节进行考查。
5	创新与实践	评估学生在生物学领域的创新能力和实践能力。可以鼓励学生参与科研项目、创新创业大赛等,通过实际成果和项目报告进行评价。
6	团队协作与沟通能力	考查学生在团队协作中的角色担当和沟通能力。可以通过小组讨论、实验报告、团队项目等途径进行评价。
7	综合运用能力	评估学生在解决实际问题时,能否将所学知识综合运用。可以设计综合应用题,让学生运用生物学知识回答。
8	学科交叉能力	评价学生在与生物学相关的跨学科领域中的知识储备和应用能力。可以鼓励学生参加跨学科竞赛、研讨会等,通过项目报告、论文等形式进行评价。

在评价过程中,应注重过程性与终结性评价相结合,充分考虑学生的个体差异,采用多元化的评价手段,确保评价的公正、公平和有效。同时,教师应根据评价结果,及时调整教学策略,促进学生在生物学领域的全面发展。

4.中学生物学思维能力评价

中学生物学思维能力评价是评估学生在生物学领域的思维能力和解决问题能力的方法(见表7-10)。

表7-10　中学生物学思维能力评价点

序号	评价点	具体内容
1	观察力	评估观察者对生物现象的细节观察能力,包括观察对象的形态、生长过程、行为特征等。
2	分析能力	评估个体对生物学现象进行分析和解说的能力,包括对生物间相互作用、影响因素、因果关系等的分析。
3	推理能力	评估个体根据已有的生物学知识和观察结果,进行判断和推理的能力,包括从特殊到一般的归纳推理和从一般到特殊的演绎推理。
4	问题解决能力	评估个体在面对生物学问题时,能够选择和应用适当的方法和策略进行解决的能力,包括实验设计、数据收集与分析、结论得出等能力。
5	创造能力	评估个体在探究生物学问题时能够从已有知识和理论出发,提出新的观点、方法或理论的能力。
6	沟通能力	评估个体在表达和交流生物学观点和理论时的能力,包括口头和书面的表达能力。

以上指标通常会结合实际问题或案例,通过考试、论文、实验报告等形式进行评价。评价结果可以用于指导教学和学习,帮助学生提升生物学思维能力,并对个体在生物学领域的学术发展和职业选择提供参考。

5.中学生物学创新能力评价

中学生物学创新能力评价是评估学生在生物学领域的创造能力和创新水平的方法(见表7-11)。

表7-11 中学生物学创新能力评价点

序号	评价点	具体内容
1	科学思维	评估个体在生物学领域的观察、推理、假设等科学思维能力,包括对生物学现象的敏感性和解释、预测问题的能力。
2	创造性问题解决	评估个体在生物学领域面临问题时的创新能力,包括提出新的实验设计、方法改进、数据分析等能力。
3	实验技术和操作	评估个体在实验室或野外进行生物学研究时的实验技术和操作能力,包括熟练掌握常用实验技术、仪器使用和数据处理等能力。
4	文献查阅和数据分析	评估个体对生物学领域的文献查找和阅读能力,以及对实验数据的分析和解释能力。
5	合作和沟通	评估个体在生物学研究中与他人合作和沟通的能力,包括与团队成员协作、交流实验进展和结果、合理表达自己观点等能力。

通过对以上方面的综合评估,可以较为全面地评价一个人在生物学创新能力上的表现。

最重要的是,评价体系要与教学目标和教学过程相匹配,旨在激发学生的学习动力和兴趣,引导他们主动参与学习,并培养他们的批判思维、创新思维和合作能力。通过有效的评价体系,可以更好地指导中学生物教学和学习的改进与提升。

二、中学生物非认知能力评价体系

(一)中学生物非认知能力

中学生物非认知能力是指除了知识技能等认知能力以外的,影响学生学习过程和学习结果的内在心理因素,包括学习动力、态度、习惯和意识等。这些因素是影响学生学习效果和学业成就的重要因素,因此需要重视和培养中学生的非认知能力。

1.中学生物学情感态度能力

指学生在学习生物学的过程中,对于生物学知识的情感态度表现(见表7-12)。

表7-12 中学生物学情感态度能力点

序号	能力点	具体内容
1	兴趣和好奇心	学生对于生物学知识产生兴趣和好奇心,表现为积极主动地探索和了解生物学的内容和现象。
2	合作分享	学生在学习生物学的过程中,乐于与他人合作,分享和交流自己的观点和发现。
3	珍爱生命	学生对于生物的价值和存在意义表示认同,珍惜生命、尊重生物的权益,并表现出对保护环境和生物多样性的正确情感态度。
4	坚持自律	学生在学习生物学的过程中,表现出坚持不懈、自律自主的态度,愿意承担必要的学习任务和责任。
5	探索创新	学生对于生物学知识和问题的探索和创新有正确的态度,有积极思考、勇于质疑和敢于探索未知的学习品质。

中学生物学情感态度能力的培养可以通过多种教学方法和活动来实现,例如:激发学生的兴趣和好奇心,提供丰富的实践和实验机会,鼓励学生参与生态保护和环保活动等。这些实践可以帮助学生培养对生物学的情感态度,提高其对生物学学科的认同感和学习主动性。

2.中学生物学数理能力

学生需要具备一定的数学统计知识,能够进行数据处理和分析,掌握生物实验的基本方法(见表7-13)。

表7-13 中学生物学数理能力点

序号	能力点	具体内容
1	实验设计和分析	能够设计并进行简单的生物实验,掌握科学实验的基本步骤和原则,能够收集、整理和分析实验数据。
2	数学统计分析	具备基本的数学统计分析能力,能够运用数学统计方法解决与生物学相关的问题,如计算细胞数量、计算基因频率等。
3	信息获取和处理	能够利用图书馆、互联网等资源获取生物学与数理学科的相关信息,能够有效地整理和处理各种生物学和数理学的数据。
4	解决问题和思维	具备较强的问题解决和思维能力,能够运用生物学和数理学的知识和方法分析解决实际问题。

中学生物学数理能力对于中学生继续深入学习生物学和相关学科,以及将来从事相关研究和职业有着重要的基础作用。

3.中学生物学自主学习能力

指中学生能够主动地、独立地、创造性地开展生物学习活动的能力(见表7-14)。

表7-14 中学生物学自主学习能力点

序号	能力点	具体内容
1	自我规划	能够根据学习目标、个人兴趣和能力,制定合理的学习计划,包括何时学习、如何学习等内容。
2	主动学习	能够主动寻找学习资源,如生物标本、模型、视频等,积极开展课外学习。
3	独立思考	在生物学学习中,能够独立思考问题,运用所学知识解决实际问题。
4	自我评价	能够对学习成果进行自我评价,了解自己的优点和不足,以便及时调整学习策略。
5	利用信息技术	在生物学学习中,能够熟练使用信息技术工具和平台,如网络课程、在线学习社区等,开展自主学习。

教师可以鼓励学生制定学习计划、提供资源,激发学生自主思考和解决问题的能力,引导他们进行独立探究和实践,同时提供及时反馈和指导,以帮助他们培养自主学习的技能和习惯。

4.中学生物学合作与沟通能力

指学生与他人合作,共同解决生物学问题,有效地表达自己的观点和想法的能力(见表7-15)。

表7-15 中学生物学合作与沟通能力点

序号	能力点	具体内容
1	团队合作	能与同学分工合作,共同完成任务。在合作过程中,学生需要学会互相支持,倾听他人的意见和建议,并与他人进行有效的沟通和协调。
2	演讲表达	在公众面前自信地表达自己的观点,并有效地宣传科学知识。
3	参与讨论	能够提出问题,分析问题,并围绕问题进行深入的讨论。

教师可以设计团队合作的生物学实验项目,分配角色以确保每个学生参与其中,锻炼学生有效沟通和解决冲突的能力,并提供团队反思和反馈机会,以培养学生的团队合作精神和良好沟通能力。

5.中学生物学道德与伦理意识能力

指中学生在学习生物学的过程中,能够意识到生物学知识与道德伦理之间的关系,能够重视生物学研究和应用中的伦理问题,并形成正确的道德伦理观念和价值判断能力(见表7-16)。

表7-16 中学生物学道德与伦理意识能力点

序号	能力点	具体内容
1	理解生物学知识与道德伦理之间的关联	中学生应能够理解生物学知识对人类社会、生态环境和个人的影响,认识到生物学知识的应用可能伴随着道德和伦理问题。
2	关注生物学技术的伦理问题	中学生应能够关注生物学技术(如基因工程、克隆技术等)的发展与应用,理解其中的伦理问题(如生命伦理、人类尊严等),并能够从道德伦理的角度对其进行评价。
3	正确认识生物学实验与动物保护	中学生在学习生物学实验时,应认识到科学实验应遵循伦理原则,尊重动物权益,反对虐待动物的行为。
4	尊重生命意识	中学生应能够理解生态平衡和生物多样性的重要性,尊重和爱护生命,不捕捉、杀害野生动物,不购买和使用涉及濒危物种的非法贸易产品。
5	具备生物安全与生态保护意识	中学生应能够认识到生物学研究和应用可能带来的风险与挑战,能够意识到生物安全的重要性,积极参与生态保护行动,推动可持续发展。

为了培养中学生物学道德与伦理意识能力,学校和教师可以引导学生进行讨论,开展伦理辩论活动,加强道德教育,使学生对生物学知识有更深层次的思考和理解,树立正确的伦理价值观。

这些非认知能力对于培养学生的生物素养和综合素质具有重要意义。中学生物教育应当注重培养学生的非认知能力,使其成为有创造力和责任感的全面发展的生物学习者。

(二)中学生物非认知能力评价设计

1.中学生物学情感态度能力评价

评价学生在生物学学习过程中的情感态度和能力发展,包括兴趣、好奇心和热爱等情感因素,以及对环境保护、生物多样性保护等问题的态度(见表7-17)。

表7-17 中学生物学情感态度能力评价点

序号	评价点	具体内容
1	问卷调查	通过设计有针对性的问卷,了解学生在生物学学习过程中的情感态度和能力表现。问卷可以包括的问题如:"你对生物学课程的兴趣如何?""你在生物学学习过程中是否充满信心?"等。
2	课堂观察	教师在课堂教学过程中观察学生的参与程度、提问回答、小组讨论等方面的表现,从而了解学生的兴趣、动机、自信以及合作精神等情感态度。
3	实验操作	通过观察学生在生物学实验中的操作熟练程度、问题解决能力、观察能力等方面,评估学生的实践操作能力。
4	作业与测验	分析学生在生物学作业和测验中的表现,了解学生的学习动机、自主学习能力以及知识运用能力。
5	学生自评与互评	鼓励学生自我评价在学习过程中的情感态度和能力发展,同时进行同学之间的相互评价,以全面了解学生的情感态度和能力水平。
6	教师评	教师根据学生的课堂表现、作业完成情况、实验操作能力等,对学生的情感态度和能力进行评价。

综合以上多种评价方法,可以全面了解学生在生物学学习过程中的情感态度和能力发展情况。在此基础上,教师可根据评价结果调整教学策略,以激发学生的学习兴趣,使其形成情感态度和提高能力水平。

2.中学生物学数理能力评价

评价学生是否能利用数理知识理解生物学的基本概念、原理和规律,并能将其应用于解释生物现象和问题(见表7-18)。

表7-18 中学生物学数理能力评价点

序号	评价点	具体内容
1	分析综合	学生是否能够利用数理知识分析复杂的生物问题?
2	实验探究	学生是否能够利用数理知识,按照实验方案进行操作,分析实验中出现的问题,并得出正确的结论?
3	数学综合应用	学生是否能够运用生物学知识进行简单的计算和分析,如遗传学中的遗传概率计算等?
4	信息数据推理	学生是否能够根据已知信息与数据进行逻辑推理,解决生物学中的推断问题?

续表

序号	评价点	具体内容
5	知识迁移	学生是否能够将所学到的数理知识结合生物学知识应用于日常生活和生产实践中,解决实际问题?

要实现中学生物学的数理能力评价,可以设计一系列的生物学实验和问题解决任务,让学生运用数学统计方法处理实验数据,分析结果并得出结论。教师可以评估学生应用数理工具解决生物学问题的能力,包括数据收集、分析、解释和呈现等方面,以全面评价学生的数理能力。

3.中学生物学自主学习能力评价

评价学生的自主学习能力,包括自我管理、目标设定、自学能力和自我评价等,进行自主学习能力评价是为了帮助学生发现自己的学习优势和不足,并进一步改进学习方法,提高自主学习能力(见表7-19)。

表7-19 中学生物学自主学习能力评价点

序号	能力评价点	具体内容
1	学习计划制定	学生能否根据学习内容和时间安排合理的学习计划,分配学习时间,提前预习、复习和总结?
2	学习目标设定	学生能否根据学习要求和自身情况,制定明确的学习目标,并能够评估目标的可行性和实现进度?
3	学习资源获取	学生能否主动获取学习资源,包括教材、参考书籍、网络资源等,并合理运用这些资源进行学习?
4	学习方法选择	学生能否根据学习内容和自身情况选择合适的学习方法,包括阅读、实验、讨论、观察等,能够灵活运用不同的学习方法?
5	学习监控调整	学生能否对自己的学习情况进行监控和评估,及时调整学习计划和方法,提高学习效果?
6	学习成果呈现	学生能否将学习成果进行整理和呈现,例如制作学习笔记、做实验报告、展示课堂作业等?
7	自主学习意识	学生是否具备主动学习的意识和积极性,在学习过程中具有主动思考、提问和解决问题的能力?

要实现中学生物学的自主学习能力评价,教师可以通过考查学生的学习计划制定能力、自主调研和资料整理能力、独立探究和实践能力以及解决问题和反思能力来进行评价,以了解学生在自主学习方面的表现和成长。

4.中学生物学合作与沟通能力评价

评价学生在小组合作和团队项目中的沟通和合作能力,包括表达自己的观点、理解他人的观点、协调分工、解决冲突等(见表7-20)。

表7-20 中学生物学合作与沟通能力评价点

序号	能力评价点	具体内容
1	团队协作	在生物学实验或课题研究中,学生能否积极参与团队讨论,为团队目标贡献力量?例如,在实验过程中,学生是否能与同伴分享观点、共同解决问题,以达到实验目的?
2	沟通交流	学生在讨论生物学问题时,是否能清晰、准确地表达自己的观点和想法,同时能否倾听他人的意见,吸收有益建议?例如,在课堂讨论中,学生是否能就某个生物学问题进行有效的发言和互动?
3	倾听与理解	在生物学学习过程中,学生是否能认真聆听老师和同学的讲解,理解并吸收其中的知识点和信息?例如,在课堂学习中,学生是否能对老师或同学的讲解保持关注,并提出自己的疑问?
4	主动求知与合作精神	学生在面对生物学问题时,是否能主动寻找解决方法,并愿意与同学分享学习资源和经验?例如,在自学或备考过程中,学生是否能主动与同学讨论问题、互相鼓励和支持?
5	反思与改进	在生物学学习过程中,学生是否能针对自己的学习方法和效果进行反思,并根据需要进行调整和改进?例如,在完成一项实验后,学生是否能对实验过程和结果进行总结和反思,为以后的学习提供借鉴?
6	礼貌与尊重	学生在生物学学习与合作过程中,是否能保持礼貌和尊重,遵守课堂纪律,尊重师长和同学?例如,在课堂讨论中,学生是否能用礼貌的语言表达自己的观点,对他人的观点表示尊重?

在评价过程中,可以采用定量与定性相结合的方式,如填写评价表格、撰写评价报告等。同时,教师还应注意个别学生的特点,给予有针对性的指导和建议,以促进学生在生物学学习与合作过程中的成长。

5.中学生物学道德与伦理意识能力

评价学生的道德价值观和道德行为,包括对生物和环境的尊重、行为的负责任程度和参与公益活动的意愿等(见表7-21)。

表7-21 中学生物学道德与伦理意识能力评价点

序号	能力评价点	具体内容
1	生物学道德与伦理知识掌握	评价学生对生物学道德与伦理原则的理解程度,包括对生命的尊重,对人类与动物权益、遗传工程等伦理问题的认知。例如,能否准确地解释相关概念和原则,理解其背后的道德和伦理考量?
2	生物学道德与伦理问题	评价学生对生物学道德与伦理问题的分析和评价能力。例如,能否独立思考,提出合理的论点和观点,能用生物学知识和伦理原则来支持自己的观点?
3	情感态度和价值观	评价学生对生物学道德与伦理问题的情感态度和价值观。例如,能否展现出对生命和生物多样性的尊重,对科学实践和技术应用的责任感,以及对动物福利和人类健康的关注?
4	情景应用	评价学生在具体情景下运用道德与伦理原则的能力。通过案例分析或角色扮演等方式,观察学生在面对实际问题时的反应和决策,看是否能够基于道德与伦理原则做出合适的行为选择。
5	践行和影响	评价学生对生物学道德与伦理原则的践行能力和对他人的影响能力。例如,能否将自己的道德与伦理观念付诸实践,积极倡导生物学道德与伦理观点,对身边的人产生积极影响?

评价方法可以采用问卷调查、观察记录、小组讨论和项目成果评价等多种形式,通过综合评价的方式了解学生的非认知能力水平。

最重要的是,评价体系要与教育目标相匹配,鼓励学生在非认知能力上的成长和发展,培养他们的全面素质和社会责任感。同时,将评价结果应用于教学改进和辅导指导的决策,为学生提供个性化的培养方案和支持。

需要指出的是,评价应当注重发展性、多元性和差异性,充分考虑学生的个体差异和发展轨迹,以帮助他们发现和发展自己的潜力。评价结果应当及时反馈给学生,激发他们的学习动力和自主发展的意愿,以促进全面素质的培养。

以上指标体系综合了认知与非认知能力,旨在全面评价学生在生物学科中的学习表现和综合素养。通过评价这些指标,可以促进学生全面发展,培养与生物学科相关的能力和品质。值得注意的是,评价的方法应综合使用多种方式,如考试、作业、项目评估、观察记录以及学生自我评价等。

第二节 中学生物融汇评价的参与者

一、中学生物融汇评价的参与者

中学生物融汇评价的主体对象是学生,同时也包括教师、同伴、学校和家长等的参与。

中学生物融汇评价的参与者包括以下几个方面(见表7-22):

表7-22 中学生物融汇评价的参与者

序号	参与者	具体内容
1	学生	学生是主要的评价对象。通过融合不同的评价方法,对学生进行全面的评价,包括他们在生物学习中的兴趣,在知识掌握、实践能力、思维能力、合作能力、学习态度与动机等方面的表现。评价是为了了解学生的学习状况,发现学生的优势和不足,为学生提供个性化的教育反馈和指导,推动其全面发展。
2	教师	教师是评价的主要实施者,他们通过教学活动的观察、作业和考试的评分以及个别辅导等方式来评估学生在生物学习中的表现,通过评价结果了解自身教学的效果,从而调整和改进教学方法。
3	同伴	同伴评价可以通过小组合作、互动讨论、互评等方式进行,评估学生在合作学习中的贡献、交流和互助能力。
4	家长	家长是学生学习的重要支持者和参与者,他们的观察和反馈可以提供学生在家庭环境中的学习情况和学习动力的评估。
5	学校	学校可以通过课程设置、教学管理和评价体系等方面来评估学生在生物学习中的整体水平和综合素养,了解学校教育体系的教学质量,为教学改革和决策提供参考依据。

综合上述参与者的评价结果,可以全面了解学生在生物学习中的综合表现和发展情况,从而进行有针对性的教学改进和个别辅导。评价应注重多维度、多角度,综合运用观察、测验、作业、实验报告和口头表现等评价工具,提高评价的准确性和客观性。

二 中学生物融汇评价参与者的综合性表现

以具体某一案例说明中学生物融汇评价参与者的综合性表现(见表7-23)。

表7-23 中学生物融汇评价参与者的综合性表现

序号	对象	具体内容
1	学生	学生在学习单元结束后,填写自评表时,不仅要评价自己的学习情况和能力,还要评价自己在小组合作中的参与程度和贡献,在课堂讨论中的表现以及家庭支持和配合等方面。通过自我评估,他们可以全面了解自己在各个领域的表现,发现个人的优势和改进空间,对自己的发展提出具体建议。
2	教师	老师观察学生在课堂上的表现,包括他们回答问题的积极程度和准确性,以及参与讨论的活跃度、理解和应用课堂知识的能力等,进行细致评价。同时,在个别辅导和作业批改中,老师也会给予具体的评价和建议。根据教师的评价,学生可以对自己的学习情况有更清晰的认识。
3	同伴	学生在小组合作中,互相评价小组成员的表现和贡献。同伴评价的内容不仅包括学习的方面,还包括在小组合作中的合作态度、团队沟通与协作能力等。通过同伴评价,学生能够得到来自同伴的客观评价和反馈,发现自己的优点和改进的空间。
4	家长	老师定期与家长沟通学生的学习情况,包括学科成绩、作业完成情况、参与度以及学科兴趣等方面。此外,学校还将学生的学习档案和作业成绩提供给家长。家长对这些及学生在家里的情况作出评价,将评价结果反馈给老师、学校,甚至学生个人。通过家长评价,学生了解到家长对自己学习的关注和期望,并寻求家长进一步的支持和鼓励。
5	学校	学校根据学生期中期末考试成绩、学科竞赛等方面的表现来评价学生的综合能力。此外,学校还会评选优秀学生和颁发奖项,鼓励学生在各个方面的发展。通过学校的评价,学生能够了解到自己在全校范围内的表现,与其他同学进行比较和对照,促进自身的全面发展。

在中学生物融汇评价体系中,学生在不同方面获得来自自身、教师、同伴、家长和学校的评价和反馈,从而全面了解自己的学习情况、发现自身的优点和不足,并得到多方面的帮助和多角度的指导,促进自身的全面成长和发展。

第三节 中学生物融汇评价的方法手段

一 中学生物融汇评价方法手段的具体体现

(一)中学生物融汇评价方法手段的主要体现

中学生物融汇评价方法手段包括学生自评、教师评价、同伴评价、家长评价、学校评价等(见表7-24)。

表7-24 中学生物融汇评价方法手段

序号	方法手段	具体内容
1	学生自评	学生自评是学生发现自身学习情况、整合学习资源、反思学习过程和提升自我学习能力的重要方式。可以通过填写自评表、写作业自评等方式进行。
2	教师评价	教师评价是教师根据学生的作业完成情况、参与课堂讨论和互动情况等进行评价,借助教学观察、课堂讲话、作业批改等方式收集评价信息。
3	同伴评价	同伴评价是指学生互帮互助后相互评价的评价形式。可以通过课堂合作、小组讨论、互评作业等方式进行。
4	家长评价	家长评价是家长从家庭环境、学习习惯、课业情况等方面对学生进行评价和反馈。可以通过家长会、家访等方式进行。
5	学校评价	学校评价是学校从整体管理和教育的角度对学生进行评价。可以通过期中期末考试、综合素质评价、综合学习评价等方式进行。

通过这些方法和手段的结合运用,能够全面了解学生的学习情况等,有助于促进学生在生物学习中的全面发展和增强学生的学习动力和兴趣。

(二)中学生物融汇评价方法手段的综合体现

以具体某一案例分析说明中学生物融汇评价方法手段的综合体现。

在某中学生物课堂中,老师采用以下方法和手段进行融汇评价(见表7-25):

表7-25 中学生物融汇评价方法手段的综合体现

序号	方法手段	具体内容
1	学生自评	在每个单元结束后,老师要求学生填写一份自评表,让学生评价自己在该单元的学习情况,如理解程度以及学习方法的运用情况。通过自评,学生可以主动参与评价,反思自身的学习过程,培养自我认知和反馈能力。
2	教师评价	教师每节课都会在教学结束前进行总结和评价,通过观察学生的课堂表现、回答问题的准确性,以及参与讨论的活跃度等方面进行评价。同时,老师会在学生作业上进行批注,给予具体的评价和建议,帮助学生发现不足和改进。
3	同伴评价	教师设计小组合作的学习任务,每个小组成员要对组内其他成员的表现进行评价。评价内容包括在组内的贡献、合作态度以及对学习内容的理解力等。通过互评,激发学生间的互助和合作意识,促进彼此之间的学习和成长。
4	家长评价	教师定期与家长沟通学生的学习情况,并邀请家长参加学生展示活动和亲子学习活动。此外,老师会将学生的学习档案和作业成绩通过家访或电子邮件等形式提供给家长,让家长了解学生的学习表现和进步,家长作出评价,与孩子交流。
5	学校评价	学校会定期进行期中期末考试,以检验学生对生物知识和概念的掌握程度。同时,学校也注重综合素质评价,通过班级活动、学生社团、竞赛成绩、课堂参与等方面评价学生的综合素质。学校还会开展学生评优评先活动,以鼓励学生在学习中进步和取得成绩。

通过上述评价方法的综合应用,让学生得到多方位的评价和反馈,使得学生、家长、教师、同伴和学校形成良好的互动与合作,共同促进中学生物课堂的融创教育。这种评价方式使得学生能从多个角度了解自己的学习状况,有针对性地改进学习方法,激发学习动力,培养综合素养和学习能力,从而实现全面发展。

二 中学生物融汇评价的实践操作

融合的创新教育，将各学科有机整合，具有跨学科性，是一种在创设的真实情境中以解决趣味性、挑战性问题为目标导向的创新性学习实践活动，这不仅体现了融创教育与传统教育的不同，也预示出传统教育的评价方式，在融创教育中必须进行改革和变化，因此融创课程形成一个规范的评价体系势在必行。

（一）融创教育评价的理论框架

跨学科项目式学习是融创教育的核心特征，依据学生的认知特点，遵循教育规律，其理论框架如下（见图7-2）：

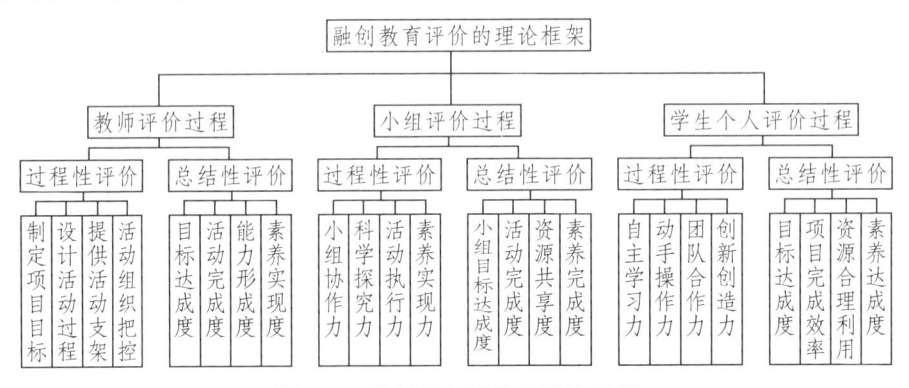

图7-2 融创教育评价的理论框架

（二）融创教育评价体系构建

融创教育是新的科学教育方式，建立的融创教育评价体系，应该在学生的探索、创新、积极主动学习、发现问题、解决问题等方面有促进作用；能够定量和定性地对融创教学效果进行评价，让差的教学方法得以改进，好的教学效果得以推广。为了客观综合评价学生的知识和能力水平，根据融创教育评价的理论框架，制定了以下的评价量表（见表7-26、表7-27、表7-28）：

表7-26 融创教育学生评价量表

一级指标	二级指标	三级指标	评价等级			
^	^	评价细则	A	B	C	D
过程性评价	自主学习力	掌握活动有关的知识，发现问题，收集资料，形成项目				
^	^	活动中能熟练应用具体科学方法、科学技术				

续表

一级指标	二级指标	三级指标 评价细则	评价等级 A B C D
过程性评价	动手操作力	熟悉使用融创教育的各类软硬件	
		选用的实验器材科学、合理,高效完成作品	
		按照实施方案进行操作,对方案有较强的改进能力	
	团队合作力	小组分工明确,积极承担项目任务	
		善于合作,乐于展示分享自己的作品	
		有较强的合作能力,善于寻求帮助	
	创新创造力	精于提炼问题,提出独特见解	
		基于项目问题,具有设计解决方案的能力	
		具有根据项目组织应用资源的能力	
		创造性地解决项目问题	
总结性评价	目标达成度	能够自行设计一个新的活动方案(计划)	
		通过活动,了解、掌握相关解决问题的方法	
	项目完成效率	通过活动得到思维的拓展	
		项目创新活动方法的完善	
	资源合理利用	根据项目活动的要求,合理利用课内外的资源	
	素养达成度	具有创新思维、创新活动方式,树立高效完成项目活动的意识	
		正确、科学地表达和支持自己的观点	
总评等级			

等级设置:A级,优秀;B级,良好;C级,合格;D级,不合格。

表7-27 融创教育小组评价量表

小组编号		组员	评价等级
评价项目	评价参考标准		A B C D
过程性评价	参与实践活动的态度		
	运用科学的方法和技能进行研究的情况		
	与成员团结协作情况		
	是否具有吃苦耐劳的精神		
	能否创新性参与活动		
	是否具有奉献精神		
	能否创新性提出新问题、新方法		
	能否积极交流		

243

续表

小组编号		组员		评价等级			
评价项目		评价参考标准		A	B	C	D
总结性评价	所收集信息资料的完整性、正确性						
	活动总结的价值						
	成果展示内容组织的条理性						
	成果展示的效果						
	撰写考察报告是否规范						
	创新性提出新问题、新方法						
总评等级							

等级设置：A级,优秀；B级,良好；C级,合格；D级,不合格。

表7-28　融创教育教师评价量表

一级指标	二级指标	三级指标		评价等级			
			评价细则	A	B	C	D
过程性评价	制订项目目标	基于学生的学情，筛选学生提出的问题形成项目					
		制定可落实的项目实施方案					
	设计活动过程	善于创设真实的问题情境					
		准确把握重难点，能启智增慧					
		设计由浅入深，符合认知规律，发展学生的创新思维和创新能力					
	提供活动支架	提供活动的设备等资源					
		引导学生利用提供的条件独立完成探索活动					
		小组学习，完成知识的建构					
	活动组织把控	师生合作愉快，课堂气氛融洽					
		师生相互配合，活动有序开展					
		学生积极参与，活动成效高					
		活动既有预设也有生成					
总结性评价	目标达成度	学生的目标达成率高，实现多学科融创目标					
		教授的科学原理学生能融会贯通					
	活动完成度	活动能按照预设的计划完成					
		学生能创造性完成项目活动					
	能力形成度	能用批判性的眼光分析问题并解决问题					
		有效培养学生的创新思维、创新能力					
	素养实现度	教学利于学生核心素养的形成，体现立德树人的要求					
		教学利于培养创新精神，学生有坚强的毅力					
总评等级							

等级设置：A级,优秀；B级,良好；C级,合格；D级,不合格。

(三)融创教育评价的应用

1.过程性评价

下面以开展的融创教育"水体修复——生态浮床的制作"为例,具体描述过程性量表在课程中的应用。

(1)布置项目任务

在生物融创教育课程启动前,向学生布置项目任务:设计一个生态浮床模型,要求栽种水体修复植物后能够漂浮在水面上,并且模型在移动时要不易变形、便于携带。学生根据老师的设计要求,写出预期目标,形成实验报告。教师根据学生实验报告中的预期目标,对学生进行关于科学问题能力的初步评价。此阶段的预期目标包括:生态浮床的模型要稳固,移动时不变形,材质较轻,放到水中不下沉。如果学生无法提出预期目标,教师要适时加以引导,以便后续课程的进行。

学生要先设计出生态浮床的图形,按照图形制作出生态浮床的模型,教师首次评价学生的设计图和制作的模型。在首次评价中可以看到学生的设计图是不成熟的、比较简单的,如生态浮床的大小、浮床要做成的形状、所用的材质,都没有在设计图中标注,甚至有学生做出的生态浮床模型与设计图大相径庭。通过这次的过程性评价,发现学生普遍STEM能力不足的现象,因此要求学生写出有关实验感想和改进计划的反思报告,同时要求学生进行评价,学生得出的影响生态浮床稳定性的原因有:生态浮床大小、生态浮床形状、生态浮床材料、捆绑线的根数、长度、方法。

(2)合作探究

在探究过程中,让学生完善设计的图形。此时可以发现,学生开始在设计图上标注形状、大小、质量、材料等,所做的实体模型也与设计图基本吻合。在实验结束后,教师收集学生全部实验记录(包括设计图、收集的实验数据以及实验反思),并对学生每一次的实验评分。评分包括创建设计图、建立模型、检验和收集数据三部分。

学生根据自己的探究对生态浮床进行改进,将改进的内容标注在设计图上,并进行实际操作。教师利用学生改进后的设计图对学生进行有关分析数据和再设计的评分。在最终稿修改的过程中可以发现,大部分学生可以画出生态浮床的三视图并在设计图上标注出细节(材料、大小、绑绳点等)。

(3)实验并修正

实验后,小组要对自己的设计进行展示,描述本组生态浮床的设计内容和设计缘由,以及最终实验的效果。教师根据汇报的内容和逻辑性进行评分。每个小组汇报结束后,要进行答辩,其他小组学生质疑或向汇报小组提出建议,汇报者要解答提出的问题。活动后,每个汇报小组根据提出的意见和建议,对各自设计的生态浮床做相应的修改,作出评价并写出建议书。教师根据小组答辩情况和建议书的内容,对学生作出最后的关于交流结果的评分。学生根据老师和同学的建议再次进行修改和实验。

在课程实施过程中,教师发现了学生STEM评分较低的情况,及时改变了教学策略,这体现出了形成性评测的反馈与调节作用。课程使用的评价手段也是多种多样的,教师不仅根据课堂情况的观察,还根据学生的设计图、反思报告等对学生的发展作出综合评价。

2.总结性评价

传统的试卷考试是一种常用的总结性评价方法,主要用于检验学生通过学习活动所提高的程度。然而,试卷考试只能评价学生的能力水平,无法准确反映学生对知识的掌握和学习态度。在融创教育中,为了更全面地评估学生的综合素质,可以通过结合其他评价方法来进行总结性评价。在融创教育的评测方案中,可以将传统纸笔考试与观察学生活动过程、学生自评或小组互评相结合,同时结合之前的过程性评价分数,可以更客观准确地评价学生的融创能力。以"水体修复——生态浮床的制作"案例为例,总结性评价的分数可以分为三个部分。首先,教师可以将所有评分汇总,得出学生最终能力的评分;其次,教师可以出一套与生态浮床相关的试卷,评价学生在生物、数学、物理等方面的知识掌握情况;最后,在课程结束后,学生可以根据给定的量表对小组成员进行评价,评价其学习态度。教师在总结性评价时,应综合考虑学生的知识面、学习态度和能力发展情况。综合运用不同的评价方法,可以更全面地评估学生的整体能力,并给予有针对性的反馈和指导,促进学生的全面发展。

参考文献

[1]闫白洋.普通高中课程标准生物学科核心素养的测评研究[J].生物学教学,2017,42(2):10-13.

[2]罗伯特·M.卡普拉罗,玛丽·玛格丽特·卡普拉罗,詹姆斯·R.摩根.基于项目的STEM学习:一种整合科学、技术、工程和数学的学习方式[M].王雪华,屈梅,译.上海:上海科技教育出版社,2016.

[3]石进德.高中生物小组讨论问题的设置[J].现代中小学教育,2009(8):78.

[4]赵中建.美国STEM教育政策进展[M].上海:上海科技教育出版社,2015.

[5]阿尔帕斯兰·沙欣.基于实践的STEM教学模式:STEM学生登台秀[M].侯奕杰,朱玉冰,殷杰,等译.上海:上海科技教育出版社,2016.

[6]阚雯雯.基于STEM的高中生物拓展课程的设计和实践研究[D].徐州:江苏师范大学,2018.

[7]向世清.STEM规律之内涵分析(二)[J].中国科技教育,2019(5):70-71.

[8]向世清.STEM教育的基本方式与过程(四)[J].中国科技教育,2019(11):72-73.

[9]谭永平.高中生物科学史教学中的问题及对策[J].教育科学论坛,2011(12):15-17.

[10]李显军,金梅玲,宋爱玲.遵循自然教育弘扬本草文化——"本草园"科技实践活动的设计与实施[J].生物学教学,2017,42(3):61-63.

[11]余胜泉,胡翔.STEM教育理念与跨学科整合模式[J].开放教育研究,2015,21(4):13-22.

[12]张启军.浅谈具有STEM教育特色的通用技术课堂教学[J].教育研究与评论(技术教育版),2014(3):38-44.

[13]赵萍萍,刘恩山.科学教育中模型定义及其分类研究述评[J].教育学报,2015,11(1):46-53.

[14]段颖华.基于系列探究实验的模型构建——以"种群的数量变化"为例[J].生物学通报,2017,52(4):33-35.

[15]赵萍萍,刘恩山.中学生物学中的类比模型及其构建[J].中学生物教学,2015(11):4-7.

[16]石进德.基于创新与创客教育的高中生物学建模活动[J].福建基础教育研究,2018(4):128-130.

[17]谢雪锦.创设教学情境提高高中生物课堂教学的有效性[J].福建基础教育研究,2012(2):60-61.

[18]赵英.重视高中生物实验教学 培养学生科学素养[J].科学教育,2011(4):68-70.

[19]蒋桂林.基于高中生核心素养培养的生物学科素养的思考[J].中学生物学,2015,31(10):9-10.

[20]杨晓哲,任友群.数字化时代的STEM教育与创客教育[J].开放教育研究,2015,21(5):35-40.

[21]黄晓,李扬.论STEM教育的特点[J].江苏教育研究,2014(15):5-7.

[22]张晓容.基于STEM教育理念的学科单元教学法[J].课程教育研究,2017(15):160,179.

[23]钟静.数学模型法在高中生物教学中的应用[J].萍乡高等专科学校学报,2012,29(3):107-110.

[24]毛银兰.直观生动,形象教学——建构模型在高中生物教学中的应用[J].高考(综合版),2015(4):51.

[25]张晖.开展项目式学习提升学生地理核心素养——以《旅游线路的设计与评价》一课为例[J].中国现代教育装备,2017(14):26-28.

[26]李显军,金梅玲,宋爱玲.遵循自然教育弘扬本草文化——"本草园"科技实践活动的设计与实施[J].生物学教学,2017,42(3):61-63.

[27]谢雪锦.绿色驻阳台,学与种同行[J].中国科技教育,2017(3):28-30.

[28]黄灏,张巍巍.常见蝴蝶野外识别手册[M].2版.重庆:重庆大学出版社,2009.

[29]谢雪锦."智"造共享——高中生物创客活动[J].中学生物学,2018,34(6):45-46.

[30]石进德.探究蝴蝶科技教育活动的设计与实施[J].生物学教学,2018,43(5):57-59.

[31]吴志强.基于创客教育下"腐乳的制作"的创新教育实践[J].中学生物学,2017,33(3):41-42.

[32]黄建军,何胜,银彩林,等.糖尿病小鼠模型建立方法的比较[J].当代医学,2011,17(31):21-23.

[33]朱晓莹,陆晓峰,李文文,等.建立糖尿病小鼠模型的三种方法比较[J].实用糖尿病杂志,2012,8(3):14-15.

[34]杨帆,戚进,朱丹妮.增液汤降糖作用实验研究[J].中国实验方剂学杂志,2010,16(8):98-102.

[35]刘刚,谭善财,胡细亨,等.黑苦荞茎叶提取物对高血糖小鼠降血糖功能的研究[J].西南师范大学学报(自然科学版),2012,37(2):109-113.

[36]徐荣,袁志章,张雪辉,等.明月草对糖尿病小鼠的降血糖作用[J].热带农业科技,2013,36(2):31-33.

[37]潘红艳,何凡,窦德强,等.亚贡叶提取物对小鼠降血糖作用研究[J].辽宁中医药大学学报,2012,14(5):58-59.

[38]谢雪锦.基于STEM教育的高中生物项目导学教学实践——以"杂交育种与诱变育种"教学为例[J].中学生物学,2019,35(11):54-55.

[39]于佳音.基于STEAM理念的高中通用技术课程项目设计与实践研究[D].佛山:佛山科学技术学院,2019.